概念と個別性

スピノザ哲学研究

朝倉友海

東信堂

はしがき

本書は一七世紀のオランダで活動した哲学者バルーフ・デ・スピノザ（ベネディクトゥス・デ・スピノザ、一六三二―一六七七年）について論じ、特に主著『エチカ』に重点を置くことで、その哲学の意義を明らかにすることを目論んでいる。

スピノザ研究は、とりわけこの百年あまりで、質・量ともに爆発的に増進した。その中で改めて確認されたのは、その圧倒的な存在感にも拘わらずこの哲学を哲学史のなかで位置づけることがきわめて難しいということだった。同時代における文字通りの異端者は、その後の哲学の展開のなかでもなお異物のように扱われてきたし、熱狂的な信奉者を数多く生み出してきたとはいえ、その思想の解釈はいまだに紛糾したままなのだ。

このような状況のなかで本書は、スピノザ哲学における中心的な問題が、「個別性」をめぐるものであったという解釈を提示する。そして、先行するデカルトによる「観念」をめぐる哲学を深化させることで、スピノザがこの問題に対してどのような解答を与えているのかを明らかにし、この一七世紀の哲学者の根本思想を太いタッチで描くことを試みる。

筆者がスピノザを研究対象とするに至ったのは、少々感傷的な言い方が許されるならば、幼少時から親しんできた古いタピストリーに――故郷の京都では今でも祇園祭に用いられ続けている――染み付いているところの、その生産地であるスピノザの時代のネーデルラントの残り香のようなものに導かれてのことだった。古くから縁がある彼の地で精巧に磨き上げられたスピノザの思想が、同時代はおろかその後二世紀以上にわたり我が国に知られなかったことは、やはり大いに悔やまれることではある。もちろん、ここ百年で邦人による研究は着実に進展してきた。そして、まずは謎に思えたこの哲学者の思想を見定めることなしには自分でものを考えていくこともままならないという思いにひたすら駆られてきた筆者の目に、多くの先行研究に助けられながらやがて見えてくることになったのは、哲学そのものを体現したかのようなスピノザの威容であった。その一端が、拙い本書を通じていかほどかでも表現されていることを願うばかりである。

本書は筆者が東京大学大学院人文社会系研究科に提出し、以って二〇〇九年五月に博士号を取得した、博士論文『スピノザ哲学における概念と個別性』に基づいている。審査にあたって頂いた鈴木泉准教授（主査）、松永澄夫名誉教授、一ノ瀬正樹教授、村上勝三教授（東洋大学）、佐藤一郎教授（山梨大学）に深くお礼を申し上げたい。特に指導教員として研究上の助言を仰いできた松永先生と鈴木先生の学恩には測り知れないものがあり、本書の成立においても貴重なご意見を頂戴した。書物の刊行は、東京大学学術成果刊行助成制度の補助を受けて実現することとなり、また出版に際して東信堂の下田勝司社長に大変お世話になった。記してここに深く感謝の意を表したい。

二〇一一年一〇月三〇日

朝倉友海

概念と個別性

序論　個別性の問題

本書が論じる問題を、スピノザの主著『エチカ』がもつ「幾何学的な」叙述形式に目を向けることによって浮き彫りにすることからはじめよう。

『エチカ』においてスピノザは、哲学というものを、世界のすべての事象が自律的に展開していくさまを、徹底的に透明なる論証によって見届けることと考えているように思われる。とはいえ、「幾何学的なしかたで」論証すると自ら記している同書において、この世界の事象の展開そのものが叙述されているわけではない。そうではなく、同書の叙述はある一つの意図によって貫かれている。その意図とは、人間精神とその最高の幸福との認識へ向けて必要な事柄を示す、というものである。この意図のもとにスピノザは同書を書き上げる、どのようにしてそれが幾何学的叙述形式において果たされうるのかについて明らかにせぬままに。

スピノザが採用している「幾何学的なしかたで more Geometrico」の論証というのは、さしあたってはたんに叙述上の形式のことを指している。実際にスピノザはそれ以外の形式で彼の思想を語ることもできたのであり、その意味ではこのスタイルにはさして大きな意味はないとも言えるだろう。スピノザにとって重要だったことは、万人にとって普遍的に理解されるということであった。ユークリッドについての以下のスピノザの言葉は、このことをよく示している。

とても単純かつきわめて知解可能なことしか書いていないユークリッドは、誰によっても、どんな言語においても、容易に説明される。ユークリッドの精神に到達し、かれの真の見解を知るためには、かれが書いた言語についての完全な認識は必要ではなく、ただきわめてよく共有された、ほとんど幼稚なる知識をもつだけでいいからだ。また著者の生活、関心事、習慣を知ることや、どんな言語で誰のためにいつ書いたかということや、本の運命やその様々なる読み方、そして、いかにしてまたどんな人々の発議によってそれが認められたかなどについて、知る必要などないのである(TTP7: 111)。

当然の事ながらこの言葉は、まさに幾何学的なしかたで、つまりユークリッドのスタイルに倣って書かれたスピノザ自身の主著についても、同様に当てはまると考える必要があるだろう。にもかかわらず、スピノザが望んだのとは反対の運命に『エチカ』という書物がさらされてきたのは、なんという皮肉であろうか。解釈者たちのあいだにはいまだに解決されることのないさまざまな議論の紛糾がある。さらに言えば、これは現代におけるスピノザ研究においてとりわけ目立つ現象なのだが、まったく正反対の解釈が提出されながらも、互いに議論されることもなく放置されているという状況がある。本研究においてもまた、論述において必要なかぎりで、さまざまな解釈上の困難について議論の決着を図ることになろう。

他方で、幾何学的なしかたというのは、たんなる叙述の形式を指すだけでなく、またその理論的な姿勢を示していると考えることもできる。スピノザが人間の行動や衝動を「線や面や立体を研究するのと同様に」とりあつかうと述べるとき、かれはたんなる叙述の形式のみに言及しているわけではないことが明らかに見て取れる（E3 Praef）。幾何学的とは、スピノザが考えた「哲学」というものがもつ姿勢そのものを指して言われていると考えねばならないだろう。『エチカ』という書物は、たんに幾何学的なスタイルで整理されているだけでなく、幾何学的な姿勢をもってこの世界を理解し見届けようとする試みなのだ。「線や面や立体」がそれじたいのもつ性質の帰結を、われわれの恣意的な介入とは無関係に、いわば自律的に繰り広げていくのと同じように、この世界のありとあらゆる事象がそれじたいで自律的に展開していくそのさまを、スピノザは見届けようとしている。

このように『エチカ』は二重の意味で幾何学的である。一方ではたんなる叙述の形式において、他方では世界をそして人間を「線や面や立体を研究するのと同様に」扱うという姿勢において。そしてこの二重の意味が重ねあわされるところに、スピノザ哲学を解釈するさいの、二つの大きな困難が成立してくる。

一つは、スピノザの叙述形式が事柄そのものの秩序と同一視されるところから起こる困難であり、そこから『エチカ』の解釈者もしばしば陥る錯覚が生まれる。この同一視によるならば、われわれはスピノザが『エチカ』において主に定理およびその証明を通して与えている事柄の秩序を、たんに辿ることしかできないだろう。そして、その秩序を掘り崩すことで別の角度からそこに光をあてるということは不可能であるという錯覚に陥るのである。この錯覚に基づくならば、われわれはこの哲学者の叙述を繰り返すことしかできないということになってしまう。

だが、より深刻に思われるのは次のことであり、それはより解決困難な問題を形成する。それは、わたしたちがそのなかで生きているこの世界は、そのように幾何学者的な姿勢をもってして、はたして正当にとりあつかわれえるのだろうか、ということをめぐる困難である。言い換えれば、以下のような疑問が起こるのである。スピノザ哲学は、具体的な事象にまではとどかないのではないだろうか。別の言い方をするならば、わたしたちが生きるということに、この哲学はどれだけ深くかかわっているのだろうか。このような疑問が、スピノザ哲学に対してつねに投げかけられてきたのである。

たしかに、幾何学的な存在者を扱っているかぎり、実際に描かれた個々の図形の個別性は考慮の外に置かれるだろう。幾何学的なしかたで叙述されるスピノザ哲学において、もし幾何学的な存在者が考察されているとするならば、そこにわれわれは、伝統的な形而上学の言葉を借りるならば、いかにして最低種から個別的な事物へといたるかという問いを見出すことはできないであろう。それにスピノザは、たしかに一般的概念がもつ抽象性に対する批判を行なっており、個別的事象の本質をつかむ直観知の理論をたててはいるのだが、個物と普遍との関係をめぐる形而上学的な議論に対する関心は、『エチカ』のなかには奇妙にもほとんど見当たらないようにも思われるのだ。

では、この世界の事象を幾何学的なしかたでとりあつかうことは、個別的な事物へといたることを放棄することなのであろうか。だがもし、人間精神とその最高の幸福との認識へ向けて導くとスピノザが言うその論証が、わたしたちが生きているという具体的な事象に達しないのだとすれば、それは『エチカ』の本来の目的にかんがみれば、きわめて深刻な欠陥であることになろう。なぜなら、もし『エチカ』が人間精神とその最高の幸福との認識へ向けて必要な事柄を示すことを目的とするのならば、それはわれわれ自身が生きるということと直結しなければならないからである。

しばしば、わたしたち自身が描きこまれた地図を描くことについて語られるように、この世界を幾何学的にとりあつかう『エチカ』のなかにも、当然のことながらわたしたち自身のすがたが書き込まれていなければならない。そして実際、『エチカ』のなかにはわれわれがそれであるところの「人間」が描きこまれている。そこに示された諸命題は、あくまでも「人間」を中心にして諸事物のメカニズムを幾何学的に扱っている。上野修がわれわれに注意を促しているように、わたしたちは『エチカ』のなかにいわば「ピンでとめられている」のだ[1]。

とはいえ、幾何学的なしかたをもってしてスピノザが、わたしたち自身もそこに描きこまれた「この世界」を開示しえたのかと問うならば、それはきわめて疑わしいと言わねばならないだろう。『エチカ』はすべての事象を一般的なしかたで、つまり概念的にとりあつかおうとするが、もしそこにわたしたち自身が描きこまれているとすれば、それは一般的なもののなかに個別的な事象を無自覚的にすべり混ませているということになってしまうからだ。

ここにおいて、スピノザ哲学が孕んでいる問題が浮き彫りになるであろう。『エチカ』のなかにいかにしてわれわれ自身が描きこまれているか、そのようなことはそもそもどのようにして可能なのかをめぐるこの問いは——上野の言い方を借りれば、わたしたちが『エチカ』のなかに「ピンでとめられている」とはいったいどういうことなのか、ということをめぐる問いは——スピノザ哲学はどのように個別性をとらえているのか、あるいはとらえうるのかをめぐる問題を形成することになる。一言でいえば、個別性をめぐる問題がそこにあるのだ。

個別性をめぐる問題は、『エチカ』の叙述形式のなかに、あたかもみずからの姿を隠しているかのようである。幾何学的叙述形式によって問題そのものが見えにくくなっているがために、本来なら問題の中心に据えられるべきスピノザ哲学における個別性の理解が、これまでうまく論じられてこなかったのだ。つまりこの問題は、先に述べた別の困難、つまり『エチカ』の叙述が事柄の秩序そのものであるという理解に基づいたその叙述の構成の絶対視と結び付くことによって、これまでのスピノザ哲学の解釈をいわば縛り付けてきたのである。『エチカ』が二重の意味で幾何学的であるとすれば、その二重の頸木によってスピノザの読者は、この問題を直視する自由を奪われてきた。

実際に、個別性をめぐる問題は、従来のスピノザ研究においては、別の様々な問題との関連のなかでのみ論じられてきたと言っても決して過言ではない。主だった例を見てみよう。

最も重要なのは、直観知がとらえる個別性をめぐっての解釈者たちのあいだでの重大な相違である。スピノザが事物の本質について述べるとき、それは個別的な本質のことなのか、それとも類的な本質のことなのかをめぐって、解釈者たちは異なる立場を取ってきた。二〇世紀における哲学史研究、とりわけフランスにおけるスピノザ・ルネッサンスを牽引した哲学史家であるゲルーは、個別的な本質を想定する従来の、そしてかれ以降も支配的な解釈に反対して、スピノザは個別的な事物の種的な本質しか考えていなかったと主張する[2]。このような主張の意義については本論で詳しく検討するが、確認しておきたいのは、ここで焦点となっているのは明らかにスピノザ哲学における個別性の位置づけなのである。たとえこのような本質をめぐる議論がそもそもは個別性をめぐって提起されたのではないとしても、そこで実際に問題となっていたのは、スピノザにおいて個別性と一般性ないし普遍性との関係がどのように考えられていたかということであるのだ。

つぎに、個別性ないし個別的なものの位置づけに着目することで新たな解釈を提出することになった、佐藤一郎による議論を挙げることができる。後に検討するように佐藤は、個別的な事物のなかにみとめられる有限性と無限性の二つの存在様式が、二つの異なる因果性によりもたらされるという点を強調することによって、従来の研究においてしばしばその身分が未解決のものとされてきた間接無限様態という概念が、個別的な事物の一側面を示しているという解釈を提出した[3]。このような議論は、個別性の問題に注目してスピノザを新たに解釈する試みであるという点で、たとえそれが間接無限様態をめぐる解釈上の問題を中心に展開されているとしても、個別性の問題ときわめて密接に関係していると言えるだろう。そのため、本論でも重要な参照軸となることはたしかである。

だがここで注意しておかねばならないのは、個別性を重視する立場がかならずしも個別性の問題に目を向けることと直結しないということである。逆に、スピノザ哲学において一般的なものがもつ位置に着目しないかぎり、この問題は注視されるどころかむしろ回避されてしまう危険さえあるのだ。われわれは、スピノザがなによりも理解するということ、ないし認識するということにおいて人間の自由を見たということ、そして認識するとはまずもって共通的で一般的なるものを認識するということにほかならないということを、決して忘れてはならないだろう。これはなにもスピノザにかぎったことではなく、理性的な認識に依存する哲学という営み全般に言えることでもあるが、もっぱら幾何学的な叙述形式によって哲学を展開したスピノザにおいては、とりわけ重要なことであろう。

実際に、やがて詳述するように、スピノザが個別的 singularis ということをいうときに見据えているのは、われわれ自身の存在なのであるが、われわれは孤立して存在しているのではなく、さまざまな他の事物との交流や対立といった関係のもとに置かれており、だからこそそこに認識が、共通なるものの認識としての概念として、成立しえるのである。哲学が概念的な認識つまり一般的なものの認識によって遂行されるということ、それはスピノザ哲学において最大限に強調されねばならないことであったのだ。

つまり、スピノザ哲学において個別的なものをめぐる問題は、一般的なものの認識つまり概念の立場を位置づけ直すという作業なしには解決されえない。このようにこの問題は、他の解釈上の問題との関連で付属的に論じられるべきものではなく、スピノザ哲学の根幹にかかわっており、それじたいが議論の中心に据えられねばならないのだ。

しかるに、これまでのスピノザ解釈においては、概念をめぐる理論がもっている中心性に十分な注意が払われてこなかった。このような研究状況のなかで、個別的なものの位置づけを重要視しつつも、共通概念の理論にこそ『エチカ』に結実するスピノザ哲学の大きな特色を見てとり、さらにスピノザとライプニッツがともにデカルト的機械論にいかにして力動的な理論を接合しようとしたかを明らかにしようとするドゥルーズの解釈は、以下の探究においてもっとも重要な参照軸の一つとなることは疑いがない。そこには個別性をめぐる問題に対する重要な考察が含まれている[4]。

しかし、ドゥルーズの解釈にはなお、スピノザ的な概念の理論がどのようにデカルトの「観念」説と関係しているかについての説明が不十分である。そしてこのことによってまた、個別性の問題についての考察がそれとして展開されているとは言いがたい。というのも、スピノザによる概念の理論はやはり先行する哲学に多くを負っており、スピノザ哲学の諸特質は――そこにおける個別性の問題の解決は――デカルト哲学独自の「観念」説との関係において、はじめて明らかとなるからである。

この点で以下の研究においては、デカルトの「観念」説についてのもっとも重要な研究である村上勝三の議論を、必須の参照軸としなければならない[5]。佐藤はすでにこの方向へ大きく踏み出しているが、願わくはその先に進むことで、概念の理論こそが『エチカ』の大きな特徴をなしており、それがデカルトの観念説の先にあるということ、そしてそれが個別性についてのスピノザの理解をもたらしたことを以下で示したい。

したがって以下の探究は、デカルト以来の観念の理論をスピノザが独自に発展させることで生まれた概念をめぐる理論――本論ではそれを「概念の理論」と呼ぶことにしたい――に力点を置くことによって、スピノザ哲学においてどのように個別性がとらえられているかを明らかにする。そしてその際、『エチカ』の叙述形式にとらわれすぎることなく、むしろそれを掘り下げ、時には掘り崩すことにより再構成することによって、そこに示された諸論点を解明するという作業を進めていく。「概念の理論」へ力点を置くことと、幾何学的叙述形式に拘泥しないこととが、いわば探究の両輪となることで、これまで明らかにされてこなかったスピノザ哲学の姿をあらわにすることができる。実際に、後に見るようにスピノザは『エチカ』の叙述において、みずからの哲学が拠って立つところの「概念の理論」を、けっして事柄の順序にしたがってしかるべきしかたで示すことができなかったのである。

本稿は次のような一連の問いによって導かれる。スピノザが一方で「概念」に重きをおくことで哲学を作り上げたとすれば、他方で「個別性」をどのように扱っているのか。個別的な認識とその正反対に位置する概念的認識とは、どのような関係のもとにおかれているのか、それはまた『エチカ』における人間の理論によってどのように示されているのか。デカルトの「観念」説からのいかなる発展としてのスピノザの「概念」論があり、それはまた個別性に対する視点とどのように関係しているのか。そもそも、個別性をとらえるという課題に、一般的な概念による哲学によって応えるということは、何を意味しているか。これらの問いは必ずしも切り離しうるものではなく、すべてが密接につながっており、スピノザ哲学における「個別性の問題」をかたちづくっている。この問題に答えることが本書の目的である。

このように、本研究はあくまでもスピノザ哲学に内在的に、しかもテキストにおける叙述的形式に拘泥することなく、理論的順序を明らかにするという方法をとる。したがって、スピノザを取り巻く思想史的な文脈を明らかにすることは本研究の関心の外にある。たしかにスピノザ哲学もまた一方では哲学史のなかに、他方では文化的歴史的状況のなかにある[6]。本研究でも、デカルトの「観念」説との関係に着目するのであるが、しかしスピノザ哲学をあまりに歴史の中に埋め込んでしまうことは、結局は歴史研究に終始することになり、スピノザがあれほどの信頼を置いた理論的な考察の意味を見失うことになりかねない。また本研究は、研究史を渉猟して議論の決着を図ることを主な方法とはしない。なぜなら、スピノザ哲学においてこれまで問題とされてきた諸点は、たとえ多かれ少なかれ個別性の問題と関係しているとはいえ、個別性の問題をそれとして扱っているとは言いがたいからである。

とはいえ、本研究は個別性の問題そのものを事柄によって探究するわけではなく、あくまでもスピノザ哲学に即して、その中で問題となる範囲で論じる。その際に用いるスピノザのテキストは、主に論じる主著『エチカ』を除くならば、わずかに『知性改善論』や『デカルトの哲学原理』が数えられるのみである。他の重要なテキスト――特に、『神学政治論』と『国家論』――は以下の考察の対象からは除外している。特に断っておくべきことは、『短論文』もまた考察から除外していることである。わたしは長年の研究の上、スピノザ哲学を表現する信頼に足るテキストとして扱うには、オランダ語で記されたこの著作はあまりに不十分なものであると判断するようになった。少なくとも、上に挙げた他のテキストにはない思想が見られる箇所に依存して研究を進める必要性は、本研究の性格上、認められないと思われる[7]。しかしながら、すでに上で引用したように、このような諸々のテキストへの参照を完全に排除したわけではないし、また逆に、『エチカ』を扱うといってもその仔細のすべてを検討の俎上に載せるわけでもない。本書の目的は、あくまでもスピノザ哲学の基礎にかかわる個別性の問題とその解決とを明らかにすることにあり、そのため、主題への直接の関わりが低いと思われる他の諸々の考察を大幅に省かねばならなかったことを、ここに断っておく必要がある。

以下、具体的には次のように四部構成で論じる。第一章では、スピノザがデカルト的な「観念」説の徹底化として「概念の理論」を形成しており、そこに形而上学批判の姿勢が貫かれていることを論じる。第二章では、「概念の理論」のもとに『エチカ』の理論的な枠組みがいかに決定されているかを示し、実体・様態などの諸概念の役割について、そして「身体の観念」というスピノザ哲学の中心的なテーゼがもつ意味について説明する。引き続き第三章では、『エチカ』における諸様態の関係性の一般理論のなかでどのように「人間」をめぐる考察がなされるかを、特に理性知の可能性と実現性というテーマを中心として示す。以上を踏まえた上で、第四章では、直観知と理性知との関係のなかでもたらされる自己への気付きの深まりを焦点とすることで、個別性の問題がいかに解決されることでスピノザの哲学が成立しているのかを明らかにする。

注

1 上野修、『デカルト、ホッブズ、スピノザ』（講談社、二〇一一年）、一六三―一六四頁。

2 Martial Gueroult, *Spinoza II L'Ame* (Paris: Aubier, 1974).

3 佐藤一郎、『個と無限』（風行社、二〇〇四年）。

4 Gilles Deleuze, *Spinoza et le problème de l'expression* (Paris: Minuit, 1968). *Spinoza: Philosophie pratique* (Paris: Minuit, 1981).

5 村上勝三、『観念と存在　デカルト研究1』（知泉書館、二〇〇四年）。

6 例えば、イズラエルによる思想史的研究は、スチュアートをして、スピノザ―ライプニッツ関係についての小説を書かしめたほどの影響力をもつ。Jonathan Israel, *Radical Enlightenment* (Oxford: Oxford University Press, 2001) ; Matthew Stewart, *The Courtier and the Heretic* (New York: Norton, 2006).

7 『短論文』の位置づけについてここで詳述することはできないが、特に以下の文献を参照。佐藤一郎、「『短論文』のいくつかの問題から　歴史的問題を中心に」『スピノザ研究会報』三三号（二〇〇〇年）。Filippo Mignini, "Introduction au Court Traité," in *Spinoza Oevres I Premiers écrits* (Paris: PUF, 2009), 159-180.

第一章　観念と概念——スピノザによる形而上学批判の射程

思念・観念・概念

本研究の議論を、人間がもつ認識にかんして、スピノザが用いているいくつかの語の使い分けに着目するところから始めよう。

スピノザが用いている思念（コンケプトゥス）・観念（イデア）・概念（ノチオ）等の言葉について、その用い方を見てみるならば、『知性改善論』では、もっぱら観念（イデア）という語が用いられていることが分かる。ここから見て取れることがあるとすれば、それはスピノザがある時期、観念という語を中心に人間の認識を考えていたということであろう。実際、このことは『エチカ』においてもそれほど変わってはいないように見え、観念や思念といった語は、概念という語よりも明らかに頻繁に使われていることが確認できる。

だがこのことは、この主著において人間の認識の区別がもっぱら「概念（ノチオ）」の語を中心として説明されているという事実を思い返すとき、いかにも奇妙に思えはしないか。実際に、スピノザが『エチカ』において人間の認識のあいだに区別を設けるとき、かれが用いているのはもっぱら「概念（ノチオ）」である。第二部の定理四〇の前後の諸定理と、同定理の二つの備考のなかで、「概念」というもののなかにはどのような種類のものがあるのか、それらはどのような性質のものであるのかが集中的に論じられ、さらに人間の認識の三つの種類をめぐる理論が提示されるのである。この理論はとても高名なものであるが、それが「概念」の語を中心になされていることは、注意されねばならない。認識の三つの種類は、あくまでも概念のあいだに見出される区別に基づけられる。観念や思念などの語ではなく、スピノザが『エチカ』のこの箇所において「概念」の語を使用していることは、この語に込められた意味の大きさを示しているだろう。

このように、これら三語――思念・観念・概念――のあいだに、何の区別も設けられていないなどということはありえないのだが、この点に関する明確な説明を、スピノザは決して示してくれてはいない。思念・観念・概念という三つの異なった語は、そのおのおのがどのような役割を担っているのかが問われることもなく、不明瞭なままに置かれているように見えるのである。それに、注意せねばならないことは、これらのあいだの区別は、ときとしてかなりルーズなものであるということである。少なくとも意識的に意味的な違いを明確に与えられているとは言えない。さもなければ、どうしてスピノザはこれらの語のあいだの区別について明示的に語っていないのかが不明となろう。そして、これまでのスピノザ解釈においては、たとえこれらの語のあいだの区別に注意を払ったとしても、この区別にいかなる意味があるかは明らかにはされてこなかったのだ[1]。

そこでわれわれはまず、これらの語――思念(コンケプトゥス)・観念(イデア)・概念(ノチオ)――のあいだの区別に注意を向けることから、スピノザ哲学の意味を探求したい。その際に、一方で少なくとも言えそうなことは、これらの三つの語のなかで、「概念」の語が、他の二つに対して特別な位置を与えられているのではないかということである。

実際、観念や思念、イデアとコンケプトゥスに対して、近世形而上学においてこのノチオの語が占める位置が、ある特別なものであることは――そしてこの点にこれまであまり注意が払われてこなかったのであるが――逆説的ではあるが、まずは訳語のうえでの混乱のうちに見て取れる。イデアとコンケプトゥスは、訳語のうえでお互いに混同されることは、まずないと言っていいだろう。前者は「観念」と訳されることが定着しているし、後者は「概念」と訳されるのが一般的である。これに対して、訳語のうえでノチオは、しばしばコンケプトゥスと混同されてきており、しかもその混同の歴史は、西洋哲学の日本語への移植の歴史とほぼ同じほどの長さをもつ[2]。このことの意味は、けっして軽いものではない。

ノチオとコンケプトゥスとが訳語のうえで混同されるのは、これらのあいだにある区別が、イデアとコンケプトゥスのあいだの区別よりも、不明瞭なままにされてきたことをあからさまに示していると言えるだろう。特にスピノザに限って言えば、かれはこのノチオの語をめぐって、『エチカ』のなかの上記の定理と備考において、特に集中的に説明を与えているのであるから、この語の位置にはしかるべき注意が払われねばならない。

他方で、イデアとコンケプトゥスをめぐる理論的な配置は、すでにデカルト哲学において大きな意味をもっており、スピノザはこのような用語法を明らかにデカルトから引き継いでいると考えるのが自然であろう。そしてこの点において、われわれはデカルト哲学についての諸研究を大いに参考にすることができる。観念(イデア)の語を用いるときデカルトがそこにどのような意図をこめていたかを、そしてイデアとコンケプトゥスのあいだの区別が、どのような理論的な配置のもとになされているかを、村上勝三は集中的に論じている(『観念と存在』)。スピノザによる観念という語の理解は、デカルト哲学における用語法とどう関係しているかは、デカルトの「観念」説の前提のうえで理解することができるだろう。

そこで、まず取り組まねばならない課題は、観念と思念のあいだの区別をどのように理解するかである。というのも、観念と思念、イデアとコンケプトゥスとの区別に対して、ある新しい何かを付け加えることによって、概念なる語に独自の位置が与えられると思われるからだ。観念や思念といった語に比べて、概念という語が占めているある特別な位置を浮かび上がらせるためにも、まずは観念と思念を、イデアとコンケプトゥスを論じなければならない。

一 「観念」説の深化

デカルトと「観念」

デカルトがイデアという語を用いるとき、少なくとも『省察』においてこの語を用いるとき、そこには強い意味が込められていたことは、これまで明らかにされてきたとおりである。そしてデカルトの「観念」説のポイントは、それがスアレス的な「思念」ではなく、「観念」の語のもとに述べられなければならなかった、ある理論的配置に求められねばならないということも、またスピノザの用語法を考える以前に、強調されておくべきことである。近世哲学の研究がスコラ哲学とりわけ後期スコラとの関係で進められるのは、二〇世紀における哲学研究のひとつの特徴であったが、われわれもその成果を承けて考察を進める必要がある。そして、デカルトの用語法が、一見して明らかなように近世スコラとの関係のなかにあるとしても、デカルトにイデアの語を使用させた理論的配置は、スアレスに先立つスコトゥスの議論の延長線上にあるということに注意を向けねばならない。

周知のように、デカルト的「観念」説において、対象的 objective と形相的 formaliter との区別は大きな役割を果たしている。対象的とは観念によって表されることを通して知性のうちにあるということ、言いかえれば、思いにおいて対象として思われてあるというありかたのことである。それに対して形相的とは、対象的という語と対となる意味においては、観念によってではなくいわば思いを超えてそのままにあるというありかたのことを指すと、とりあえずは理解しておいて差し支えない。スピノザもまたデカルトと同じく、あるいはむしろこの先達以上に、この区別を頻繁に使用している。

この区別について、その由来をたずねるならば、まず思い浮かぶのは、よく知られたスアレスにおける対象的思念conceptus objectivusと形相的思念conceptus formalisの区別である。そして、スアレスがこの対象的と形相的という一対の語を、コンケプトゥス(思念)を限定するために形容詞として用いていたのに対し、デカルトはレアリタス(事象性)を区別するために用いており(対象的事象性realitas objectivaと形相的事象性realitas formalis)、スピノザはそれを(『知性改善論』では)エッセンチア(本質)の区別に用いている(対象的本質essentia objectivaと形相的本質essentia formalis)、とすぐに整理できそうにも思われる。このような整理がいかほどの意味をもつのかは別として[3]。

ところで、デカルトがこの対を用いる際に決定的に重要なのは、対象的事象性realitas objectivaの語であるが、この語はあくまでもかれの「観念」説の枠組みのなかで大きな働きをなす。「観念」には二つの異なった面があり、ひとつは思惟の様態であるというその形相的な一面であり、もうひとつは、そのなかにおいて異なった事物を表象repraesentareしているという一面である。そして観念相互の異なりは、まずもってこの後者の面に注目することによって知られる。デカルトはこう述べている。

そうした観念がある思惟様態にすぎぬというかぎりにおいては、わたしはそれらの観念そのものの間に何らの不等性をも認知することはないのであって、すべてはわたしから同じしかたで出てくると思われるのであるが、その一つが一つの事物を、他の一つが別の一つの事物を表象するというかぎりにおいては、それらの観念が相互にきわめて相異することはあきらかである(AT: VII, 40)。

この観念のなかにある、観念によって表象された事物の存在性 entitas こそが、観念の「対象的事象性」と言われる(AT: VII, 161)。観念をめぐって二つの側面を区別すること、すなわち、観念のなかに対象的にあることと、精神がおこなう作用のかたちとしての形相的にあることとを区別することは、スピノザ的「観念」説においてもまた同じく重要であり、デカルトの「観念」説の枠組みが受け継がれていると言ってよい。たしかにデカルトがこの対をレアリタスの語に適用し、スピノザはそれをエッセンチアの語に適用してはいるが、そこに大きな差違はないとも言えるだろう。

だが実は、デカルト(やスピノザ)がこの対を用いるそのしかたは、上記のことにもかかわらず、スアレスにおける対象的思念 conceptus objectivus と形相的思念 conceptus formalis の区別に淵源をもつと考えるわけにはいかないのだ。スアレス的「思念」の説は、デカルト的「観念」説およびその核となる「知性のなかにおける対象」について考えるための適切な参照とはならないのである[4]。なぜなら、スアレスにおいてこの区別は、〈事物から知性へ〉という方向のもので、つまり「感覚のうちに前以てなかった何ものも知性のうちにはない」という中世スコラ哲学の知識論における基本的テーゼのもとで考えられているからである。

思念(コンケプトゥス)の語の背景にあるのは、概してアリストテレス以来の認識論的な枠組みである。あくまで外部からの印象によって霊魂のなかに産み付けられ孕まされるものとしてのコンケプトゥス(抱懐)というのがそれである。それは〈事物から知性へ〉の方向において考えられている。そして「思念」の語を用いることにおいて、デカルトもまたスコラ的な用語法から逸脱しているわけではない。思念間の関係について何かを述べようとするとき、彼もまたイデアではなくもっぱら思念の語を用いている。イデアの語が決定的に重要な働きをしている『省察』においてさえ、コンケプトゥスの語が、形相的思念 conceptus formalis なるスアレスに由来する語において用いられていることは十分に注意されるべきである[5]。

これに対して、デカルトが観念(イデア)なる語を用いるとき、それは、知性に孕まれた思念をあらわす言葉として使われてきたコンケプトゥスなる語との緊張関係のなかで用いられている。したがって、スアレスによる形相的概念と対象的概念との区別は、たとえデカルト的な観念説との連続性がないわけではないにしても、少なくとも〈事物から知性へ〉という方向付けのなかでなされているかぎり、対象的思念の身分はあくまでも二義的なものにとどまってしまう点で、デカルト哲学と根本的に異なっていると言わねばならない[6]。デカルトの「観念」説のポイントは、それがスアレス的な「思念」ではなく、「観念」の語のもとに述べられなければならなかった、ある理論的配置に求められねばならないのである。

むしろ、「イデア」をめぐる理論として参照にされるべきは、なによりもスコトゥスおよびスコトゥス派におけるイデアの議論である。そもそもデカルトにおける対象的事象性 realitas objectiva という語は、基体的事象性 realitas subjectiva との対においてスコトゥス派によって用いられてきたものであることが注意されねばならない[7]。そして同様のことは、スピノザもまた『エチカ』において多用するところの、「対象的な存在 esse objectivum」という言い回しに関しても言われねばならない[8]。

このような言い回しを用いることによって、デカルトは何をしようとしたかは、「知性のなかにおける対象」についての思考が、〈事物から知性へ〉ではなく〈知性から事物へ〉という方向性を要求するということに注目することによって明らかとなる。特にスコトゥスにおいて顕著に見られる神の知性をめぐる思考、世界創造以前の創造へ向けての神的知性の対象としての「イデア」について、村上はこう述べている。

> 「イデア」が専ら神について言われるという点は、トマス・アクィナスにおいてもドゥンス・スコトゥスにおいても容易にたしかめられるところである。人間的知性の内に位置づけられるデカルト的観念とはこの点で全く異なる。一方、トマス的「イデア」説とスコトゥス的「イデア」説との大筋的差異という点については、次のように纏め上げられよう。つまり、トマスにおいて見られる世界創造におけるモデルとしての「イデア」構成という問題傾斜から、ドゥンス・スコトゥスにおける世界創造以前の創造へ向けての神的知性の対象としての「イデア」把握という問題傾斜への展開が見出される、ということである。〔略〕神の知性と意志が切り離され、「イデア」の問題が専ら神の知性認識の問題として樹てられている、ということである[9]。

このスコトゥス的な「イデア」説こそが、デカルトの「観念」説を理解する鍵となる。イデアの産出は、それじたいではまだ創造ではなく、実在をめぐっての事柄ではない[10]。これこそが、事物から考えるのではなく、あくまでも知性のなかから考えるという、〈知性から事物へ〉の方向性における思考として、デカルト的な「観念」説の先駆けとなっているのである。

デカルトの懐疑は、〈事物から知性へ〉というスコラ的な、あるいは素朴実在論を引き起こすような経験主義的な知識論的枠組みを、いったん括弧に入れることにおいて遂行される。そのために用いられるのが、まさにイデアなる語である。イデアなる語は、外界から植えつけられた心象という枠組みをくずすために意図的にもちいられている。対象的にあるのは観念のなかにあって、思われてあるあり方をしているもののことである。対象的に objective あるとはまた表象的に repraesentative あるということと同じであり、それは形相的に formale あることと対比される（AT: VIII, 11）。重要なのはこれら二つの異なったあり方――イデアが表象するところの「対象的事象性」がもつ「イデアの内に対象的にある esse in idea objective」という〈あり方〉と、イデアがもつ「私の内にある in me esse」という〈あり方〉――の区別であり、これらのあいだの違いである。二つの異なったあり方の区別によって、〈知性から事物へ〉の方向性において哲学することが可能となる。

このようなデカルト的な「観念」説の意義は大いに強調されてしかるべきであるとはいえ、それが哲学の歴史的に、スコラ的な伝統からの不可逆的な脱却をもたらしたと言えるかどうかをめぐっては、意見が分かれるところである。たとえば村上は、デカルト的な思考が、彼に続く哲学者たちにおいてもまた失われてしまっていることを強調している。「デカルト的観念はドゥンス・スコトゥスとも、近世に入ってからのマルブランシュともライプニッツともロックとも異なって、知性ないし思惟の対象という規定を与えられていないのである。」それどころか、デカルト主義者たちによってさえも、正確に引き継がれたわけではないと言う。クラウベルクが観念と観念内的対象との〈あり方〉を区別して考えているのに対して、ゲーリンクスは観念を「対象的にあるもの」とすることによって、観念と観念によって表象されるものとの区別を失うのである。

では、「観念」説は、スコラからの逸脱だけでなく、後続の哲学との違いにおいてもまた理解されねばならないということになるのだろうか。このような指摘には、少なくともライプニッツについては留保をつけなければならないことを別にすれば、大筋では首肯することができる[11]。

スピノザと「観念」

そうだとするならば、スピノザがはたしてこのようなデカルト的「観念」説をどのように引き継いでいるのかが問われねばならないであろう。スピノザも、ひょっとすると他のデカルト主義者と同じように、またデカルトの「観念」説を把握し損ねていたのだろうか。かれがデカルト哲学への批判を通じて自分の哲学を形成していったのだとすれば、なおさらのこと、かれによる「観念」説の理解はデカルトとの関係で注意されねばならない。

実際、スピノザによるその理解にかんして、以下に見るような疑念が湧く。たしかにスピノザがデカルト哲学を祖述した『デカルトの哲学原理』を見るならば、なるほどかれはデカルトの「観念」説から離れているわけではないように見える。そこでスピノザは、デカルトが『第二答弁の付録』において与えた観念の定義を踏襲している。

> 観念ideaという語をわたしは、おのおのの思惟の形相 cogitationis forma、その直接的な知得によってその思惟そのものをわたしが意識するその思惟の形相、と解する(AT: VII, 160; PPC1 Def2)。

そしてスピノザにとって事物は、観念によって表象された事物 res repraesentata per ideam である(PPC1 Def3)。少なくともデカルト哲学を祖述する場面においては、かれは忠実に「観念」説を継承しているようにも見える。

他方でスピノザが自身の説を述べるとき、イデアという語に、特別の重みが置かれているようには見えない。少なくとも、イデアとコンケプトゥスとがたがいに言い換えられているようにも見え、両者が明確に区別されているとは言いがたい。実際に、イデアとコンケプトゥスとの区別は、『知性改善論』ではほとんど行われておらず、「コンケプトゥスすなわちイデア conceptus, id est, idea… 」という言いかえすら行われている(TIE62)。また、『エチカ』第一部を見れば、そこではイデアという語はほとんど使われておらず、用いられているのはもっぱらコンケプトゥスの語である。あたかもスピノザは、デカルト的な「観念」説から、スコラ的な「思念」説へと舞い戻っているかのようにも見える。

それだけでなく、観念と観念内的対象との〈あり方〉を、一見すると見失ってしまっているかのような箇所を挙げることもできる。スピノザはまた「対象的本質あるいは観念」または「対象的存在あるいは観念」と述べている(TIE36; E2P8C)。もし観念がそのまま対象的存在と置き換えられるのならば、スピノザは観念をデカルトとは異なるしかたで理解していたことになりはしないか。というのも、デカルトにおいて「対象的」というのは観念内における対象について言われるはずなのに、スピノザはそれを「観念」と呼んでいるように見えるからだ。たとえスピノザの言葉遣いがルーズであったとしても、これらはスピノザがデカルト的観念の理論を踏襲していないことを示してはいないだろうか。

しかし、実はこのようなスピノザの言い方は、注意深く解きほぐされる必要がある。一見したところ、デカルトにおける形相的・対象的の対とは、そして観念の語の使用とは、ずれているようにも見えるが、それによってスピノザが、デカルト的「観念」理解を見失っているとは必ずしも言えないのだ。スピノザは、デカルトが「観念の対象的事象性」について語るのに対して、「事物の対象的存在」について語り、それを「観念」と置き換え可能なものとしているが、ここには、観念がそもそも「対象的事象性」をもつものであるという了解がたしかに見られる。もし観念というものがそもそも観念内的対象によって区別されるようなものであるのでなければ、このような置き換えは不可能であろう。だからこそスピノザは、また「観念の形相的存在」についても語ることができるのである(E2P8C, E2P5)。この点は、さらに注視されねばならない。

形相的と対象的との区別には、すでに『知性改善論』において、きわめて大きな重要性が置かれている。観念が対象的にあるのではなく、事物の対象的なあり方が観念のなかにあることだということが、そこで明確に示されている。（ここでは観念が『エチカ』におけるように「対象的存在」ではなく、「対象的本質 essentia objectiva」と呼ばれているのだが、この言葉遣いの違いはさほど重要ではない。）そして、この対象となるものが対象的にあるというあり方に注目することなく、いわばその自体として見られた場合には、それは「形相的本質 essentia formalis」と呼ばれる[12]。対象的本質は対象的にあるものをさすのではなく、あくまでも対象をもったものとしての観念が指されており、つまり対象的なあり方を可能にしているその思惟の様態を指している。同時にまた、形相的本質は思惟の様態ではなく、対象的にあるものの形相を指している。

『エチカ』においては、形相的存在 esse formale と対象的存在 esse objectivum との区別が、同様に用いられている。前者が事物について言われるのに対し、後者は対象的にあるものがそのなかにあるところの観念を指している。すでに述べたように、「対象的存在あるいは観念」という言い回しは、この文脈の中で理解されねばならない。対象的本質や対象的存在といった言い回しは、スピノザにおいては、けっして観念内的対象を指し示しているのではなく、対象がそのなかにあるところの観念を指している。観念内的対象そのものは、事物として、つまり形相的本質ないし形相的存在として考えられている。

このようにスピノザは、いかなる場合にも、対象的にあるというあり方を、観念そのものの存在論的身分を表示するものとして使用してはいない。この点で、スピノザは明確に、デカルトの「観念」説を継承していると見なされねばならないのだ。スピノザは、対象的にないし表象的に観念のうちにある〈あり方〉と、観念の観念としての形相的な〈あり方〉との区別に、力点を置いている。いわばデカルト以上にスピノザは、対象的と形相的との区別を体系的に使用しているのである。

だが、ここで注意されるべきことは、たとえスピノザが対象的・形相的の対を体系的に使用としているとしても、それはけっしてイデアという語をキーワードとすることをけっして意味しないということである。デカルトが、スコラ的な枠組みからの脱却を象徴する語として、コンケプトゥスではなくイデアの語を選んだとすれば、スピノザはこれらの語の区別にはたいして関心をもたないのである。

なるほど、スピノザがこれら二つの語を区別していなかったわけではない。『エチカ』で与えられている「観念」の定義を見るかぎり、イデアとコンケプトゥスのあいだには、なんらかの区別が意識的に設けられている。観念は第二部の定義三で、「思惟する事物であるがために精神が形成するところの、精神のコンケプトゥス」として定義されている。このように、コンケプトゥスの語によってイデアが定義されるかぎりで、両者は区別されている。基本語としてそれ自体は定義されることのないコンケプトゥスなる語によって、定義を必要とするイデアなる語が定義されていることの意味は、けっして明らかとは言えないが、注意深く見るならば、この定義はその形式的な意味(イデアの語の定義)とはまったく異なる意図のもとに書かれていることが分かる。というのもこの定義においてスピノザは、イデアよりもむしろコンケプトゥスの語に、ある積極性を見出そうとしているからだ。この定義に付された説明 Explicatio は次のように述べている。

> ペルケプティオではなくコンケプトゥスと言うのは、精神が対象から受動することを前者の語は示すように見えるからである。だが後者は精神の能動を表現するように見える(E2 Def3)。

精神が対象から何かを受け取ることによって知得を説明するのは、経験主義的な態度につながっていくような、スコラ的な認識論的立場である。そのような態度を避け、精神が何かを抱懐するという精神の能動性を示すために、この語を使うとスピノザは述べているのだ。つまりスピノザはここで、コンケプトゥスなる語がもつ積極性を強調しているわけである。

これは一見すると、デカルトとはまったく正反対のことをなしているように見えるかもしれない。デカルトは懐疑を、〈事物から知性へ〉というスコラ的な、あるいは素朴実在論的な知識論的枠組みをいったん括弧に入れることによって遂行し、そのために用いられるのが、まさにイデアなる語なのであった。それは〈知性から事物へ〉という方向への、コペルニクス的な転回であったわけであり、そのことはすでに見たとおりである。これに対してスピノザは、イデアという語ではなくむしろコンケプトゥスという語のほうに、そのようなある積極性を見出しているかのようなのだ。これは、スピノザがデカルトの「観念」説から逸脱していることを示しているのだろうか。

だが、使われている言葉が何であるかを除外して考えれば、ここにもまた、上述したようなデカルトに通じる態度、コンケプトゥスとイデアとの区別をもたらした原因としての「観念」説の思想的な配置が、まさに再確認されていると言えるのだ。というのも、スピノザもまた、経験主義につながっていくようなスコラ的な認識論的立場を回避するために、コンケプトゥスという語を用いるのであるし、さらにはそれによってイデアなる語を定義しようとしているからである。ペルケプティオという、精神が対象から受け取ることで知得するといった意味での受動性を示す言葉ではなく、むしろ精神が抱懐することで対象へと向かうようなある能動性をさししめす言葉として、スピノザはコンケプトゥスそしてイデアという語を用いるのである。デカルトがコンケプトゥスに対してイデアという語を用いるとすれば、スピノザはペルケプトゥスという語に対して、コンケプトゥスおよびイデアの語を対置させるのである。

以上で確認できたことは、スピノザが第一に対象的・形相的の対を厳密に保持していることによって、第二に〈知性から事物へ〉の方向性を保持していることによって、デカルトの「観念」説を正当に継承しているということだ。スピノザはデカルトが見出したような意味においては、イデアという語にコンケプトゥスと区別された独自の意味を見出す必要を感じてはいないが、デカルト的「観念」説の理論的配置をたしかに受けついているのである。

もしスピノザが〈知性から事物へ〉の方向性という、従来は神的知性のモデルで考えられてきた枠組みの、人間精神への適用というデカルト的「観念」説を受け継いでいることが明確に見えないとすれば、その大きな原因は、スピノザがもはやこの理論的配置を、イデアの語の使用を中心とすることなく示しているからである。デカルトとは異なり、対象的事象性について述べるためにイデアという語が使用されるわけではなく、またコンケプトゥスに対比してイデアなる語が使用されるわけでもない（後者に関しては、ずっと後に見るように、まったく異なる位置が与えられる）。だがこれはスピノザが、たんに「観念」説の理論的配置を受け継いだだけではなく、対象的・形相的の対のもとにある意味で徹底化していることの結果だと考えよう。そこで次に、対象的なあり方と形相的なあり方との区別に重点を置くことによって、スピノザは逆に観念という語の特別な位置をもはや必要としなくなるということの内実を、検討することにしたい。

「観念」説の新展開

スピノザにおける「観念」説の理論的配置の徹底化は、たんにイデアの語に中心性を置かなくなるという消極的な結果だけでなく、また新たな理論的な考察をも可能にする。それは、一方で、「イデアのイデア」をめぐる理論的考察を可能にし、また他方で、「イデアの秩序と連結」に対する考察を切り開く。『知性改善論』における「観念」説に特徴的に見られるこれらの論点を考察したいのだが、その前に確認しておかねばならないのは、もちろん本研究において主要なるスピノザのテキストとする『エチカ』と、以下で検討する『知性改善論』のあいだには、ある種の断絶があるという点である。だが、少なくとも「観念」説の徹底化という点に関して言えば、スピノザの理論的な立場にはこれら二つの著作においては隔たりがないという解釈に立って、以上の論点を明らかにしたい13。そして、『知性改善論』における「観念」説に特徴的に見られるこれらの論点は、ともに、すでにデカルトの「観念」説に見られた傾向の、ある徹底化の結果であることを示したい。

まず、対象的・形相的の対による「観念」の語の特権性の剥奪は、観念もまた他の観念の対象となりうるという視点をもたらす。コンケプトゥスについて言えば、それはいわば二階の概念においてあつかわれるような対象であった。だからこそデカルトはそれから区別すべくイデアという語を用いたと言える。だが『知性改善論』においてスピノザは、観念は、別の観念の対象となることに注意を促すのである。

真の観念(というのも真の観念をわれわれはもっている)はそのイデアートゥムideatumと異なる或るものである。円と円の観念とは別のものである〔略〕。そして観念がそのイデアートゥムと異なった或るものであるからには、それはまた、それ自体で知解されえる或るものであろう。つまり、観念はその形相的本質については、他の対象的本質の対象となりうるのである(TIE33)。

観念は他の観念の対象となる、つまり「イデアのイデア idea ideae」がある(TIE38)。もちろん、観念のもつ二つの側面を区別することにおいて、つまり思惟の様態としての側面と、対象的な事象性の側面とを区別することにおいて、すでに観念を「思惟の様態」として扱っているのであるから、観念は「観念として思われてある」という意味で二階の観念となってはいると言えなくもない。だがスピノザはさらに踏み込んで、イデアもまた同様に、他のイデアの対象となるということ、つまりイデアートゥムとなるということを明言するのである。

このようにイデアが一つの対象として見られる場合、この対象としてのイデアをイデアと呼ぶことが可能なのは、そもそもイデアとコンケプトゥスとの区別が設けられていないからである。対象的と形相的との区別にすべてを集約することによって、イデアとコンケプトゥスの違いの無化がもたらされ、むしろすべてはイデアとなるのである[14]。

次に、スピノザにおける「観念」説の徹底化は、観念相互のあいだの関係を問う視点を著しく拡大する。そもそもイデアは他の概念の対象として扱われるべきようなものではなかった。すでに述べたように、デカルトが『省察』において概念相互の関係を問う場合には、イデアではなくやはりコンケプトゥスの語を用いざるをえなかった(AT: VII, 78)。だがスピノザにとっては、イデアとコンケプトゥスのあいだには、他の概念の対象として思考される点において何の区別もつけられていないように思われる。まさにそのために、イデア相互の関係を問うことに、なんら困難は見られないのだ。

これはけっしてデカルトからスコラへの後退としてとらえられてはならないだろう。「観念の観念」を条件として可能となった、観念相互のあいだの関係を問う視点の確保というスピノザ哲学の特徴は、あくまでも「観念」説の枠組みの拡大の結果なのである。

観念相互のあいだの関係について、スピノザはこのように述べる、観念相互のあいだには、その対象が相互にもっているのと同じ関係 commercium がある、と(TIE41)。なぜなら、真の観念の外的特徴は、「観念がその形相的本質と一致する」ということであるからだ(TIE41-42)。真の観念とそれ以外の観念との区別がここで大きな問題となってくるのだが、その前に注目したいのは、観念相互のあいだに、その対象である事物が相互にもつのと同様の関係があるということを見る視点がここで確保されているという点である。このことが、スピノザによる人間の理論、とりわけその中核をなす「精神は身体の観念である」というテーゼの基礎となるのであり、このことは次章において扱う。

ここで少しまとめよう。スピノザによる観念をめぐる考察がもたらした帰結として、第一に、イデアとコンケプトゥスとのあいだの用語上の区別は、「観念」説の理論的配置においては、もはや大きな意味をもたなくなる。『エチカ』においてはその区別がまったく別のかたちで新たに見出されることになるのを、つまりわれわれがそれであるところのものとわれわれがもつところのものとの区別において見出されることを、われわれは後に見るであろう。第二に、イデアのイデアをめぐる理論的考察が可能となり、観念は別の観念の対象となる。もっとも、ここからスピノザが引き出すのは、事物の本質を理解するためにはその観念を理解する必要はなく、その観念の観念を理解する必要もないということであるのだが。第三に、イデアの秩序と連結に対する視点の確保である。これは観念の対象のあいだにある関係と、観念じたいがもつ関係とが等しいという考察である。『知性改善論』における「観念」説に特徴的に見られるこれらの三つの論点は、お互いに緊密に結びついており、これらはすべて、〈知性から事物へ〉という方向性と、観念と観念内的対象とのあり方の区別の徹底化によってもたらされている。

ところで、このようなスピノザによる「観念」説の深化において、ある根本的な問題が浮上してくる。それは、われわれははたして真に「観念」の名に値するものを保持しているのか、ということである。たしかにわれわれは多くの思いをもっているのであるが、それらの思いをすべて「観念」の名のもとに等しく受け止めてもよいものであろうか。真に観念の名に値するような観念、つまり真の観念と、それ以外の思いとが区別されるのではなかろうか。スピノザはこう述べる。

というのも、神の真の観念をもたない人〔略〕にとって、自分を創造したものが欺くものと考えることも、欺くものではないと考えることも、等しく容易であって、それは、何ら三角形の観念をもたない人にとって、その三つの角度の和が二直角に等しいと考えることも、等しくないとも考えることも、等しく容易であるのと同様なのである(PPC 1Prol: 147)。

結局のところ「観念」説においては、「真の観念」をもつ、あるいはそれを形成する、ということが何よりももっとも重要な前提であり、また課題となっている。すでに述べたとおり、デカルトに続く者たちは「観念」説を必ずしもうまく継承したわけではなかったが、その困難もまた、このような「観念」説自体がもっている困難と無関係ではなかったのかもしれない。しかしいずれにせよ、「観念」説は、そもそも真の観念とは何かを、それは他の知得とどのように違うかを、明らかにしなければならない。こうして、真の観念を他のもろもろの知得からより分けるということが、新たに課題として設定されることになるだろう。

「真の観念」と表現

スピノザの「観念」説は、結局のところ、「真の観念」idea veraとは何かを理解することに、そして真なる認識をいかにして得るのかという問いに行き着く。「観念」説の深化によってスピノザはこの新たな探求の道を設定するに至るのだが、その過程は明晰に表明されているわけではなく、『知性改善論』の論述はきわめて錯綜している。だが少なくとも確認できるのは、「真の観念」とは何かを理解するには大きく異なる二つの異なった可能性があるということである。そこで、「真の観念」についての理解に向かう前に、スピノザがどのようにしてその探求の方向を設定するのかを見なければならない。

真なる認識を得るために可能な一つめの途は、観念の対象に注目する途である。とはいえ、それは対象に注目することで観念の由来を探るということではない。つまりそれは、観念がどこからやってきたかを探るということではない。スピノザによる「観念」説の特徴として、観念相互の関係は、その対象相互の関係へと帰着させられるのであるが、この特徴にもとづくことによって、観念相互のあいだの関係は、その対象としての事物相互の関係によって明らかにされることが期待される。ところで、自然のなかに存在している事物は、おたがいに関係をもっているとはいえ、目指されるべきは、自然全体の理解であろう。したがって、もし自然全体を対象とするような観念が得られるとすれば、それはそこから自然のなかに起こるすべてのことが引き出されるような、ある完全なる観念となろう。このように対象に注目した道は、『知性改善論』において何度も触れられている。

だがこの途はついに拓かれることはない[15]。スピノザは探求のもうひとつの可能性を取る。その理由をここでは詳述できないが、少なくとももう一つの途に可能性が見出されたことは確かである。それは、観念がもつ内的な特徴に注目するという途である。

〈事物から知性へ〉ではなく、〈知性から事物へ〉という方向づけは、このような考察において、もう一度確認することができる。知性あるいは精神の力能からではなく外部の原因に起因するもの、つまり偶然的にもたらされる感覚によってわれわれが知得するもの、それは一言で言えば想像知 imaginatio にもとづいている(TIE84)。それに対して、真なる認識が偽なるそれから区別されるのは、その外的特徴にではなくむしろその内的な特徴によってである(TIE69)。なぜなら真なる認識は、外部の対象を原因としているわけでは、つまりそれに依存しあるいはそれによって規定されているわけではなく、知性の力能そのものに依存するものでなければならないからである(TIE71)。

このことをスピノザは、かれが「観念」説から新たに引き出した帰結によって説明している。スピノザが対象としてペテロを例として説明しているのによれば、「ペテロの本質を理解するためには、ペテロの観念そのものを知解する必要はないし、ましてやペテロの観念の観念を知解する必要はなおさらない」のである(TIE34)。スピノザが言おうとしていることは単純である。つまり、われわれが知性に内在するかぎり、すべてはいわば観念のなかで動いているのであり、知ることの能動性こそが焦点になっているということだ。

このような観念の内的な特徴にもとづく考察の具体的な進行は、『知性改善論』においては次のように進められる。イデアは他のイデアの対象となる、このようにして反照的な認識は無限に進んでいく。だがわれわれはこのようなイデアの外に逃れることはできない。認識はつねにイデアーイデアートゥムの関係から逃れることはできない。ならば、あくまで知性に内在的に考えた場合に、確実性とは何か、真理とは何かが問われることになる。だがスピノザは、実に真のイデアが確実性をもたらすのであり、それ以外になんら確実性はないという結論に達する。「真理の確実性のためには、真の観念をもつということ以外には、何ら他のしるしsignumをも必要としない」のであり、さらに言えば、観念とは真理そのものなのだ(TIE35-36)。真理は観念の外にあるのではなく、観念のうちにしか見出されない。つまり真か偽かということは、あくまでも観念そのものの区別として見いだされねばならない。

このようにして新たな課題が、真の観念を他のもろもろの知得から区別するという課題が見出される。なによりもまず、真の観念とはいかなるものであるかが探求されねばならないのである(TIE37)。これが『知性改善論』にのべられるいわゆる「方法の第一部」を構成する。

『知性改善論』において、スピノザが「方法」についてまとめていることを見てみよう。認識の種類について述べた後、「われわれが認識すべき諸事物をこうした認識によって認識する途と方法」が試みられる(TIE30)。スピノザが語ろうとする「方法」とは以下のようなものである。

［方法とは］真の観念を他の知得から区別し、それらの本性を探究することによって、真の観念がいかなるものであるかを理解することに、そしてそれによってわれわれがもつ知解する力能を知り、また知解すべき一切をその規範に従って知解するように精神を制御することである。またそのため補助手段として確実な諸規則をあたえ、なおかつ精神を無益なものからわずらわされないようにすることである（TIE37）。

認識すべき事物を認識する方法とは、まず、真の観念とはいかなるものであるかを理解し、またそれと他のもろもろの知得とのあいだにある差異を理解することにある。それはまた、真の観念によってできるだけ多くの事物を理解することによって、みずからの力能を理解し、それによってみずからのために規則をたて、また無益なものからみずからを遠ざけるということである。これらの点に、全方法が存するのである（TIE40）。

以上でスピノザが『知性改善論』において取ろうとする道について見たわけであるが、ではそもそもスピノザは「真の観念」ということで何を言おうとしているのか。『エチカ』における有名な公理によれば、スピノザもまた真の観念を、イデアートゥムとの一致という言葉でしか語りえなかったように見える（E1Ax6）。それはつまり、「知性のうちに」あることと、知性の外つまり「自然のうちに」あることとの区別と両者の一致によって真理性について語るということである（E1P30D）。知性の内と外との一致について語るスピノザは、大きく見てまたもやスコラ的な認識論の枠組みのなかに戻ってしまったようにも見えてしまう。

たしかに真なる観念は、まずは「観念と観念対象との一致」という「外的な特徴 denominatio extrinseca」によって示されている。だがそれは、真なる観念の規定(定義)ではなく、公理でありいわば要請にすぎない。真の観念がもつ外的な特徴が果たしている役割はこうである。外的な特徴、つまり「観念と観念対象との一致」は、観念とその外部について語られる。そこでは知性の内と外との区別が前提とされている。知性の内と外が区別されるのは、そして観念の外的な特徴が問われるのは、存在論的な問いにおいてである。だが後に見るように、観念の指し示すものとしては、あるいはそれを観念の「外部」と言ってもいいが、そこには実体しか、唯一の実体しか与えられていない。観念の外部について語るとは、すなわち与えられた唯一の実体について語ることである。逆に言えば、真の観念は、それのみが実在するものとしての唯一の実体ないし自然を超えた、いかなるものも把握しないのである(E1P30D)。このことを示すために外的な特徴というものが語られる。

しかし実は、少なくともスピノザの「観念」論の出発点においては、イデアートゥムとの一致という真の観念の規定は、実はさして大きな立脚点とはなっていない。なぜなら、われわれは観念の外に出る前に、そして知性の内と外とを区別する前に、まずは真なる観念から出発せねばならないからである。出発点は、真なるものとしての資格をもった観念を、その他の諸々の観念からより分けることにある。外的な規定よりはるかに重要なのは、真なる観念をその内的な特徴 denominatio intrinseca によってとらえるということである。つまり、真なる観念のもつ特性をそのイデアートゥムとは無関係に考慮することによって、あくまで観念の内部にとどまることにおいて、「十全なる観念 idea adaequata」に立脚することである。たしかに「内的な特徴」は、「外的な特徴」によって示された真の観念の特性を、内的にそなえていることとして述べられるにすぎない(E2Def4)。とすると、それは真なる観念について何がしかを新たに規定しているわけではないようにも見える。だがスピノザはあくまでもその内的な特徴から真なる観念をより分けようとしており、そこにしか「観念」説の開始はありえない。したがってスピノザは決してスコラ的な枠組みに戻ってしまっているわけではないのだ。

　では、内的な特徴とは、観念のどこに注目することで明らかとなるのだろうか。ここに、観念がもつ新たな次元が見出されることになる。スピノザは一足跳びに知性の外に出て行くわけではない。あくまでの知性の内において、対象的と形相的の区別の徹底化において、すべては観念においてある。ところが、すべてが観念においてあるということ、「考えられてある」ということは、ある別の次元をそれじたいで示すことを排除しない。観念は対象的・形相的なあり方をするとともに、ある別の次元をもっているのである。観念はそれじたいで、ある表現なのである。つまり観念はそのなかで事物の対象的なありかたを表象しており、またそれ自身が形相的なありかたにおいて存在しているとともに、それ自身において何かを表現しているのである。スピノザが述べるところによれば、事物の観念は「事物の作用因を表現する causa efficiens exprimere」のである (Ep60: 270)。観念はそのなかに対象をもつものとして存在するだけでなく、それ自体においてまたなにごとかを表現しているのであり、この表現の次元において内的な特徴をもつ[16]。

　表現の次元とは何か。事物の観念が事物の原因を表現するとは、また、スピノザ哲学においてあまりに基礎的なためにその役割が見えにくいあるひとつの公理において明確に言い表されている。その公理とは、「結果の認識は原因の認識に依存しかつこれを含む involvere」というものである (E1Ax4)。この公理は『エチカ』のなかで多彩な役割をはたしており、その意味がきわめて特定しがたい命題となっている[17]。だがこの命題が言わんとするのは今しがた述べたことに他ならない。つまり、観念は対象を表象しており、またそれ自体が形相的に存在するということの他に、ある別の次元をもっているということだ。それはつまり、観念はそれ自体で何かを表現しているということである。観念は対象を表象し、形相的に存在する他に、何かを表現してもいるのである。

　そして、その表現されているものこそが、観念の原因と呼ばれる。観念のなかには観念対象があるが、表現されるものはその対象と同じではない。観念の原因は、あくまでも観念を通じて存在している。これがつまり、観念はある表現なのだということだ。観念によって表現されているものは、この観念の原因である。そもそも観念が原因をもつというのは、すでにデカルトの「観念」説においても、大きなポイントであった。実に、「第三省察」において示される神の実在証明の一つは、この点にその論拠をもっていた。これによってデカルトは「知性の内から外へと赴きゆく」のであった[18]。

だがスピノザはこの観念の表現性を、観念の対象的事象性の度合いについて述べるために使用しているわけではないことは重要である。スピノザはそれをもってして観念の外へと出ようとはしないのだ。観念の表現性は、あくまでも観念が内的にもつ特徴を明らかにするために見出されるのである。観念が表現的であることが注目されるのは、この表現性こそが観念が真なるものであるということを内的に示すものに他ならないからだ。真なる観念のみが表現的であり、また表現的な観念のみが真なる観念である。したがって、スピノザが観念の内的な特徴に注目すると言うとき、それはその表現性に注目するということに他ならない。この表現の次元においてこそ、十全なる観念がもつ内的な特徴が見出される。つまり十全なる観念とは、原因を表現している表現的な観念なのである[19]。

観念が表現するものは、まずは観念の対象の原因（事物の作用因）であるといわれるが、さしあたって重要なのは、何が表現されるかということにあるのではない。重要なのは、真なる観念の内的な特徴とは、観念がそもそも表現的であるという点にある。表現的であるとは、それじたいで何かの結果として存在しているということであり、それを通じて原因が顕現しているということである。スピノザが、認識 cognitio という語を用いて、「結果の認識は原因の認識に依存しかつこれを含む」という命題を立てていることに注意せねばならない。それは対象に即してみるならば対象の原因を表現していることになろうが、それだけではない。観念そのものの存在のステイタスが、表現的ということで言われていることが見逃されてはならないのである。観念そのものが何かの結果として存在しているということ、そのようにして観念そのものの原因の表現であるということ、これがスピノザが見出した観念における表現の次元が示すことがらなのである。

表現的なる観念こそが真なる観念であり、そうした観念がもつ表現性が、われわれの知性を構成している。真なる観念は、すでに知性を構成するものとして与えられている。「実際、われわれは真の観念を有している」とスピノザは述べる（TIE33）。これは、すべてがそこから出発せねばならない、ある事実である。実際、われわれはみずからが何の知性をもちあわせていないと考えることなどできないのであり、これは何らかのしかたで規定されうるような事柄ではなく、すべてがそこに基づかねばならないような、ある根本的な事実なのだ[20]。そして、この事実性をしっかりと把握することこそが学の方法であり、それは「与えられた真の観念の規範にしたがって ad datae verae ideae normam」精神を導くということにつながるのである（TIE38）。真の観念をより分けるという作業は、この「与えられた真の観念」をいかに正確に把握するかにかかっている。真の観念がわれわれに与えられているということは、われわれが知性をもっているということと同義である。この事実がすべての出発点となるのだ。

以上で述べてきたように、スピノザはデカルト的な「観念」の理論の、ある徹底化ないし全面化のなかでおのれの哲学を組み立てようとしている。〈知性から事物へ〉の方向性の徹底化による、対象的と形相的との区別の徹底化によって、もはやイデアとコンケプトゥスとのあいだにいかなる用語上の区別もなくなり、観念の観念という視点や、認識が相互にもつ関係などについての視点が生まれる。このことは、まずは思念・観念・概念の三語の区別において、われわれが考察の端緒とした思念と観念の語のデカルト的な区別が、スピノザにおいてはもはや無効化されているということを示している。

だがこのことは、スピノザがデカルトの努力を徹底化しているからこそ可能になっているのであり、それはすべてを観念のなかにおいて考察するという視点のなかで理解されねばならない。スピノザにおいて、もはや観念は、そこからわれわれが知性の外へ、「わたし」の外へと抜け出るための足場ではない。われわれは観念としてあり、そこに徹頭徹尾、踏みとどまっている。すべては観念のなかに、あるいは観念として、ある。中世的な〈事物から知性へ〉から、デカルト的な〈知性から事物へ〉という方向への転換は、このように徹底される。そしてこのような徹底化が有効であるのは、あくまでも観念が真なるものであるかぎりである。「観念」説を徹底させるためには、観念あるいは真の観念と、その他の知得とが正確に区別されねばならない。「観念」説の徹底化は、真ならざる観念に対する批判を「方法」とする(TIE50)。実に、真なる観念をその内的な特徴によって示すということ、つまり表現的であることによって示すということは、「観念」への内在の徹底化としてのみ理解されうるだろう。だが、この内在の徹底化は、もしその観念が真に観念の名に値するものでなければ、偽の内在に陥ることになるだろう。だからこそ、真の観念ないし十全なる観念の選択を必要とする。真に内在するために、真の観念がその内的な特徴によって、他のもろもろの知得からより分けられ、ふるいにかけられねばならない。これがスピノザによる「観念」説の深化により見えてきた哲学の課題であった。

二　形而上学的思想の検討

「概念」への批判

真の観念がよりわけられるかぎりにおいて、「観念」説の徹底化が成立する。スピノザの関心は『知性改善論』において、もっぱら観念ないし概念のあいだの関係を考究することに向けられている。そこ(方法の第一部)でスピノザが行おうとしているのは、われわれの認識をさまざまなしかたで検討し、そこから「真の観念」をよりわけていくという作業である（TIE50; 91n）。それは真の観念を外部との関係においてではなく、その内的な特徴によってよりわけるという作業を必要とする。真なる観念が、他の思惟の様態から区別されるのは、あくまでもその内的な特徴によってである。なぜなら真なる観念は、その対象との一致という側面においてではなくより分けられねばならないからであり、それだけでなく、その対象こそが観念のほうから到達されねばならないからである。神でさえ、与えられた真の観念から到達されるのである。この点でスピノザはいかなる意味でもデカルト的な「観念」論を放棄してはおらず、むしろ彼なりのしかたでその徹底化を目指している。真の観念はあくまでもその内的な特徴によって他の諸観念、つまり観念と呼ぶにあたいしない思惟の他の諸様態から区別されねばならない。

実際に、われわれには真の観念ないし十全なる観念のほかに、さまざまなる偽の観念ないし非十全な観念が与えられている。「観念」説の徹底は、「観念あるいは精神の思念」と、「事物の想像 rerum imagines」とを、そしてさらには「事物を表示する言葉」とを区別すること、を要求する。これら三つもの、観念と想像そして言葉は、ひとびとによって混同されているか、それとも正確に区別されていないかのどちらかである(E2P49S)。実に、このような混同のもとに、普遍的ないし一般的なる概念は成立している(E2P40S1)。

したがって、真の観念のよりわけの作業は、一般概念に対する批判を通してなされねばならない。「一般概念 notiones universales」における区別の問題として整理されていくこの思考は、『知性改善論』では一般性ないし普遍性に対する批判として展開されている。「真の観念」を他の観念からよりわけていくという作業が、悪しき基礎づけしかもたない一般概念から、後に詳しく論じることになる「共通概念 notiones communes」を区別することとテーマ的には重なるとすれば、その中心はいかに悪しき一般性から良き一般性を区別するかということにある。諸観念の区別のなかでもっとも重要なのは、一般性についての懐疑的なまなざし、あるいは一般概念についての批判的な態度である。真の観念はまずもって一般概念からより分けられねばならない。思念と観念との関係について検討したあと、つぎにわれわれは概念(ノチオ)という語が、否定的な意味合いを帯びていることを確認することになるのだ。

概念の吟味という作業は、もちろんデカルトもなしていた。観念をその他の知得から正確に区別するという課題は、概念の批判的検討によって成し遂げられなければならない。デカルトが言うように、「幼年期の先入見を改善するためには、単純概念 notiones simplices が考察されねばならない、そしてそれらにおける何が明晰なのかが考察されねばならない」(AT: VIII, 22)。デカルトを敷衍して、スピノザはこう述べる。

われわれは幼年期から数多くの先入見にとらわれていて、これから容易に解放されないのであるから、かれはさらに進んで、これらの先入見から解放され、明晰判然と知得するものだけを受け入れるようにするために、われわれのすべての思惟を構成するいっさいの単純な概念と観念 simplices notiones et ideae を数えあげ、これらを個別に検討し、そのおのおののなかで、何が明晰であり、また何が不明であるのかに注意を向けるのだ(PPC Praef: 146)。

われわれの先入見から解放されるために、思惟を構成しているところの単純な概念を検討するというこの課題は、『哲学の原理』においておこなわれており、われわれが知得するものは「事物そして事物のある変様として、あるいはわれわれの思惟の外にはいかなる実在をももたない永遠的真理として」考えられるとデカルトは述べている(AT: VIII, 22)。これらがそれぞれ検討され、実体・持続・秩序・数などの諸概念の身分が明らかにされていく。

ここで概念という語が指し示すのは、まずもって既成の諸概念、われわれが普段からそれらを用いてものを考えたり想像したり議論したりする諸々の概念のことである。したがって諸概念から真の観念をよりわける作業は、必然的に既成の諸概念の批判、なかでもとりわけ、諸概念のなかでももっとも基礎的な、つまりは強固なものと考えられる形而上学的な諸概念の批判を伴っている。スピノザもまた、『形而上学的思想』において、ちょうどデカルトがあつかったのと同じように、形而上学において使用されてきたいくつかの概念をとりあげ検討している[21]。また『エチカ』のいくつかの箇所においても、認識の区別という問題に密接に関係しながら、形而上学的な概念を取り扱っている。たとえば、自然の秩序におかれて外部から突き動かされているわれわれにあたえられているのは、諸々の想像やあるいはそこから抽象された諸概念のみでしかないことをスピノザは強調する(E 2P29S)。そのような「悪しく基礎づけられた諸概念 notiones male fundatae」とは、人間・犬などの普遍概念と、事物・或る者 aliquid などの超越的名辞である(E2P40S1)。これらの概念が対象とするのは、純然たる想像の産物であるか、せいぜいのところ「形而上学的ないし一般的な存在者 entia metaphysica sive universalia」と呼ばれうるものにすぎない(E2 P48S)。これら形而上学的な思想の検討という作業がスピノザ哲学において重要な位置を占めているが、このことについて、以下でもう少し詳しく見ることにしたい。

形而上学的概念

真なる観念のよりわけの作業に対するスピノザの大きな関心は、『形而上学的思想』と『知性改善論』に如実に示されている。『形而上学的思想』の主題は、スピノザが述べるところによれば、「形而上学における主要で真っ先に取り扱われるべき問題」の解説であり、その第一部は存在者とその変様についての諸問題、なかでも最初に存在者の分類をめぐって観念が論じられている(CM1-1)。『知性改善論』はもっぱら観念について論じているが、その後半になると、「理性上の存在者」と「自然的で事象的な存在者」との対立というかたちで存在者についての関心が表面化する(TIE95)。両書の議論は、ことなった主題をもちながらも、存在者と観念の語を中心に展開されている[22]。

『形而上学的思想』の中心課題が何であるかは、ここで問うべき事柄ではない[23]。スピノザは「自分が真の哲学を知解していると知っている」と自負している(Ep76)。しかしみずからの哲学に対して、「形而上学」の呼称を受け入れてはいないのである。もっとも、スピノザがこの「形而上学」の呼称をどのように用いていたかということはかならずしも定かではなく、むしろ「この学問の定義やこの学問が取り扱う対象については何も語らない」と述べられているほどだ(CM1-1)。だが、スピノザはみずからの哲学に対してこの呼称を用いようとしなかったことの意味は、問われてもよいだろう。

たしかにスピノザは形而上学に対してまとまった攻撃を加えているわけではなく、それどころか書簡のなかで「倫理学は一般に知られているように、形而上学と自然学の基礎の上にたたねばならない」とも述べている(Ep27)。だがこの発言は、「形而上学」という言葉を肯定的に用いる対話者(ブレイエンベルフ)に対する返答であるにすぎない。デカルトは、その樹木の比喩に見られるように、なおも「形而上学」という呼称を受け入れ、そのなかに身をおこうとしていた(AT: IX, 14)。これに対してスピノザは、自身の哲学をみずから「形而上学」の名で呼ぶことは決してないのである。

ではこの「形而上学」の批判ないしはすれ違いは何を意味するのか。『形而上学的思想』をスピノザは存在者の区分について論じることから始めている。たとえ「形而上学」が何を対象とするかについてスピノザが説明をしなかったとしても、それが存在者の理論であることは明白である。当時の「形而上学」（いわゆる第二スコラ）の理論を参照しながらスピノザが述べるのもまた、事象的存在者 ens reale のみが存在者と認められねばならないということである。ところが、真に存在するものとそうでないものとは、あくまでも観念つまり真の観念とそうでないものとの区別によって示されなければならない。なぜなら事物すなわち存在者は、観念のなかにあるからである。そのため、この書の叙述は存在者についてというよりもむしろ観念についての議論へとすり替わっているのである。

とするならば、スピノザが「形而上学」に対してとっていた態度は、存在者をあつかう形而上学に対して、つねに観念の立場において考えるというデカルト的な立場を貫くということであったことになろう。これに対して、事象的存在者などを扱うことを標榜する学問をここでは「形而上学」と呼ぶことにしよう。

スピノザの手続きを見てみよう。まず挙げられるのは、存在者についての伝統的な分類、すなわち事象的存在者と理性上の存在者への分類である。理性上の存在者（および虚構的存在者 ens fictum）はけっして存在者とは認められない。それらはたしかに「思惟の様態」であるが、「事物の観念」ではない。なぜなら、これらの思惟の様態は、われわれの精神の外に実在する extra mentem nostram existere 存在者をその対象としてもたないからである。知性の外に「必然的に実在し、あるいは実在しえる」イデアートゥムをもたないからである（CM1-1: 234）。それらがかろうじて存在者と呼ばれるとすれば、それはそれらが「思惟の様式 modus cogitandi」としてみられたときのみである。したがって、事物の観念として考えられる事象的存在者のみが、存在者と認められなければならない。

存在者をめぐるこの形而上学的な議論において「観念」の役割を無視することはできない。事物は、観念によって表象された事物、つまり観念内的な対象として考えられている。事象的存在者のみが存在者と認められるのは、その他の存在者が事象的な観念対象として存在しないからである。したがって、逆に考えれば、「観念」とはつねに事象的存在者の観念であり、それのみが「事物の観念」と呼ばれうるのである。それ以外の観念のようなものは、たんなる思惟の様式に過ぎないのであり、事物の観念とは考えられないとスピノザは述べ、「人間」などといった概念を例としてあげて批判している（CM1-1:235）。存在論的なタームにおいて整理されている議論においてもまた、諸概念をいかに区別するかということが関心の中心になっている。このように、『形而上学的思想』における存在者についての論述においてなされているのは、観念とその他の諸概念との区別についての考察なのである。

ではここで理性上の存在者 ens rationis をめぐってスピノザがおこなっている批判はどのような意味をもっているのだろうか。理性の存在者の概念は、たんに事物の認識を「記憶に保存し、想像し、説明するのに役立つ」思惟の様式にすぎない。そのようなものとして真っ先にあげられるのは、類種関係によって定義されるような一般概念である。そしてスピノザは、アリストテレスがもし人間を理性的動物と定義することで羽根のない二足動物という定義を乗り越えたと考えていたとすれば、それは間違いであるとして批判する。類種関係によって定義される一般概念は、諸個人が自分に都合のいいように整理を与えるたんなる思惟の様式にすぎず、どちらにせよ相互に優劣関係などないのである。

このような一般概念をスピノザはたんなる思惟様式としてとらえ、それを観念（イデア）と呼ぶことはできないという。なぜならそれは、同じ対象についてであったとしても、人によって異なるものとなるからである。それはいわば主観的なものであり、なんら客観性をもってはいない。それは対象の写しどころか、非十全な対応関係しかもたない壊れた写像でしかない。「類・種・種差・固有性・偶有性」といった普遍者は、思惟の様式ではあっても、けっして事物の観念とは呼ばれえない（CM1-1: 235）。

このような、アリストテレスの『カテゴリー論』やポルピュリオスの『イサゴーゲー』以来の諸概念を「形而上学的」と呼ぶのは、あるいはこの語の拡大使用かもしれないが、これらをそう呼んだとしても特に差し支えなかろう。それに、このような考察の大部分は、スピノザ独自のものというよりも、むしろデカルトの考察からとられているものではある(Cf. AT: VIII, 27-29)。だが注目に値するのは、「形而上学」に対する批判は、もはや隠しようもなくあからさまになっているということだ。アリストテレス以来の形而上学的な伝統において使用されてきたさまざまな概念が、つまりはもろもろの「形而上学的存在者 entia Metaphysica」こそが、批判されねばならないとスピノザは断じる (E2P48S)。『形而上学的思想』でおこなわれていることの一つはまさにこのような作業であり、あるいはその論述の関心のなかにはこの作業への志向が認められるのだが、そこには、デカルトにはまだ微かに見られたであろう「形而上学」へのある種の敬意のようなものは、微塵も見られないのである24。

ここに二つのことを付け加えねばならない。一つは、このような姿勢は『エチカ』においても貫かれているということである。そこでは形而上学的な諸概念は、超越的名辞として批判の俎上に載せられる。第二部の定理四〇の備考一において、それらは他の一般的概念 notiones universales とは区別され、ともに非十全な認識のもとになるものとして整理されている。したがって、形而上学的な概念に対する批判は、スピノザ哲学において、少なくとも『デカルトの哲学原理』と『エチカ』を通じて、基本的に一貫したものであることが確認されねばならない。

二つめに指摘されねばならないのは、スピノザ哲学の結晶であるところの『エチカ』においては、以上のことにもかかわらず、実体・様態に代表されるようないわゆる「形而上学的な」諸概念が、冒頭から多用されているように見えるということだ。このことは、スピノザが形而上学に対する批判者であるという見方を、打ち砕くようにも思われるかもしれない。この点については、『エチカ』において完成されたかたちで提示されている概念の理論を精査することで、はじめて充分に理解を提示することができる。今はただ、このことを問題として指摘しておくにとどめることにしよう。

一般的と特殊的

ところで、真なる観念のより分けの作業がなされている『知性改善論』においては、このノチオという語が使われているわけではない[25]。上記の著作においては諸概念の検討がおこなわれているとはいえ、この著作においては形而上学的な既成の諸概念が検討されるわけではない。そこではたしかに、われわれがもつもろもろの知得の身分が検討されているとはいえ、概念の検討という見かけにおいては、なされていないのである。そこでは概念の検討という課題はまったく度外視されているようにも思える。

だが真なる観念のより分けの作業と、諸概念の検討との関係は、別の観点から考察されねばならない。というのは、概念というものの最大の特徴は、一般的であるということにあるからである。一般的 generalis であるとは類的であることであるが、ここでは類的であることや種的であること、あるいは普遍的 universalis であることをすべて含んで、一般的という言葉のもとに理解して差し支えないであろう[26]。なぜならこれらはすべて、個別的であることに対比させられているからである。

先ほど述べた、『エチカ』における概念の説明を見てみよう。われわれは多くのものを知得することによって、普遍概念を形成する。これらは、感覚を通して、まったく偶然にまかせて呈示される、もろもろの知得から、そしてまた想起と類似にもとづいている記号から、得られる。このような認識のしかたに対して、「想像知」という名称が与えられている(E2P40S2)。だがこのような認識のしかた(第一種認識とも呼ばれる)の特徴は、それがあくまでも一般的な概念によって認識するということにある。

よってここでは、スピノザが使用する普遍概念notiones universalesという語を、後に詳しく検討する共通概念と対立するものとして「一般概念」と呼ぶことにしたい27。繰り返せば、概念は一般的なることをその特徴とする。一般的であるような認識は、しかし、概念という語を離れても考察されうる。『知性改善論』においても、一般的に考えるということと、特殊的にあるいは個別的に考えるということとは、対比をなすものとして、そして後者がより真なる認識に近づくものとして、考えられている。たとえばスピノザは、以下のように述べている。

> 実在existentiaはより一般的にgeneralius思念されるほど、それだけまたより錯雑して思念され、より容易におのおのの事物に結びつけられえる。それに対して、より特殊的にparticularius思念されるほど、それだけ明晰に知解され、またその事物そのものにでなければ、自然の秩序に注意せずに、他のものに結びつけることがより難しいのである。このことは注目にあたいする（TIE55）。

特殊であればあるほど、まちがって他のものと混同されることはないということは、何ら特別なことではないし、特に注目にあたいするようなことであるわけではないであろう。それにもかかわらず、スピノザがこのような一般と特殊との対比に、真なる観念のより分けの作業のなかで、注意をうながしている。「観念がより特殊であればあるほど、それだけより判明であり、より明晰である。したがってわれわれは、なによりも特殊なものの認識を求めねばならない」（TIE98）。

すでに述べたように、スピノザは思念・観念の語をあえて使い分けることはしないが、同様のことは概念についても言える。しかし、おおまかな傾向を考えるならば、一般的である概念に対して、個別的なるものの観念が対比させられている。概念が一般的なものであるのに対して、これから述べていくように、スピノザは観念（イデア）の語を用いるとき、主に個別的なものを考えようとしていたのである。スピノザが「事物の観念 rerum ideae」という語を、しばしば「真なる観念」という代わりに用いているように見えるのは、それが事物そのものに結びつけられているという点に、真であることを見出しているからであるが、これは一般的で抽象的な概念が、さまざまなものに容易に結びつけられることと対比させられる。このような概念（ノチオ）と観念（イデア）との対比は、神の知性に関しての、次のような考えかたにも通じるところがある。

事象的に実在する事物を神は知ることがない ignorare と彼らは主張し、普遍的なもの universalia の認識を神に結びつけるのである、それらは存在せず、また個別的なものの本質でなければいかなる本質をももたないのにもかかわらず。反対にわれわれは、神に個別的な認識を帰するのであり、普遍的な認識を否定するのである、後者は神が人間精神を知解するかぎりで神に帰されるのである（CM2-7: 263）。

この論は重要である。神には普遍的なものの認識ではなく、個別的なものの認識が帰されねばならないこと、一般的なものはあくまで人間的な認識に過ぎないことが、ここで述べられている。ここで「彼ら」として指されている反対者たち、『短論文』第一部六章によるならばプラトンの追随者ともよばれているものたちは、人間的な知性の虚構物でしかない、普遍的なものを神の認識に帰している。それに対して、神に個別的なものの認識を帰さねばならないのは、創造される事物が神の知性によって規定されねばならないからだ。もっとも『形而上学的思想』の論述は、このような神のうちにある観念についての多数性を認めておらず、それをもとにして『エチカ』におけるような神のうちにある観念について理解することはできない。だが、普遍的なものと個別的なものをめぐってのこのような考えかたは、人間的な認識と、神的な認識との違いについてのスピノザの考えかたをよく示していると言えるだろう。

個別的なものとしての観念と一般的なるものとしての概念とのより分けの作業は、また一般的でありしかも十全なるものとしての新たな概念の発見へと向かうであろう。だがそこに到達する前に、このようなより分けの作業がいかになされているか、そこにどのような問題が見られるかを論じなければならない。

幾何学的概念

ところで、「理性上の存在者 entia rationis」をめぐる議論において、一つ大きな困難が浮上する。それは、幾何学的な存在者もまた、ある意味では理性上の存在者であるという点である。幾何学的図形は理性上の存在者であり、「自然的で事象的な存在者 entia physica et realia」とは異なっていることにスピノザは注意をうながしている(TIE95)。幾何学的な対象の観念は、事物の観念ではないのだ。形而上学的な諸概念と同じように、幾何学的な存在者もまた、一般概念でしかない。スピノザはつねに、具体例として幾何学における例を取り上げているのに、それだけではなくその主著は幾何学的なしかたで書かれているのに、幾何学的な存在者もまた理性の存在者であって、一般概念にすぎないと言うのだ。ちょうど形而上学が、一般概念によって構築されているのとおなじように、である。これはどう解釈すればよいのか。

幾何学的概念の位置づけは、スピノザ哲学において大きな問題として残されている[28]。ゲルーは「幾何学的本質」と区別して、「形而上学」は事象的存在者を扱うと述べているのだが、上で述べたように、スピノザは形而上学的概念をけっしてそのように有効なものとは見なしていない。むしろ幾何学的概念のもつ両義的な位置づけこそが、『エチカ』の哲学を理解するためには重要である。幾何学的図形が理性上の存在者であり事象的な存在者ではないことは、『知性改善論』においてはその末尾に近づいてはじめて問題とされることがらであるが、それがけっして気まぐれにふれられた問題ではないことは、同様のことが晩年の書簡においても繰り返し述べられていることからも見てとれる(Ep83)。

幾何学的な概念は、以下のような特徴をもっている。幾何学的な例を取り上げているかぎり、われわれは個別的なものと一般的なものという対立軸において考える必要がない。なぜなら幾何学的な意味での個体は、自然学的にではなく数学的な対象として取り扱うかぎりは、具体的な大きさなどとは関係なく、いわば最低種として考えることが可能であるからである[29]。スピノザがそうすることを常としていたように、真なる観念を例示するときに幾何学的図形を挙げるならば、そのかぎりで個別的なものと一般的なものとの対立を等閑にふすことができるのである。幾何学的な例を取り上げているかぎり、個的なものと一般的なものとの区別という問題にぶつかることはなく、われわれは抽象的な考察に終始することができるのだ。

ところが、幾何学的な存在者をめぐる考察を繰り広げる『知性改善論』は、その終わりに近くなって、個別性をめぐる困難に突き当たる。そこにおいてスピノザは「概念」と個別性との緊張関係に直面している。これは幾何学的図形だけでなく、すべての「概念」がもつ問題である。このことは、真なる観念を偽なる観念からよりわけるという作業に従事しているあいだにはさして問題とはなっていなかったが、ひとたびスピノザが（方法の第二部において）「定義」の問題へと踏み込もうとするとき、乗り越えがたい困難としてたちあらわれてくる。自然的事物は、種とは別に個体を考えなければならない。だがわれわれは普遍的な概念およびそれによる命題からは、個別的なものへと下っていくことができないのである(TIE93)。ここではじめて個別的な事物と概念との関係が問題となる。スピノザは「概念」と個別性とのあいだの緊張した関係に直面しており、それはまだ解決されていない問題として残されているのである。

スピノザ哲学には非常に異なった二つの姿がある。一方では、スピノザ哲学がとる幾何学的な叙述方法は、なんら個々の個別的な事象に訴えることのない哲学、むしろ徹頭徹尾、「概念」的な論証に依拠する哲学である。主著である『エチカ』の基本姿勢は、「概念」的な論証を貫徹させることにある。この意味で、スピノザ哲学はすべての前提として「概念」の理論をその中心にもたねばならない[30]。他方では、このような外見の奥に、非常に異なったスピノザ哲学の姿がある。スピノザ哲学を全体として眺めるならば、そこには個別性をいかに把握するかという追求が覆いがたく見出される。そして、スピノザは「個別的な事物の本質」をとらえる直観知についてさえ言及するのである。

このようにスピノザ哲学は、一方では徹頭徹尾「概念」によって組み立てられるきわめて「抽象的」に見える哲学であるとともに、他方では、「このまたはかの」といった個々の「自然的で事象的な存在者」をあつかう、いわば「事象的あるいは具体的なものの幾何学」となっている[31]。概念に依拠することと、いかにして個別性を取り扱うかという追求は、ともにスピノザ哲学の立場として認められるが、両者は一見すると矛盾している。

個別的なものの観念にだけこだわっていては、われわれの知識をうまく説明することはできない。なぜならわれわれがもつ概念とは、普遍的・一般的な概念であって、個別的なものの観念ではないからである。このような個別性をめぐる緊張は、個的なもの singularia と普遍的なもの universalia という対立軸における議論から、さらに「確固たる永遠なる事物の系列」にかんする議論にいたって、非常に激しいものとなる(TIE100-103)。

ドゥルーズはここに、『知性改善論』の未完の理由を見出す。そして、ここに「確固たる永遠なる事物の系列」として述べられているのが、「共通概念」であるとし、この共通概念の発見がこの書を未完のまま中断させた理由であるとしている[32]。たしかに、以下で論じるように、『エチカ』ではじめて登場して大きな役割をはたす共通概念とは、一般的なものでありながらも十全であるような概念である。それは一般的で偽なる概念と、個別的で真なる観念との中間に位置しており、一般的でありながらも十全であるという性格をもつことによって、哲学の中心となるのである。そしてそれは、さらに幾何学的概念をも基礎付けるような概念となる。幾何学的な図形はそれだけでは事象的な存在者ではないが、もし幾何学的な概念が十全であるとすれば、それはそれが共通概念としての身分をもつからである。

　これに対してマトゥロンは、別のところに『知性改善論』の未完の理由を見出す。それは、スピノザの知性をめぐる理解、つまりスピノザの「観念」説（「並行論」）が、公理として示すほかはないということが明らかになったためである、とするのである[33]。この説にも傾聴すべき点がある。

　スピノザ独自の「観念」説の特徴とは何であったか。「並行論」として述べられるこのスピノザの理論は後の章であつかうが、ここでは「観念」説に関係するかぎりにおけるこの理論を説明しよう。すでに述べたように、スピノザの「観念」説は、観念相互のあいだの関係を問う視点をもたらし、それによって、観念相互のあいだには、その対象が相互にもっているのと同じ関係があることが理解される（TIE41）。これは、真の観念の外的特徴が「観念がその形相的本質と一致する」ということであることにもとづいている（TIE41-42）。つまり、諸事物のあいだの交互関係は、イデアどうしの交互関係と同一である。ここで言う諸事物の交互関係 commercium とは、スピノザによれば産出・被産出あるいは原因・結果の関係である（TIE41n）。このようにイデアとイデアートゥムは決して無関係な二つの領域を構成するのではなく、理論的には同一あるいは同型なものとして取り扱えるような、密接な対応関係にあることが指摘される。真のイデアとはこのようなものでなければならない。このようなイデアのみが「思考の道具」となる。

　たしかに、マトゥロンが言うとおり、このようなスピノザの「観念」説の特徴が『知性改善論』ではうまく説明されず、『エチカ』においては逆に説明なしに公理として表明されている。それは何よりも、「結果の認識は原因の認識に依存しかつそれを含む」という公理によって示されている(E1Ax4)。「事物の秩序および連結」は、まさに「観念の秩序および連結」なのである(E2P7)。このような理論がもつ独自性について、スピノザ自身はうまく説明することはできない。スピノザが、「これは古人が、真の知識は原因から結果へ進むと言ったのと同じ意味である。ただ彼らは、私の知るところでは、ここでのわれわれとは違って、魂が一定の法則に従って活動しいわば一種の霊的自動機械であるということを決して考えていなかっただけである」と述べるとき、かれはみずからの「観念」説がもつ意味をけっして明らかにはできていない(TIE85)。この原理は、すでに述べたように、観念の表現性としてのみ、正当に理解されるであろう。観念は対象をもつだけでなく、その原因を表現しているのであり、それゆえに観念は事物と同じ秩序および連結をもつのである。

だが、たとえそうだとしても、このような観念の表現性を、個別的な事物の観念に対してではなく、一般的な概念において見出したところに、「共通概念」という発想が生まれることに注意しなければならない。つまり、スピノザの「観念」説の特徴がたとえ『知性改善論』の説明の大きな問題点になるとしても、この書と『エチカ』との最大の違いは、ドゥルーズが指摘するとおり、やはり共通概念の発見ないし明確化にあったと言わねばならない。なぜなら、観念のもつ表現性が、個別的な事物の観念においてのみならず、さらには一般的な概念でしかないもののなかにもまた見出されるということがなければ、スピノザ哲学はその理論的な基礎を確保することができないからである。『知性改善論』の終わり近くになって、幾何学的存在者がもつ位置づけに問題が見出されていることは、いったいスピノザにとって何が問題であったかをわれわれに知らせてくれている。そして、十全なる概念という新たな身分の発見によって、『エチカ』の哲学がはじめてその充分なる基礎をえるのである。

三　「概念」説へ向けて

『エチカ』の形式

一般概念の区別という問題は、整理されたかたちで最終的に『エチカ』において提示される。そこには上で述べた概念をめぐる思索の結晶があり、スピノザによる「観念」説の深化が、「概念」の語を中心とすることによって整理されていると見ることができる。幾何学的な形式に則って、つまりユークリッドがしたように定義と公理を示して隙のない論証を展開していくこの書において、はじめてスピノザは「概念」（ノチオ）の語に、思念とも観念とも異なった、ある重みを置くのである。デカルトの「観念」説の深化において、思念と観念の語の区別からその理論的な役割を取り除いた末に、スピノザが到達したのは、新たな「概念」の理論だったのである。

とはいえ、『エチカ』において使用されている諸概念は、はたしてどのような身分をもっているのだろうか。幾何学的な形式によって書かれているからといって、それらが幾何学的な概念であるというわけではない。むしろそれらは、明らかに形而上学的な概念である。だがすでに見てきたように、スピノザは形而上学的な概念を、真の観念とは異なるものとして、批判してきたのではないだろうか。たしかに『エチカ』において使用されている諸概念の多くには、定義が与えられている。それらは、混乱のままに使用されるわけでも、多くの表象像をとりまとめるために使用されるものでもないように思える。だからといってそれらの概念が真の観念として機能するとは限らない。よく定義された概念が、真の観念として機能するのならば、スピノザが真の観念をよりわける作業を、困難なものと考える必要はなかったはずである。

この問題は、『エチカ』の叙述の形式によって引き起こされている。『エチカ』という書物が幾何学的な形式によって書かれているからこそこのような問題が起こるのだ。言語の別によらず、普遍的に時代を超えて理解されるよう採用されたはずのこの叙述の形式は、概念の理論を提示してから議論に入ることをスピノザに許してはいない。そこでこの書の読者はといえば、第二部の後半になってからやっと示される諸概念の理論にたどり着いてから、改めて冒頭から使用されてきた概念の身分と、冒頭からの議論の正当性を、知ることになる。『エチカ』という書物は、冒頭から末尾まで一直線に読み下せるように書かれているというより、途中になってやっと冒頭からの道筋がもつ意味が明らかとされるというしかたで書かれているのである。

だが、このような事態についての考察に入る前に、まずは『エチカ』で示されるこの概念の理論とはいかなるものであるのか、その概要を示さねばならない。そのうえで、整理された概念の理論にもとづいて、われわれは『エチカ』という哲学体系がどのように組み立てられているかを問わねばならない。

諸概念の区別

『エチカ』における概念の整理は、第二部定理四〇の二つの備考において集中的に示されている。これらの備考は、どちらも一般概念をめぐる備考である。一つめの備考は、一般概念そのものについての説明である。二つ目の備考は、一般概念にもとづいておこなわれるさまざまな認識の分類であり、これが有名な認識の三分類を述べた箇所である。これらはともに一般概念について述べており、ともにスピノザによる概念(ノチオ)の理論を構成する。

この概念の分類は、以下のようになっている。諸概念、つまりわれわれがもつ一般概念は、まずは二つに大別される。一つは、悪しき基礎付けしかもっていないもろもろの一般概念である。これらは、これまで批判の対象となってきた、いわゆる通常の一般概念である。もう一つは「共通概念 notiones communes」、つまり、しっかり基礎付けられたものとしての共通概念である。共通概念は理性的認識の基礎となり、それによってまた認識の分類が可能となる。ここで明確に示されるのは、一般概念のなかに十全なる認識をわれわれにもたらすようなものがあるということである。非十全なるもろもろの一般概念のなかに、ある十全なる一般的な諸概念があるということである。

悪しき基礎付けしかもたない一般概念とは、これまで批判の対象となってきた、いわゆる通常の一般概念である。上ですでに述べたことの繰り返しになるが、「悪しき基礎付けしかもっていない諸概念 notiones male fundatae」のなかには、詳しくはさらに二つが区別される。一つは、「事物 res」や「或る物 aliquid」などといった「超越的名辞 termini transcendentales」である。もう一つは、「人間」「犬」などといった類種関係のもとにある「一般概念 notiones universales」である。さらにスピノザは第二次概念 notiones secundae についての言及しており、解釈者たちはこれらの区分について、またそのスコラ的起源をめぐって、存分に注釈を加えることができるだろう。

だがスピノザによれば、これらの概念は結局のところ同一の仕組みによってもたらされる。これらの概念は、混乱した多数の形象(イマーゴ)のなかからある一致点を抽出して、この一致点のもとに諸イマーゴを包括している、抽象的概念なのである。そこで簡単のため、以下ではこれら抽象的一般概念をひとくくりにして取り扱い、「一般概念」と呼ぶことにしたい。共通概念も広い意味では一般概念なのであるが、混乱を避けるために、共通概念を除いた他の一般概念をこれまでどおり「一般概念」という名で呼ぶことにしよう。たとえスピノザが下位区分を設けているといえども、このことはなんらの問題も引き起こさない。認識の区別がそこに基づいている、重大な区別はあくまでも共通概念と一般概念との区分だからである。

諸印象から抽出されたこれら一般概念に依拠した認識形態(つまり第一種認識)は、想像知 imaginatio と名付けられる。身体を通じた外界との接触のなかでわれわれに部分的なかたちで与えられる、混乱し破損した印象あるいは形象

（イマーゴ）は、それ自体としては個体と個体との出会いによってもたらされる何か直接的なものであり、そのかぎりでそれは積極的な意味をもつであろう。しかしそれは、外界の諸事物そのものの本性よりもむしろわれわれ自身の本性のほうをより多く表現しており、そのためそれは外界にかんして、十全なる認識をもたらさない（E2P16C2; P25）。イマーゴにのみ依存するかぎり、われわれは非十全な認識しか得ることはできない。これらの諸イマーゴからさらに抽出されたものが一般概念である。その抽出の仕方は、事物の本性にもとづくわけではなく、あくまでも認識者による主観的なものにすぎない。諸イマーゴから間接的に抽象された一般概念は、個々の直接的なイマーゴよりさらに悪しき基礎しかもっていないのだ[34]。

他方、事象的なものに基礎付けられた概念が、共通概念 notiones communes である。それのみが、事象的に基礎付けられた概念として、十全なる認識をわれわれにもたらす。その基礎付けられたありさまは、知識がどのようなありかたをしているかという観点において見て取ることができる。共通概念は、主観的に取り出された諸イマーゴの一致点に基づく一般概念とは異なり、諸事物自体がもつ「共通なもの」に依拠することで成立する。それはいわば事象的な意味における一致点ないし共通性に基づいている。「共通概念」という呼称は古くからのものであるが、スピノザにおいてこの「共通」という語は、われわれに共通であるということ以上に、諸事物自体において共通にあるという事態を指すだろう[35]。事物自体において共通なもの、つまり事象的な共通の特性 proprietas に基づくことによって、この概念は十全なるものとなる。

共通概念にもとづく十全な認識（第二種認識）はまた理性知 ratio とも呼ばれる。想像知と理性知、あるいはそれらがもとづくところの概念の基礎付けの良し悪しは、概念がもつ一般性が、いわばたんなる観念的な意味での相似性であるか、それとも事象的な共通性であるかによって分けられる。だが注意しなければならないのは、実際に両者の違いをどのようにわれわれ自身が識別するのかという問題意識は、この『エチカ』の文脈では欠落しているということだ[36]。ここでスピノザが明らかにしようとしているのは、もっぱら概念あるいは認識がもつ仕組み、あるいはこう言ってよければ、認識が成立する基盤となるところの存在論的な結構なのである。

いずれにせよ、どちらの概念に依拠するかによって、われわれの認識は異なったものとなる。『エチカ』において三つに分類される認識のなかで、直観知とよばれる第三種の認識をのぞき、他の二つはともに概念的認識である。共通概念にもとづく認識は十全であり(第二種認識)、悪しき基礎付けしかもたない諸概念にもとづく認識は非十全である(第一種認識)。このように、諸概念のこの二つへの大別はきわめて重要な区別である。

諸概念が成立するメカニズムとそのダイナミズムに関しては、まだここでは多くを語ることはできないのだが、予め述べておかねばならないことは、『エチカ』において認識あるいは概念の区別というテーマは、認識がいかなる存在論的な結構をもっているかという視点において、諸事物のあいだにどのような関係性が成り立っているかという問題に帰着させられるということである。われわれ自身をも含む諸事物が、さまざまな交わりや結びつきをもって構成している世界のなかで、どのような関係が結ばれているのか、あるいは結ばれうるのかという問いが、『エチカ』におけるスピノザの「概念」論の中心をなしている。一方では、自然的な秩序においてある関係性が与えられている。それは、外部から決定された偶然的な接触という関係である。このような関係において成立するのが、混乱し破損した諸イマーゴである。さらに、これらのイマーゴから相似点を抽出することによって一般概念が「思惟の様態」として形成される。他方では、これらと決定的に異なる関係性が、共通な特性をもつ諸事物の交わりにおいて与えられる。そこでは、少なくともその共通な特性を中心として見るなら、事象的な意味での本性的な一致が起こっている。認識論的に見るならば、まさにそのときのみ共通なものが過不足なく把握されうる可能性があらわれる[37]。これら二つの異なる関係性に注目することによって、概念の区別が可能となる。

共通概念がもつこのような存在論的な結構から明らかなように、その十全性はその共通性ないし一般性の度合いには依存していない。共通概念はいわば共通な本性の把握であって、共通な本性があるかぎりはつねに同じかたちで与えられる。たしかに共通概念の妥当性の範囲の大小は、二つの個体に共通なものからすべての事物に共通なものまである。だがその十全性そのものは、妥当性の大小とはまったく無関係である[38]。

『エチカ』第二部定理四〇備考で述べられている概念の理論は以上のようなものである。重要なのは共通概念と一般概念との区別であり、一般的な概念のなかに確固とした基礎をもった共通概念が見出されるということだ。この理論については後にまた説明せねばならないが、『エチカ』にいたるまでの概念の理論が、ここに整理されたかたちで与えられていることは明白であろう。問われねばならないことはその先にある。

論証を支える概念

上記の第二部定理四〇の二つの備考において、同時に『エチカ』の読者に対して初めて明らかにされる事柄がある。それは、『エチカ』の論証を支えてきた諸々の概念は、ほかならぬ共通概念であったということだ。スピノザはこの備考をはじめるにあたって、「ここでわれわれは、われわれの論証の基盤である ratiocinii nostril fundamenta sunt ところの、共通なものと呼ばれる概念の原因について説明した」と述べており、この備考に先立つ諸定理において、それまでの論証の基盤であったものが明らかにされたことが意識されている。それまでの論証がそれに依存していたところの諸概念がもつ資格が、ここではじめて明確に示されるのだ。それまでのスピノザによる論証そのものが、この共通概念に基づく理性的認識によっておこなわれてきたということを、読者ははじめて知るのである[39]。

このことは、以上の理論が『エチカ』の冒頭からの論述に跳ね返ってくるということを意味している。われわれはこの事態に注意を向けなければならないのだが、一般概念の理論がこの書の論証自体に跳ね返るとはどういうことであろうか。ここには異なった二つの事柄がある。一方では、論証がいかにこのような基礎によって基づけられてきたかということが考察されねばならない。それまでの論証の正しさといったものが、実は今はじめて明らかとなった論証の基礎にもとづいていたのだという意味で、ここには跳ね返りがある。

他方で本章において注目してきた「概念」を表す語が、ここに来て最終的に検討される可能性と必要とが出てくるのだ。『エチカ』のなかにおいて、冒頭から何の規定もなしに用いられている「概念」をあらわす語はコンケプトゥスであり、また第二部で定義されて以降大きな役割を果たすのはイデアである[40]。ノチオはやっと共通概念の理論において持ち出されるにすぎないが、このノチオの区別の理論において、論証の基盤が整理されるのである。とすると、ここではじめて、これら三語のあいだの関係が捉え返されねばならないことになるだろう。

これら二つの跳ね返りのなかでまず重要なのは、いうまでもなく前者である。なぜならそれは、概念の整理は、それじたいが論証の基盤のもとでなされてきたからであり、そこにはある循環が見られるからである。概念の整理の理論自体が、いうまでもなくそれはそこにいたるまでの『エチカ』の息の長い論証の結果として示されるものである。概念の理論は、表象知がいかなるものであるのか、そして共通概念とはいかなるものであるのかが示されることによってはじめて成立するのであるが、それは人間精神とはいかなるものであるのかを示す第二部の議論のなかで示されうるものである。だが概念の資格が明らかとされた段階において、それまでの議論はいったいいかなる概念によって行われていたかが、顧みられねばならなくなる。

たとえば次のような可能性も考えられる。もしそれまでの議論が、確固としたものではない単なる一般概念にもとづいていたとするならば、そもそもこの理論的な基盤自体が崩れることになりはしないか。このような問題について、スピノザ自身は何の言及もしていない。スピノザ自身にとっては、このことは問題ではなかったのかもしれない。だが概念の理論が、そこにいたるまでのこの書の論証自体に跳ね返ってこざるをえないこと、そしてそのような再検討が必要であることは明白である。少なくとも読者にとってはそうである。読者はひょっとすると他の一般概念をもとにしてこの書の論証をたどってきたかもしれないからである。あるいは、スピノザの論証のなかにそのような誤りを見出すことが出来るかもしれないからである。

つまり、この書の論証がいかにして共通概念にもとづいてきたのかということを、読者はここで検討しなおさなくてはならないのであり、この作業はもっぱら読者ないし解釈者の手に委ねられているのだ。スピノザ自身にとっては、そのような誤りから逃れていることが確実であったとしても、これはあくまで読者の側において検討されねばならないことがらである。そもそも、十全なる認識の根拠はこの諸概念の区別の理論ではじめて確立されるのであり、それまで読者は人間にとってそもそも理性的認識が可能かどうかさえ知らされてこなかった。それが知らされた今、それが知らされるまでの論述を検討しなすことは、読者の責任でもあるのだ。

このような課題に取り組もうとするとき、われわれはすぐに深刻な事態に直面する。なぜなら『エチカ』における論証においては、事物や人間といった明らかに一般概念であると思われる諸概念が、きわめて大きな役割を果たしてきたからである。事物や人間、それらは共通概念とは区別される悪しき一般概念として、つまり「悪しき基礎付けしかもたない概念」として、挙げられていたのだった。そもそも諸概念の区別の理論じたいが「人間」の分析において見出されたのであったが、先に述べたように「人間」とは、スピノザ自身が例として挙げている、まさに典型的な一般概念ではなかったのか。ということはつまり、スピノザは一般概念に基づいて論証をおこなってきたということになるだろう。もしそのとおりだとすると『エチカ』は、みずからの「悪しき基礎付け」を自分の手で露呈する、壮大な自己矛盾の書になってしまうのではなかろうか。

悪しき概念の実例とされている諸概念（事物、人間、等）が、『エチカ』の論証のなかで堂々と使用されてきたことを、われわれは否定できない。どのような読み方をするにせよ、この事態を無視するわけにはいかない。具体的な諸事物一般を研究する『エチカ』において、諸事物はあくまでも概念的に取り扱われる。『エチカ』が考察するのは、思念conceptusのあいだに成立する関係である。実体および様態の定義において顕著に見られるように、事物のあいだの関係はその思念のあいだの関係として、つまりは概念的に考察される。それらの概念とは、すでに「事物」といった一般概念によってなされている。たしかに、もし『エチカ』を冒頭から支える諸概念の概念的な身分を、一般概念ではなく共通概念として考えることができるならば、問題は回避されるだろう。そのような読み込みがどのようにして可能であり、また不可避であるのかということを、われわれは示さねばならない。さもなければ『エチカ』の論証は、悪しき概念によってなされてきており、したがって重大な欠陥を含むということにならざるをえないのである。

これは深刻な問題である。だがスピノザ解釈においてこの問題の重要性は認識されてこなかった。たしかに、『エチカ』に頻出する一般概念をどう理解すればよいのかという問題は扱われてきた[41]。しかし、これが『エチカ』の解釈全体にかかわる根本的な問題であるという視点からは扱われてはこなかったのである。もっぱらそこから派生する諸々の問題をめぐってのみ、スピノザ解釈者たちは議論を闘わせてきたのだ。例えば、「人間」概念の位置づけをめぐって、たしかにスピノザ解釈者たちは論争を重ねてきた。それはスピノザが与えている「人間」の定義をめぐる論争である。ゲルーは『エチカ』において人間の定義が十の方式であげられていると整理した。それに対して他の解釈者たちは、スピノザは人間の有効な定義をひとつも与えることができなかったとする解釈を示した[42]。このように「人間の定義」

の解釈がゼロから十まで大きく揺れるというのは、大いに興味をそそる問題であるように見える。だが、いかに解釈者の独創性を考慮するにしても、このような紛糾は奇妙な事態であり、決して問題の核心に迫っているとは思えない。なぜなら、その奥に気付かれずに潜んでいるもう一つの問題、スピノザがはたしてその概念を一般概念として取り扱っているのか否かという問題こそが問われねばならないのであり、この問題が問われずにいるかぎり、「人間」概念の位置づけは定まりはしないからだ。

解釈者たちによる、「人間」概念をめぐっての紛糾は、決して独立したひとつの問題ではなく、われわれがここで論じている一般概念をめぐるスピノザ哲学における根本的な問題の、ひとつの特殊な例にすぎない。上で述べたような解釈上の困難は、諸概念の分類が行われる以前の『エチカ』の論証における思念ないし概念を、われわれがいまだきっちりと吟味していないからこそ起きているのだ。われわれの立場からすれば、解釈者たちがここで行っているのは、読者に突きつけられた課題、つまり概念の理論がそれまでの論証に跳ね返るという事態に直面したときにわれわれに課せられる、それまでの論証のなかで使用されてきた概念の再検討という課題を、一般概念のなかの一例として「人間」概念をめぐって、なそうとしているのだということになる。

われわれは、超越的名辞や一般的概念と見まがうばかりの概念が溢れている『エチカ』の論証の正当性を、吟味して確立しなおさなければならない。だがそもそも、十全なる認識をもたらすのが共通概念であってみれば、『エチカ』において用いられている思念ないし概念の「概念」としてのステイタスは、共通概念でなければならないということは明瞭である。少なくともそう考えないかぎり、スピノザ哲学は整合的なものと見なされえないことになるだろう。スピノザ哲学を整合的なものとして理解しようとするかぎり、われわれは『エチカ』において理論的に使用されるさまざまな一般的概念は、たんなる一般概念ではないと考えるほかはない。つまり、『エチカ』の「概念」論が読者に告げているのは、これまで論証のなかで使用されてきた一般的な思念ないし概念は、実はたんなる一般概念ではなく、はっきりと共通概念として理解されねばならなかったのだ、ということである。

これは理論がみずからのすがたを明らかにするということであるとともに、読者にたいする注意あるいは要請である。なぜなら、もし一般概念をもってして『エチカ』を読み進めるならば、読者は必然的に虚偽に陥ってしまわざるをえないからだ。少なくともそのとき『エチカ』の論証は、自己矛盾をきたすほかなくなってしまう。それに対し、共通概念をもってして読み進める読者のみが、その論証を正当に認めることが可能となる。ちょうど幾何学で数学的な点や線を、実際に描かれる点や線と区別しなければならないのと同じように、われわれは『エチカ』の理論展開において使用される諸概念を、共通概念として受け取らねばならないのである。

このことを、解釈者たちによって取り上げられてきた一般的な概念の例として「人間」概念を取り上げることで検証してみよう。「人間」概念は二とおりの解釈を許容する。一つは一般概念としてであり、もう一つは共通概念としてである。一般概念としての「人間」概念は、われわれが過去に見た多数の人間の特徴から抽象された概念である。そのためそれは、過去にどのような人間とより多く交わってきたかという違いにより、おのずと各人によって異なるものとなる（E2P40S1）。それは事象的なものに基づくのではなく、むしろわれわれ自身のあり方をより多く示している主観的な概念でしかない。もし「人間」概念がそのようなものであるとするならば、それは論証に耐えることはできない。類種関係において考えられる通常の「人間の定義」とはおよそそのようなものでしかなく、だからこそスピノザはそのようなものを与えようとはしないのだ43。

それに対して、共通概念としての「人間」概念とはいかなるものであるのか。この問いにここで詳しく答えることはまだできないが、『エチカ』において示されている「人間」概念を見るならば、スピノザは「人間」を、あくまでも動物のある一種としてとらえようとしており、しかも人間のイメージなどというものなしにそれを行おうとしているように見える。もっとも、論証から外れた備考などにおいて使用される「人間」概念は、しばしば一般概念として使われているが、ここで言うのは、理論的な使用つまり『エチカ』の論証の本体で使用される「人間」概念についてである。人間についてはいくつかの規定によって定義が与えられており、それにしたがって人間というものは扱われている。それによれば、人間が他の動物と違うのは、その身体が他の動物の身体と異なっているからであり、それ以上でもそれ以下でもない。人間精神が優秀であるとするならば、その優秀さはたんに人間身体の優秀さに基づいている。スピノザが述べているのは、人間身体が他の動物身体と異なるのは、外部の物体からきわめて多くのしかたで刺激され、また外部の物体にきわめて多くのしかたで影響することができるということであり、そのことのみなのである(E2P13SPost3; Post6)。

したがってそれは、われわれがイメージに基づいて形成するような「人間」概念とは無縁である。だからこそ、共通概念としての「人間」概念は、あくまで形式的に示されるにすぎないのである。例えば、優秀な身体として人間身体を定義するとして、それは定義としてどの程度の意味をもちえるのだろうか、とわれわれは問うことができる。人間精神はたしかに他の物体の精神に比べ格段に優秀ではあろうが、それでも人間と動物のあいだの違いは、あくまでも程度の差にすぎない[44]。スピノザはいわば生物学的な見地において「人間」をとらえようとする。これは、スピノザが言う「人間」が、人間のイメージではなく、ある特性をもった概念つまり人間の概念的な「モデル exemplar」にすぎないからである[45]。『エチカ』におけるモデルとしての「人間」概念を前にして、われわれは自分自身をもまた、同じ特性をもった「人間」として見出すであろうが、それはまた別の問題である。

以上、「人間」概念を例に挙げて見たように、『エチカ』の論証で用いられている諸々の概念は、共通概念として把握され返されることができるし、そうされねばならないのである。人間のみならず事物やあるいはもろもろの形而上学的な概念にいたるまで、すべて一般的な概念である。それらは概念の理論においては、悪しき一般概念の具体例として槍玉にあげられたのであった。だがそれらは、少なくとも『エチカ』の論証において使用されている限りは、共通概念として把握されねばならない。具体的に「人間」概念について述べたのと同じく、すべてのこれらの概念に対して、われわれ読者はそれを一般概念ではなく共通概念として把握しなければならないのであり、そのように解釈しなおさねばならないのである。

概念から観念へ

『エチカ』を支えている諸概念を共通概念の資格において理解すること、これが同書の幾何学的な形式が必然的に読者に要請することである。繰り返せば、このことが明らかになるのは、あくまで概念の理論が整理されたときなのである。『エチカ』の叙述形式は、このことをあらかじめ示しておくことはできないのだ。のみならず、スピノザが論証を支えている諸概念についてそれを検討しなおす必要はない。なぜなら彼自身はもともとそのような基盤のもとに論証を進めてきているからである。したがってこの再検討は、あくまでもわれわれ『エチカ』の読者に課せられた課題なのであり、しかもそれなしには『エチカ』は整合的に解釈されえないのである。『エチカ』の論証を支えてきた諸々の概念は、ほかならぬ共通概念であったし、あるいは共通概念として鍛え上げられねばならなかった。これが、概念の理論が『エチカ』の論述に跳ね返ってくるということの一つめのポイントであった。

ところで、概念の理論が『エチカ』の論述に跳ね返ってくるということの二つめのポイントとは、冒頭から使用されてきた思念や観念といった語と、あらたに整理された「概念」という語との関係が新たに見定められねばならないということである。いやそれだけでない。『エチカ』において、イデア・コンケプトゥス・ノチオといった語に与えられる位置づけが、ここに最終的に確定されねばならないのである。
すでに述べたように、スピノザは『形而上学的思想』において、神は個別的な認識しかもたない、という点を強調している。一般的な認識は人間的な認識にすぎないのである。神がもつ観念は、われわれがもつ観念のように、外部に置かれたような対象によって規定される terminari のではなく、反対に、事物は神の知性によって決定される determinari のである (CM2-7: 261)。このような考えかたは、イデアについての、中世スコラ哲学からの問題史的な連続性を、如実に示していると言えるだろう。デカルトの「観念」説が、ドゥンス・スコトゥスにおける「イデア」説を、どのような点において受け継いでいるかについて、村上勝三はこう述べている。

ドゥンス・スコトゥスのイデアについての捉え方から、近世的知識論を規定することになった或る側面を展望することができる。その要点を次のように纏めることができる。すなわち、ドゥンス・スコトゥスによって〈知るものが自分以外の何かから知られる内容を取得するのではない〉という知り方についての説明方式が提示されているということである。これを人間的な知性の局面に移して言い換えてみるならば、われわれにとって外的な何かから、いわば知識の因子のごときものを認識能力が受け取るという〈知り方についての説明方式〉の全的排除ということになる。逆に、これを肯定的に述べれば、われわれがいわば自前の知り方の原理に基づいて、何ら外的なものを前提にすることなく知る、ということが可能ならば、そのような知り方ということになる[46]。

このような、デカルト的な「観念」説がその背景にもっている、中世スコラ哲学との問題史的な連続性は、スピノザによって、濃厚に強調されていると考えられねばならない。そしてこのような知り方についての視点は、個別的なものの認識と、普遍的ないし一般的なものの認識との対比を、その視野の中心に据えているのである。とすれば、「観念」という語が、神的な認識がもつような特徴を与えられた語であることは、もはや明らかであろう。それはまず、このような個別的な事物の観念であり、さらにそれは、人間に外部から与えられるような知得ではなくて、無限な知性において与えられているような事物の完全なるイデアなのである。

もちろん、このような使用法は、けっして厳密に守られているわけではない。たとえば、イデアとコンケプトゥスとの区別に、このような特徴を見定めることは、用語の使用からだけでは困難であろう。そもそも、先に見たように、スピノザ哲学においては、デカルトとは異なりイデアとコンケプトゥスとの区別はほとんど意味をなさないのである。コンケプトゥスの語は、すでに〈知性から事物へ〉という方向づけの徹底化のなかで用いられている。それはいかなる場合にも、外部から与えられるようなものを指すわけではない。『エチカ』において順に登場するこれら三つの語において、もっとも基本的なのはコンケプトゥスである。出発点となるこの思念は無定義語としてあらわれ、また第二部における諸概念の区別の理論のなかでも取り扱われない。だが前節で見てきたように、それは『エチカ』の論証のなかでは、一般概念ではなく共通概念として理解されなければならない。

われわれが問うべきは、用語の規定ではなくて、異なる語に特有の位置を与えるような、そのような理論的な配置である。認識が問題となるのは、三つの異なる場面においてである。まず人間がもつ一般的な認識について扱われる場面、神において与えられている個別的なる認識が問題となる場面、そしてこれらの区別を必要としない場面、という異なる三つの場面が区別されねばならない。そしてこれらの異なる場の配置において、特有の語が割り当てられるとすれば、どうだろうか。それはかならずしも用語の規定というふうになされるわけではないが、あくまでもよりふさわしい言葉というかぎりにおいて、割り振られるであろう。そしてそれは、人間がもつ一般的な認識に対しては、ノチオ(概念)の語が、神において与えられている個別的なる認識としてはイデア(観念)が、そして最後に、これらの区別を必要としない場面においては、あいかわらずコンケプトゥス(思念)の語が、用いられるであろう。

ノチオとコンケプトゥスの関係については、すでに見た。確認されねばならないのは、イデアの語の位置についてである。

すでに見たように、イデアには第二部冒頭において定義が与えられている。それによれば「イデアとは精神のコンケプトゥスである」。この定義は決して多くのことをわれわれに教えないが、少なくともイデアがコンケプトゥスの一種であることはたしかだ。後者については、すでに共通概念においてとらえられるべきことをわれわれは知っている。したがってイデア概念もまた同様であるべきだとの推論が成り立つ。これに対して、第二部において中心をなすのは「非十全な観念」をめぐる議論ではないかと反論することもできるだろう。だが非十全な観念とは、結局のところ有限者がもつものに他ならず、つまり人間的な概念のあり方にすぎない。非十全な観念そのものは、例えば『エチカ』のなかでそれが理論的に取り扱われているように、神においてあるものとして考察されるかぎりでは十全である(E2P32)。スピノザはそれをイマーゴおよびそこから抽象される一般概念として把握し、概念（ノチオ）の理論を構成していく。

ここで問われるべきなのは、この語が特にどのような役割を担わされているかということである。そもそも観念の語は第二部で定義される以前にも、すでに第一部の数箇所で使用されている（E1Ax6; P21D; P30D)。すでに第一部で使用されているのに、わざわざ第二部で定義が与えられるのには、何らかの強い理由がなければならない。弱い理由としては、第一部の論証においてイデア概念は大きな役割を担ってはいないことが挙げられる。『エチカ』第一部は実体・様態をめぐる理論展開に終始しているが、そこではこの語はなんら決定的な役割を担うことはない（例えばそこにおいて最大のテーマとなるところの神の実在証明には、イデアは何の役割も果たしていない）。それに対し、第二部においてこの語がきわめて重要な役割を果たしていることは明白である。そこで、まさにそこにおいてこの語に負わされている役割とはいかなるものであるかを考えねばならない。

第一部ではなく第二部でイデア概念が決定的に重要となるということは、神の実在から人間の存在様態の分析へと進む過程において、この概念が大きな役割を果たすということ意味している。デカルトのように人間の実在から神の実在へと進む過程においてではなく、その逆の過程においてこそ、スピノザの「観念」論はその真価を発揮する。つまり、神の実在から人間存在の分析へと移行する基盤を提供するために、「イデア」は理論的に導入されるのである。だが、人間精神の分析において必要になるとはいえ、われわれは決してそれを人間がもつ思念ないし概念であると特徴づけることはできない。そもそも人間は特権的に精神的であるわけではない47。また、人間がもつ概念をめぐる理論としては、すでにわれわれが見てきたように、ノチオをめぐる理論が用意されているのである。

では、人間がもつ概念としてではないとすれば、コンケプトゥスやノチオと異なりイデアのみが担うべき強い役割とは、いったい何なのであろうか。ここで注意したいのは、『エチカ』において人間存在は、絶対的に無限なる実体としての神に包まれそのなかにおいてあるものとしての、有限なるあり方から理解されるということである。人間精神は、神の知性の一部として把握される（E2P11; P11C）。人間精神を構成するものとしての諸観念は、あくまでも神のなかにある諸イデアとして考察されるのである。このように人間精神をとらえることによって、諸事物のなかに置かれた一つの事物としての人間存在の分析が（第二部定理一三以降において）可能となるのである。このように、人間精神の分析においてイデアの導入が理論的に必要となるのは、それが神においてある思念ないし概念であるからなのだ。

つまり、イデアとはいわば神のなかにあるという側面におけるコンケプトゥスなのである。

神のなかにあるコンケプトゥスとしてのイデアは、『エチカ』においては人間および人間がもつノチオを分析する手がかりとなっている。神における観念を基盤とすることによって、人間精神のあり方の解明が可能となる。これが他の「概念」概念と異なりイデア概念のみに担わされている役割である。その結果として新たに理論の俎上にのせられる、人間がもつ観念は、あいかわらずイデアの語によって語られるとしても、もはやこの語の担うべき本来の意味からは、つまりは哲学の立脚点となる真なる観念という意味からは、はみ出てしまっている。有限なる人間がもつ観念においては非十全性が支配している。このような非十全性の分析がもつ性格は、あくまでも『エチカ』の理論的枠組みが解明されてからでないと明らかとはならないが、ここではそのような人間的な思念ないし観念の分析のためにこそ、新たに「ノチオ」概念が導入されていることが示されればそれで十分である。われわれがもつところのノチオは、われわれがそれであるところのイデアと、位相を異にしているのである[48]。

このようにして、諸概念 notiones の区別の理論は、『エチカ』のなかで占めている特異な位置が明らかとなった。『エチカ』の論証は、他の一般概念とは異なり確固たる理論的基盤を提供するところの、共通概念に依存している。だがこの「よく基礎づけられた概念」は、『エチカ』の論証に先立ちそれを支えるとともに、その理論展開のなかでみずからの地位をもまた明らかにせねばならない。このようなある種の循環構造が『エチカ』には見られるが、それを一貫したものとして理解するための労は、われわれ読者がとらねばならない。共通概念の地位が明らかにされる前に使用されている諸「概念」を、一般概念ではなく共通概念として理解しなおすことが、われわれに求められているのである。われわれ読者には、第二部で確立される概念の理論にいたって、冒頭からの『エチカ』の理論展開を再検討することが求められている。概念の理論をもって、はじめて三つの「概念」概念のあいだの関係が理解される。三つの「概念」概念が

『エチカ』において段階的に登場してきたことの意味は、共通概念の地位によって理解される。冒頭から登場する思念（コンケプトゥス）は、もっとも未規定な「概念」概念である。これを用いることによって観念（イデア）が定義される。それはたんに「人間精神がもつ」ものではなく、まずは神がまったきかたちでもつものとして導入される。それによって新たに人間精神の解明が可能となる。神におけるイデアの分析において、それが有限なる人間においてどのようなあり方をしているかが解明され、それによって人間がもつ概念（ノチオ）が、もっとも規定された「概念」概念として理解される。だがこのような理論的展開がいかになされるのかを理解するためには、『エチカ』の存在論的な議論のもつ意味を論じなければならない。

問題の暫定的整理——『エチカ』解読への準備

スピノザの観念・概念・思念などの語の使用は、一見すると区別されて使用されているようには見えず、とくに『知性改善論』においてはこれらの語はほとんど等価に使われており、『エチカ』においても事態はあまり変わっていないように見える。翻ってみれば、デカルトにおいては観念（イデア）の語が、形而上学の刷新を進めるうえで大きな役割を果たしていたし、それは特に従来多く使用されてきた思念（コンケプトゥス）の語との区別において大きな意味をもっていた。スピノザを読むものが、「観念」説の歴史的な意義の大きさを見失うならば、スピノザ哲学もまた悪しき形而上学に舞い戻ってしまったかのうように見えることだろう。

だが、おそらくは他の多くの思想家とは異なり、スピノザはこのデカルト的な「観念」説を、すでに見てきたように疑いようもなく忠実に受け継いでいる。とすれば、スピノザによる観念・概念・思念などの語の使用は、どのように理解されねばならないのか。これが本章において解決を試みた課題であった。

この課題の解決は、スピノザがデカルト的な「観念」説を受け継ぐなかで、とくに形相的・対象的の区別に重点をおき、それを徹底化しているということに注目することによってなされる。すべては観念内的な対象であるか、それともそれじたいが観念であるかのどちらかである。すべての思考は観念であり、すべての思考対象は観念のなかにある。「観念」説の徹底化において、このことはもはや重点的に説明されるべきことではなく、むしろ前提とされているかのようである。そして、このことによって、観念・思念の語のあいだの区別は、いわば無効化されている。

スピノザによる「観念」説の深化は、二階の観念つまり「観念の観念」というとらえかたと、観念相互のあいだの関係をめぐる考察とをもたらすのであるが、このような「観念」説は、そもそも観念ないし思念が、真なる観念であることを必要条件としている。すべてを観念内に考えるスピノザの立場は、おのれがもつ観念が真なる観念、つまり表現的な観念であることを必要とする。神の真なる観念をもたないものに対して神の実在証明をしても無駄であるし、幾何学的図形について観念をもたない人はその図形について何も確定的に知ることはできない。「真なる観念」とは表現的な観念であり、それこそがわれわれにある必然性をもった認識を強いるのだ。つまり、そのような観念のみが、確定的な認識をもたらす。そしてそのような観念においてのみ、対象のあいだの関係はそのまま観念のあいだの関係となるのである。

しかしここで新たな問題が浮上する。それは、そもそも「真なる観念」というものがつねにわれわれの手元にあるわけではないということだ。したがって、真なる観念を、他のもろもろの思念のなかからよりわけるという作業が、何よりも重要なものとなる。そのなかで、形而上学的な諸概念や、多くの一般的概念が批判の俎上に上る。スピノザ哲学は、諸概念の批判によって進行する。われわれが形成する諸々の思念を、スピノザはとくに概念の語のもとに理解する。「概念」つまり多くの表象像をひとつの名称のもとにとりまとめる普遍的・一般的な諸概念は、まずは批判の対象として注目されるが、それはもっぱら、それらが一般性のもとに把握されているからである。

われわれが形成する観念ないし概念は、個別的な事物の観念であることはできないし、われわれはそれら一般的概念によって思考せねばならない。したがって、思考や論証のためには、確固とした一般的概念な存在しなければならない。それは幾何学的な概念とは異なっているが、われわれの理性的な論証はそのような概念がたしかに存在していることをすでに示してくれている。そのような概念こそが、『エチカ』のような論証の書を支える概念なのである。それは『エチカ』においては、共通概念としてその身分が示されている。

ここにおいて、『エチカ』という書物がもつ形式と、それが実際にもっている理論的な構造とのあいだに、ある乖離のようなものがあることが認められる。『エチカ』はけっしてそれ自身の論証の根拠となるような諸概念の理論を、その冒頭に置くことはその構成上できなかったのである。この点に注目するならば、われわれは『エチカ』をその幾何学的叙述形式にとらわれることなく、その緊密な構成をもった叙述をいわば解体することによって、新たに解釈を加えねばならない。つまり、同書においてまさに冒頭から使用されている形而上学的な諸概念や、あるいは諸々の一般概念は、すべて同書においては随分と後に確立されるような「共通概念」の資格において理解されねばならないのである。このことは、『エチカ』の幾何学的な叙述形式が、まずもってたんなる叙述の形式にすぎず、しかもその内容を説明するためにはかならずしも適切なものとは言えないということを示している。

スピノザによる概念の理論の確立は、一般的なものの認識がもつ威力を、その最深部まで見届けるという意味をもっている。付け加えて言えば、新たにこの概念の立場が確定されることで、あらためて「観念」の語の位置づけも見直されることになる。つまりそれは、個別的な事物の神的な理解に対して振り分けられる言葉となるのである。とはいえ、個別的な事物の神的な理解としての「観念」の身分が見出されるといっても、それもまたあくまでも共通概念の立場において示されているにすぎないことは注意されねばならない。このことは、『エチカ』において使用されている形而上学的な諸概念は、すべて一般概念に対する批判を経過したうえで、新たに独自の重みを与えられて使用されているということを示している。このように、スピノザが一見すると無批判的に用いているように見えるさまざまな形而上学的な概念は、実は従来の意味とはかけ離れた用い方がされている。したがって、それらが実際にどのような内実をもっているかを見ることで、概念の理論に対する理解を深めることができるであろう。

注

1 ノチオとコンケプトゥスとを訳し分ける訳者たちの努力としては、たとえば所雄章の『デカルト『省察』訳解』(岩波書店、二〇〇四年)におけるようにnotioを「基礎概念」と訳してconcipereという動詞に「抱懐する」という訳語を与える例や、佐藤一郎の『エチカ　抄』(みすず書房、二〇〇七年)のようにconceptusを「思念」(動詞は「念(おも)う」)と訳し分ける例が挙げられる。本書では訳語としては後者を参照にするが、しかし訳し分けとは別に、両者にいかなる区別があるかということに関しては、これまで必ずしも明確にされているとは言いがたい。

2 近世哲学における翻訳例に関して言えば、岩波文庫に収められているスピノザの畠中尚志訳やデカルト『哲学原理』の桂寿一訳等において、ノチオとコンケプトゥスはともに「概念」と訳されている。その歴史を辿れば、日本語においてこれらの二語が精確に訳しわけられない傾向は、すでに明治初期において両者(にあたる現代語)がともに「概念」の語で訳されたときから始まっていたのである(西周「致知啓蒙」『西周全集』第一巻、三九〇—四五〇頁、および井上哲次郎『哲学字彙』の当該項目を参照)。

3 Bernard Rousset, *Traité de la réforme de l'entendement* (Paris: Vrin, 1992), 216.

4 Jean-François Courtine, "La doctorine cartésienne de l'idée et ses sources scolastiques," in *Lire Descartes aujourd'hui*, ed. Depré and Lories (Louvain: Peeters Publishers, 1997), 14. 村上『観念と存在』、一四七頁。

5 「(想像する能力と感覚する能力は)いくほどかの知解作用を自らの形相的思念のなかに含んでいる intellectionem enim nonnullam in suo formali conceptu includunt」（AT, VII-78）。

6 村上『観念と存在』、一四四―一四六頁。

7 Courtine, "La doctorine cartésienne de l'idée et ses sources scolastiques," 10-11.

8 Cf. Etienne Gilson, *Études sur le rôle de la pensée médiévale dans la formation du système cartésien*, 3e éd.（Paris: Vrin, 1967）, 204.

9 村上『観念と存在』、一〇六―一〇七頁。

10 Etienne Gilson, *Jean Duns Scot*（Paris: Vrin, 1952）, 291. また十七世紀哲学における神的知性の取り扱いをめぐって、Vincent Carraud, *Causa sive Ratio*（Paris: PUF, 2002）を参照。

11 村上『観念と存在』、一一〇―一一一頁。ただし、ライプニッツに関しては、この点は二義的である。彼は、観念なる語のこの二つの用法の区別を明確に意識しているからである。彼は観念が一方では「われわれの思惟の形相ないし差異」として理解されており、他方では「思惟の直接的対象」として理解する人間がいることを指摘している（『形而上学叙説』二六節、『人間知性新論』第二部第一章第一節、他）。彼はこの違いを十分に意識しており、どちらの立場に立つかを論述によって明確に選択している。むしろライプニッツは、スピノザとならんで、デカルトの「観念」論を独自に発展させたものと見なされねばならない。

12 「観念はその形相的本質においては、別の対象的本質の対象となりえるし、この別の対象的本質もまたそれ自体で見られた場合はin se spectata事象的で知解可能な何かquid reale, et intelligibileとなろう、こうして無限定に続く」（TIE33）。

13 両書において如何に理論的な違いが見られようとも、以下に見るような観念の観念をめぐる議論や、観念相互の関係とその対象相互の関係との相同性に関する理論については、両書のあいだに決定的な相違は見出されない。

14 『エチカ』においてもこの視点は縦横無尽に使用されており、「観念の形相的存在 esse formale idearum」をめぐる議論を構成している(E2P5)。

15 Cf. TIE38, 42, 49, 75, 76, 91.

16 この表現の次元もまたライプニッツが指摘するところのものである（「観念とは何か」G-VII, 263-264）。しかしライプニッツはこの表現とそれに基づいた対象とのあいだに見られる関係を、観念の立場を超えて射影の観点から一般的に処理できると考えており、スピノザとは異なった方向に進む。

17 ウィルソンはこの公理の使用を詳細に検討している。Margaret Wilson, "Spinoza's Causal Axiom（Ethics I, Axiom 4）" in God and *Nature in Spinoza's Metaphysics*, ed. Yovel（Leiden: Brill, 1991）.しかしそこにはこの公理がどのような思想を表明しているのかは明ら

かとなっていない。これに対して、スピノザ哲学における「表現」の問題についてのドゥルーズの解釈は、この公理が観念のもつ表現性を言い当てていることを示唆している。Cf. Gilles Deleuze, *Spinoza et le problème de l'expression*.

18　村上『観念と存在』、一三頁。

19　Deleuze, *Spinoza et le problème de l'expression*, 119.

20　「たとえわれわれの本性の創造者がわれわれを欺くかどうかを知らなくても、われわれは21　三角形について明瞭判然たる観念をもっている」(PPC Praef: 149)。

21　特にその第一部の第四章から第六章にかけて、持続と時間、対立・秩序・一致・差異・主語・述語などといった概念、それに一・真・善などの超越的名辞 termini transcendentales を批判的に検討している。

22　鈴木泉は、これら二つの著作は「事象的存在の探求という点において共通点を有」するが、『形而上学的思想』が「類種概念から超越範疇に至るスコラ的な理性の存在を対比の項とするのに対し、『知性改善論』は図形という抽象的存在をモデルとしつつそれを理性の存在として対比の項とする」という点に、「両者の著作としての目的の違いが見られる」と述べている。鈴木泉、「スピノザ哲学と『形而上学的思想』」、『スピノザーナ』五号（二〇〇四年）、一七頁。

23　一例を挙げるなら、持続と永遠との区別についてのデカルトに対する新たな思想が、『形而上学的思想』の中心をなしているという解釈がある。Yannis Prelorontzos, *Temps, Durée et Éternité dans les Principes de la philosophie de Descartes de Spinoza* (Paris: Presses de l'Universite de Paris Sorbonne, 1996),

24　重要な点は、このようなスピノザの「形而上学」への態度が、デカルト的「観念」説の深化と結び付いているという点である。この点で、ここで述べていることは次の研究とは大きく方向性が異なっている。Cf. Frédéric Manzini, *Spinoza: une lecture d'Aristote* (Paris: PUF, 2009).

25　『知性改善論』ではnotitiaという語は出るがnotioは出現しない(TIE86)。

26　Cf. H.A Wolfson, *The Philosophy of Spinoza*, (Cambridge, Mass: Harvard University Press, 1934), 75-76.

27　ここで一般概念と呼んでいるのは、超越的名辞と一般的概念が、悪しく基礎づけられた概念がひとくくりにnotiones universalesと呼ばれているからである。普遍概念と呼ばず一般概念と呼びたいのは、それらが真の意味での普遍性をもたず、単に一般的なものに過ぎないからである。

28　数学思想に焦点をあてたスピノザ研究の多くは、その公理体系の成立を論じているものの、幾何学的存在者の位置づけという難問には取り組んでいない。Fabrice Audié, *Spinoza et les mathématiques* (Paris: PUPS, 2007). 朝倉友海「一度も使われない公理は何を意味するか?—『エチカ』第1部公理2についての考察」、『スピノザーナ』六号（二〇〇五年）。ゲルーはこの問題を重視して詳しく論じているが、これは普遍的な本質をめぐる議論と重なるため、後者についての議論のなかで論じる。Cf. Martial Gueroult, *Spinoza I Dieu* (Paris: Aubier, 1968), 413-425.

29 この点、ライプニッツははるかに明瞭な分析を行っており、非完足的な概念としての数学的概念と、完足的な個体概念との区別をしている。Cf. GII: 131-133.

30 ここで「概念」と括弧にくくったのは、それをnotioの訳語としての概念よりも広い意味で言いたいがためである。

31 Cf. TIE95 ; Gilles Deleuze, *Spinoza Philosophie pratique* (Paris: Minuit, 1981), 129, 156.

32 「永遠的なものであって、しかもひとつの系列をかたちづくるという、この二重の性格をもつものは共通概念をおいてない」。Deleuze, Ibid., 162. またウィルソンは「それをすべてのものに共通なもの」としている。Margaret Wilson, "Spinoza's Theory of Knowledge" in *Cambridge Companion to Spinoza* edited by Garrett (Cambridge: Cambridge University Press, 1996), 115.

33 Cf. Alexandre Matheron, "Pourquoi le Tractatus de Intellectus Emendatione est-il resté inachevé?," *Revue de science philosophique et théologique* 71 (1987).

34 同定理一七備考。ただし厳密に言うならば、イマギナチオはそれ自体で誤謬を含んでいるわけではない。

35 スピノザによるこのような発想は、ストア派のものであるとゲルーは述べる。Martial Gueroult, *Spinoza II L'Ame* (Paris: Aubier, 1974), 581-582. またドゥルーズは、あくまでも内容的に、この点に注意を促している。Deleuze, *Philosophie pratique*, 126.

36 それは『知性改善論』においてすでに取り扱われており、『エチカ』の後半部においてもまた、われわれがいかに共通概念を形成しうるのかという実践的なテーマとして議論されることになる。

37 第二部定理三九を中核とするこの共通概念の理論が、十全なる認識の可能性を保証している。

38 Deleuze, *Spinoza et le problème de l'expression*, 254-255.

39 同備考一の冒頭。ただし、このように『エチカ』が第二種認識において書かれているとする立場に対して、第三種認識において書かれているとするゲルーの解釈があるが、その第三種認識のとらえ方には難があり、そのためわれわれはそれを採らない。この点については第四章を参照。

40 E1Def3, 5, Ax5, etc. Cf. E2Def3.

41 Gueroult, *Spinoza II*, 365.

42 Gueroult, *Spinoza II*, 547-551. 反論としては Charles Ramond, *Qualité et Quantité dans la philosophie de Spinoza* (Paris: PUF, 1995) , 249-250. Cf. Ariel Suhamy "Comment définir l'homme?," Fortitude et Servitude (Paris: Kimé, 2003) , 86.

43 Alexandre Matheron, *Le Christ et le salut des ignorants chez Spinoza* (Paris: Aubier, 1971) , 252.

44 この点でスピノザは、いたるところに生命的なものを認めるとはいえ、存在者のあいだに超えがたい階層性を認めるライプニッツとは決定的に異なっている(『モナドロジー』二九・八二・八三節)。

45 このexemplarという語は、従来はおもに第四部序言をめぐり問題にされてきた。佐藤一郎、「内と外へのまなざし―スピノザの哲学への一つの近づき」、日本哲学会編『哲學』五七号(二〇〇六年)、特に九九頁以下を参照。また、大西克智、「スピノザ『エティカ』における感情の治癒(二)」、『哲学雑誌』七九二号(二〇〇五年)、特に一八九―一九〇頁。だがスピノザはこの語を、自然の探求というテーマとも密接に関連付けて用いているのであるから(TIE42)、ここで自然学的な「モデル」としての意味を強調することも許されるだろう。

46 村上『観念と存在』、一三八―一三九頁。

47 このことに関しては後に論じる(E2P13S)。

48 したがって、スピノザ解釈上重要である「われわれがそれであるところの観念」(「神における観念」)と「われわれがもつ観念」との区別は、それぞれideaとnotioという語が担う理論的役割の区別に相当すると言えるだろう

第二章　「身体の観念」とは何か——『エチカ』の存在論的結構

「人間の理論」の構築

「精神は身体の観念である」。この命題は『エチカ』において中核的なテーゼとなっている。デカルトとベーコンの誤謬のひとつとして、人間精神の真の本性を認識しなかったことをスピノザはあげている（Ep2: 8）。そして、人間精神の真の本性を明らかにするのが、人間精神とは人間身体の観念であるというこのテーゼである。少なくとも「人間」について論じようとするかぎり、この命題はスピノザ哲学の根幹をなしている。そして明らかにこのテーゼは、すでに論じたスピノザの「観念」説だけでなく、『エチカ』第一部における〈実体・様態〉図式による存在論を必要としている。

だがこの思想の形成過程にかんする資料は限られている。「精神は身体の観念である」という命題は、スピノザのラテン語著作および書簡のなかでは、奇妙なことに、ほんの数箇所でしか見出すことができない。スピノザの思想のひとつの中心をなしているはずのこの思想は、『知性改善論』においては、ほとんど見られないと言ってもけっして過言ではない。また初期の書簡に目を向けても、同様のことが言いうるのである。すでに一六六一年の書簡において、デカルトとベーコンの哲学の問題が、かれらが「第一原因」について正しく認識しなかったことと並んで、かれらが人間精神の真の本性を認識しなかったことにあることを述べているにもかかわらず、後者についてその核となるこの命題は、ずっと後になるまで告げられることはない。さらに一六六六年の書簡においてスピノザは、このような命題を示すことの必要性を否定さえしているかのようなのだ。「崇高な諸問題の施策にさいしての安善にかつ倦怠なしにすすみえるような方法」についての質問に対してスピノザは、明晰判明たる諸観念を導出し結合しえる方法についてこう答えている。

少なくとも方法の要求する限りでは、精神の本性をその第一原因によって認識する必要はない、ただベーコンがやったように、精神あるいは諸観念についての短い記述をするだけで十分である(Ep37)。

その後の書簡においても、精神の本性についての理解は、少なくとも「精神は身体の観念である」というこの思想に関しては、一六七五年(書簡六四)にいたるまで明確には言及されてはいない。また、ラテン語著作以外に目を向けても、大きく事態が好転するわけではない。『短論文』には第二部の注や付録二などに、このような思想が不十分なしかたで表明されてはいるが、桂寿一が指摘しているように、『短論文』において精神は「未だ『エチカ』のごとく簡明に「身体の観念」とは規定してはいない」のである[1]。『エチカ』第一部に相当するような神の実在についての思想が、初期の書簡においても頻繁に語られていることを考えれば、このことは不可解である。

つまりこの命題は、ちょうど概念の理論がそうであったように、『エチカ』においてのみ集中的に論じられる理論であり、しかも概念の理論とは異なり、この思想の形成の過程はほとんど他の著述によって辿ることができないのだ。だが困難は、このような資料的な制約のもとにあるこのテーゼの内実は、『エチカ』の記述においてもまた、十分に説明されているとは言いがたいことにある。同書がもつ幾何学的叙述形式においては、このテーゼは第二部のなかで示されるのだが、その内実を示すためには、スピノザが与えた叙述形式を掘り崩すことが必要なのである。

そこで、このテーゼが、どのように形而上学的諸概念(実体・様態・属性)の刷新につながっているかに注目することで、その内実を明らかにするという解釈上の戦略を立てることができる。つまり、この理論を中心に『エチカ』の体系の成立に迫ってみたいのである。身体あるいはその観念がそれであるところの個別的な事物とは、どのような存在論的な身分をもっているのかということを明らかにすることで、『エチカ』の体系の骨格をその叙述形式から離れて見ることができるであろう。「精神は身体の観念である」という命題の内実を追うことによって、はたしてわれわれは、観念説の深化として『エチカ』の体系が成立していることを確認することができるであろうか。

一　人間精神の本性

動物の共通本性

前章でわれわれは、一般的な概念についての考察のなかで、十全なる認識をもたらす共通概念の位置づけがもつ意味、そして『エチカ』の論証において用いられている諸概念は、一般的な概念であっても、それらをイメージにもとづく一般概念として理解してはならず、共通なものの概念として理解されなければならないということを示したが、そのさいにわれわれは「人間」概念を一例として説明をした。だが「人間」概念は、どれでもよい多くの例のなかの一つではない。スピノザ哲学は、すぐれて人間の理論であるとも言いうるからである[2]。

「人間」概念が、特に注目されるべき概念であるのは、まずもってわれわれが「人間」であるからだ。だが、われわれが人間であることによってまさに、「人間」概念こそはとりわけイメージにもとづいて混乱してしか理解されない。実際にスピノザが一般概念について説明しようとするさいにも、やはり「人間」概念が好例としてあげられている。

たとえば、しばしば人間のすがたを驚嘆して観想したものは、「人間」と言う名辞によって直立したすがたの動物と解するであろう。これに反して人間を別様に観想するのに慣れたものは、人間に関して他の共通のイメージを形成するであろう、すなわち人間を、笑う動物、羽のない二足動物、理性的動物などとするであろう（E2P40S1）。

逆に言えば、他の一般的な概念、例えば「事物」などの超越的名辞について、この「人間」概念ほどの混乱があるわけではなく、だからこそスピノザもまた、超越的名辞よりもむしろ一般概念に、それも「人間」概念を好例として、それが各人によって異なった理解をされるということに注意を促しているのである。

前章では、「人間」概念を共通概念として理解するということは、人間というものを動物のひとつのモデルとして形式的に規定することだと述べた。人間をわれわれがイメージに基づいて形成する概念によって理解するのではなく、身体的に他の動物よりより複雑な動物であるとして『エチカ』は規定する。スピノザが述べているのは、人間身体が他の動物身体と異なるのは、外部の物体からきわめて多くのしかたで刺激され、また外部の物体にきわめて多くのしかたで影響することができるということであり、そのことのみなのである(E2P13SPost3; Post6)。

だが、そもそも、より複雑な動物であるとはどういうことだろうか。人間という動物とはどういうものかが明らかにされるためには、たんに人間身体の複雑さや優秀さだけでなく、動物であるとはどういうことかが示されねばならない。スピノザは、いかなる点で人間精神が他の精神と異なるかを確定させるためには、人間身体の本性を認識することが必要であると述べている（E2P13S）。しかしその前になされねばならないことは、そもそも精神とは何か、あるいは身体をもつとはどういうことか、ということであり、動物とは何なのかということである。

まさにこの点において重要なのが、「精神は身体の観念である」という命題である。『エチカ』第二部の定理一三においてこの命題が確立されるにいたる論証の過程は、「人間の本質の演繹」とも呼ばれる理論をかたちづくっている[3]。

もちろん、この命題は決して人間にのみ関するものであるとは言い切れない。たしかにスピノザは同箇所で、「人間精神」の本性を示すための基礎的な命題を示していくのであり、それはあたかも「人間の本質の演繹」のように見える。だがそれはけっして人間の本質のみを示すものではなく、動物一般に適応可能なものであることは、人間精神が他の精神と異なるかを確定させるために人間身体の本性を認識することが必要であるとスピノザが述べていることから明らかである。スピノザはけっして動物の本性を示すとは述べてはいないが、スピノザが示す事柄がまだ人間に固有なものには届いておらず、もっと一般的で、より多くのものに共通に分け持たれている共通の本性に関係することであることは明白である。

「精神は身体の観念である」という命題は、おそらく人間よりはもっと多くのものに共通なるある本性を示している。だからこそスピノザは、「すべての個体は程度の差こそあれたましいをもっている animata sunt」と述べるのであり、たとえスピノザがそのように呼んでいないとしても、ここでそれらをとりあえず「動物」と呼ぶことは、けっして不当ではないであろう。生きているということは、あるいはより伝統的な言い方をすれば、たましいをもつということは、精神が身体の観念であるという命題によって理解されるのであり、それはけっして人間に特有なるものから導き出されるものではなく、むしろそこから出発して人間がどういうものかが特殊例として理解されうるような共通なる本性なのである。

とはいえ、この命題は『エチカ』の論証によってしか示し得ないような高度な命題であり、それがいかなる意味をもつのかは、注意深く解きほぐしていかねばならない。

観念としての精神

「精神は身体の観念である」という命題において、まず確認されねばならないことは、観念（イデア）ということばがなぜ使われねばならないかということである。われわれはすでに、デカルト的な観念説の深化としてスピノザの思想を見てきたのであるが、この命題はまさに観念という語がどう解されるのかを理解の前提にもっているように思える。そもそも、人間がもつような認識は、スピノザ的な用語法では、むしろ「概念」の語のもとに理解されたはずだからだ。なぜここにおいて、わざわざ観念という語が使われなければならないのだろうか。

この命題において、観念という語が使われねばならないのは、けっして用語法の曖昧さに基づくものではない。すでに述べたように、スピノザは「思念 conceptus」「観念 idea」「概念 notio」の三つの語のあいだに、何らかの区別を設けている。それは厳密なる用語的な区別ではないにしても、かれの理論的配置が強いるような区別なのである。そして、ここでこの命題における「観念」の語を他の語で入れ替えて、たとえば「精神は身体の概念である」と言い換えることは、明らかにできないのだ。なぜなら、概念とは人間がもつような一般的な認識であり、もし精神が概念なのであるならば、精神とは多くの知得から形成されるような集合体のようなものになってしまうが、そのときそれらの知得は何に基づくものかがふたたび問われねばならなくなるからである。

それに対して、スピノザが「精神は身体の観念である」と言うとき、この観念とはあくまでも個別的なものとして、神のなかにおいてあるものである。それはあくまでも、われわれがそれであるところの観念である。精神が身体の観念であるのは、それが無限なる知性において与えられているありさまであって、われわれが自分の身体の十全なる観念をもつというわけではないのである。スピノザは時にこの命題において「観念」の語を「思念」の語で置き換えることがあるが、その場合にもスピノザはやはり神のなかにあるものとしてその「思念ないし観念」に言及するのだ。

神のなかには必然的に、(以下のような)思念ないし観念が存在する。それは人間身体の本質を表現し、したがって、人間精神の本質に属する或るものである(E5P23D)。

ここで「思念ないし観念」と言われているのは、あくまでもこの思念が、「神のなかにある」と考えられるかぎりで、というものだ。これは人間身体の持続ではなくその永遠なる本質を表現する観念について言われているのだが、それもまた人間身体の観念であることには変わりがない。

このテーゼの理解にかんして、精神がそれであるところの観念というこの思想は、精神がもつ概念ないし観念とのするどい対比のなかでのみ理解されねばならないということが指摘されてきた[4]。精神がそれであるところの観念と、精神がもつ観念との区別の重要性は、しばしば解釈者たちによって強調されてきた。つまり、この命題は、人間がもつ概念ないし観念をめぐる視点からは、すんなりと生まれてくるわけではないのである。

精神がそれであるところの観念とは、つまりわれわれがそれであるところの観念ということである。それはあくまで神のなかに与えられたものであって、われわれがもつところの観念ないし概念ではない。精神であるところの観念は、身体の観念であるが、それはわれわれが眼前的な身体について何事かを表象するような、そのような観念あるいはむしろ概念ではない。それはわれわれがもつような概念ないし表象と決して混同されてはならない。それはわれわれに与えられているのではなく、むしろ無限なる知性のみがもつことができる観念なのであり、われわれ自身の観念なのである。

この区別は、「精神は身体の観念である」という命題の意図を明らかにするためには、きわめて重要である。言い換えれば、「身体の観念」としての精神は、神の無限なる知性の一部であるということである。人間精神がある無限な知性の一部分であると言われるのは、まさにこの命題が示される過程においてである(E2P11C)。「精神は身体の観念である」という命題が可能になるのは、神のなかに与えられた観念において、すべてが考えられているためである。

「精神は身体の観念である」という命題において観念という語が使われねばならないのは、それが神のなかに与えられているということを指し示しているとすれば、この命題はあくまで『エチカ』第一部で述べられるような「神」についての理論を前提として理解されねばならないということになるだろう。さらにそれは、精神と身体についての、あるいは思惟と延長というふたつの属性についての、考察と切り離せないだろう。そして思惟と延長というふたつの属性は、神という実体に帰せられるものであるからには、やはりそれらについての考察は、人間がもつ概念ないし観念をめぐる視点からスムーズに出てくるわけではないのだ。

この命題が成立するためには、観念としてのわれわれのすがたが明らかにされ、そしてそれがどのような存在構造のなかにあるかが明らかにされねばならない。そのような思想の真の確立のためには、『エチカ』のもっと大きな理論的枠組みが用意されねばならない。この命題が『エチカ』の中心的なテーゼであるからには、『エチカ』の理論的枠組み全体がそこに関係してくると見られねばならない。したがって、この命題が『エチカ』以外で扱われることがないとしても、無理はないのである。

対象としての身体

「精神は身体の観念である」というこの命題が、『エチカ』においてどのようにして導き出されるのか、あるいはむしろ、この命題はどのようにして基礎付けられているのかは、まずはこの命題の直近の諸命題において何が示されているのかを見ることによって、ある程度は明らかにすることができる。そして、この命題がどのようにして導き出されるかに注目することで、『エチカ』の理論的枠組みを解きほぐしていくことができる。

この命題は、直近の諸命題によって、以下の三つの点を経て示される。ここで「人間」と呼ばれているものは、すでに述べたようにたましいをもった生きもの、つまり身体が刺激されるのを感じるような「動物」というくらいの意味であり、けっしてわれわれが通常理解しているような人間のイメージに基づくものではないことはあらためて言うまでもない。

①人間（あるいは「動物」、以下同様）は実体ではなく実体の様態である。「人間の本質は神の諸属性のある諸様態化 modificationes によって構成されている」（E2P10C）。

②人間精神を構成する観念は、まずもってある実在する事物の観念である。ここで人間の本質から人間精神へと話が進められている。この段階で示されることは、人間精神を構成する最初のものは、ある現実に実在する個別的な事物の観念である、つまり現実に実在する個別的な事物を対象としてもつ観念である、ということである（E2P11）。

③人間精神を構成する観念の対象とは、人間身体のことである。第三の段階で示されるのは、人間精神は人間身体の観念に他ならないということであって、このようにして精神と身体の合一体としてわれわれは、われわれがそ

う感じるとおりに存在しているということが示されるのである(E2P13C)。

このように三つの段階を経て「人間」概念が導入されるわけであるが、これら三つの段階について『エチカ』における論証を辿っていくことにしたい。

もちろん重要なのは後の二つである。というのも、最初のものは、人間も個別的な事物の一つであるということに過ぎず、事柄としては重要な意味をもつとはいえ、そして定理として立てられることで確認されねばならないことであるとはいえ、実在するものを実体と様態しか認めず、しかも個別的な事物は有限なる様態であるとする『エチカ』のなかで、ほとんど証明する必要もないような事柄であるからだ。スピノザはこの定理を示すために「人間には必然的実在は属さない」という公理に訴えているが、それを納得することは容易であろう(E2Ax1)。

第二の段階において「人間」概念の導入にあたって決定的に重要な歩みがなされる。そこで述べられているのは、われわれの精神を構成する観念が、まずもってある実在する事物の観念であるということである。この定理は以下のようなものである（以下、定理番号が後の文脈で重要な場合に限り、定理番号を略号によってではなく引用の前に掲げる）。

【第二部定理一一】

人間精神の現実的な存在 esse actuale を構成する最初のものは、現実的に実在する或る個別的な事物の観念である。

この複雑な命題は、三つの異なる要素を含んでいる。その証明もまた、これら三つの異なる要素を分けたうえでおこなわれている。これら三つの要素とは、次のものである(E2P11D)。

A　観念が人間精神を構成する本性上において最初の、つまり本質的な、ものであるということ、

B　その観念は実在しない事物の観念ではなく、実在する事物の観念でなければならないということ、

C　それは無限な事物の観念ではないこと、つまり有限なる事物の観念であるということ、

これら三つの事柄によって、人間精神を構成する最初のものはある実在する個別的事物の観念である、という命題が成立する。

だが、この三つの要素ないし段階のうち、とりわけ重要なのは最初のものである。つまり、観念が人間精神を構成する本性上において最初の、つまり本質的な、ものであるということである。これが重要なのは、ゲルーも述べているように、この要素が「精神の本質は観念である」ということを主張しているからである[5]。つまり、この最初の要素こそが、この命題の中心をなしている。観念が人間精神を構成する本性上において最初のもの、つまり本質的なものであるということを核として、さらに、精神であるところのこの観念とは、現実に実在する個別的な事物の観念であるということを付け加えることで、それを限定しているのが、この一見すると複雑に見える定理の成り立ちなのだ。

したがってここで示される重要なことは、精神とはまずもって事物の観念に他ならない、ということである。観念が最初のもの primum といわれるのは、情念などの他のものに対して先立っているということに基づいている。これは、人間に関する二つの公理にもとづいている。それは、人間が思惟するということ、および、思惟の諸様態におい

て観念が本性上先にくるということ、の二つの公理である(E2Ax2; Ax3)。前者つまり人間は思惟するということ、人間は思惟するものであるということは、容易に受け入れられるものであるだろう。また後者が述べているのは、魂の情念 affectus animi の名において言われることがらに先立って、事物の観念がまずもってなければならないということであり、これも同様に受け入れ易いものであろう。

そして、このことから、人間精神が神の無限な知性の一部であるということが帰結する（E2P11C)。ただしこの段階においてはまだ、個人の統一性や同一性について、われわれにはいかなる理解をも与えられていない。事物の観念であるといっても、人間はばらばらの諸事物の観念によって構成されているというわけではないであろう。このことこそが次に示されねばならないのであり、この観念の対象が何であるかということをめぐって示されるであろう。だがこういったことはいわば副次的な事柄であり、まず示されねばならないことは、人間精神とは観念である、ということなのである。

つぎなる第三の段階で、人間精神を構成する観念の対象は「身体」であることが最終的に確立される。精神が事物の観念であることが示されたうえで、その事物とは身体のことであることが明らかにされるのであり、これが「人間の本質の演繹」のクライマックスとなる。

【第二部定理一三】

人間精神を構成する観念の対象は、身体である。つまり、延長の、現実に実在する一定の様態、に他ならない。

この命題の証明は二つの部分に分けられているが、これらは先の命題とは異なり、緊密に結びついたものとなっている。

ａ　まず、人間精神を構成する観念の対象が身体であることが示される。これはわれわれが身体の触発を感得するという公理によって証明される(E2Ax4)。

ｂ　つぎに、その対象が身体以外にはありえないということを示す部分が続く。

証明はこれら二つの部分からなり、人間精神は事物の観念であり、しかもその事物とは身体であるということが主張されている。とくに証明の後半には、証明の解釈に疑問が残るが、それは実は前者の理解とも関係しており、複雑である。その検討に入る前に、われわれ自身の身体を対象とした観念とは何なのかを見ておく必要がある。

身体を対象とした観念とは、そして身体以外に対象はないとは、いったいどういうことであろうか。というのも、それに反するさまざまなことがすぐに考えられるからである。われわれは、自身の身体以外を対象としたさまざまな認識を保持している。われわれが、自分自身の身体だけでなく、他の多くの「外部の物体 corpus externum」を知覚していることは、『エチカ』の諸定理のなかにももちろん認められている (E2P16C)。精神の直接的な対象は、むしろ外部から感得されるものではないだろうか[6]。またわれわれは多くのものに共通なるもの、たとえば幾何学的なものも、また知覚しているはずであり、このような事態は、精神が身体の観念であるということと矛盾するようにも見える。

だが、このような疑念が起きるのは、「身体の観念」をあたかも鏡をみてわれわれが自分の身体について表象するような、そのような状況を思い浮かべているからにすぎない。身体の観念とは決してそのような状況のもとで考えられるようなものではないのである。

外部の物体を知覚する場合を考えてみよう。たしかにわれわれは外部の物体を知覚する。しかしそれは、決して外部の物体の観念によってではない。われわれはけっして外部の物体それじたいの観念をもつことはできないのである。もしわれわれがそれらの観念をもつことができるとしたら、われわれはそれらの精神であることになるだろうし、それはつまり、それらに起こるすべてのことを、あたかもわが身に起こることのように、すべて引き受け感じ取らねばならないことになってしまうが、それは明らかにわれわれが実際に感ずるところの事態に反している。

上記の命題において、その証明の後半(b)で述べられていること、つまり精神の対象が身体以外にはありえないということは、まさにこのような事態について述べられている。もしそれを否定するならば、ちょうどわれわれが自分の身体について感じるように、他の物体に起こることがらを引き受けねばならなくなるのだ。それはわれわれが実際に感ずるところの事態に反するのであり、受け入れることが決してできないのである。このような理屈のもとに、われわれの観念の対象はわれわれ自身の身体でなければならないことが示される。

たしかにわれわれは外部の物体を認識することができるが、それはそれらの観念によってではなく、あくまでもわれわれ自身の身体の観念によってなのである。言い換えれば、われわれの身体が、外部の物体から触発されるしかたの観念によってなのである(E2P16)。そもそも人間身体はそれだけで独立自存しているわけではない。それは外部の物体からきわめて多様なしかたで触発されている(E2P13SPost3)。身体とは、外部の物体によって普段に触発されている存在者なのであって、その観念もまた単純なものではありえない。身体を対象とする観念とは、外部の物体によって不断に触発されているこの実際の身体を対象とする観念なのである。

「観念の対象は身体である」というきわめてシンプルな命題のなかには、このような事態が含意されている。ここで再度、注意しなければならないのは、精神がそれであるところの観念と、精神がもつ観念との区別である。精神がそれであるところの観念とは、つまりわれわれがそれであるところの観念ということである。それはわれわれが身体について何事かを表象するような、そのような観念あるいはむしろ概念ではない。精神であるところの観念は、上記で示されたように、身体の観念であるが、それはわれわれがもつような概念ないし表象と決して混同されてはならないのだ。それはわれわれに与えられているのではなく、むしろ無限なる知性のみがもつことができる観念なのであり、われわれ自身の観念なのである。

したがって、身体以外に対象はないというのは、以下のように解されねばならない。われわれが何かを知覚するのは、あくまでも身体を通してであり、身体と結びついてである。身体から切り離されてわれわれは何かを知覚することはない。身体と結びついているというのは、身体によって何らかの視点をえるということである。これはわれわれが身体によってパースペクティブを得るということに他ならない。われわれの精神は身体と結びついてでしかありえないということ。身体と切り離しえないものとしての精神。精神と物体はもともと別のものとしてその合一が語られるのではなく、精神は身体の観念であるとして両者は最初から結びついていること。別の言葉で言えば、われわれは純粋な思惟ではないということである。われわれはつねに身体と結びついてしか何かを思惟することはできない。これが、「精神は身体の観念である」という命題の意味である。

人間の特質

ところで、このようにしめされた精神の本性が、どこまでが「人間」に固有なのかは、また別の問題である。上の定理群が「人間の本質の演繹」と呼び習わされるのは、スピノザが「人間」「人間精神」等の語によって議論を進めるからであり、たしかに『エチカ』の論述はこれ以降、もっぱら「人間」をめぐって展開されていく。だが「人間」の固有性が以上の定理群とどのように関係しているのかは、問われねばならない。繰り返しになるが、「人間の本質の演繹」とも呼ばれる『エチカ』の定理群は、「人間」よりも広い範囲に及ぶ、むしろ生きたものに共通なる本性であるからだ。

スピノザが注意しているとおり、このようにして示されたことがらは、あくまでも一般的に成り立つことなのであり、決して人間に固有のことではない。「これまで示したことはきわめて共通的な admodum cummunia ことがらである」(E2P13S)。つまり、人間に固有なものは、まだほとんど何も示されていないのである。人間精神は人間身体の観念であるが、同様のことはあらゆる物体の観念、そしてあらゆる「事物」の観念について言われえる。少なくともあらゆる生物的な精神は、人間とまったく同様に、複雑な物体(身体)の観念として、理解されるであろう。それだけではなく、さらには、延長属性以外の属性について、それを対象とする観念が「異なった精神」として想定されうるのである(Ep66)。というのも、心身合一の理解は、決して人間に固有なものではなくて、きわめて共通性の高いことがらであるからだ。

「人間」概念の内実がしだいに明らかにされていくのは、心身合一の内実がきわめて一般的なかたちで示されたあとのことである。人間の本質の演繹は、きわめて一般的なしかたでの、精神の演繹を(人間を中心としてではあるが)行い、さらにその特徴を人間身体の特徴において特定する、という段階を踏んで成し遂げられる。精神が身体の観念であるということは、われわれがそう感じているとおりに、われわれは自身の身体と分かちがたく結びついているということである(E2 P13 C)。人間精神がその他の精神と区別されるのは、その対象の違いによってでしかない。身体についてかたることによってはじめてわれわれは「人間」についてかたることができるのであり、またわれわれ自身のあり方を認識することができる。つまり人間精神の特徴は、人間身体の特徴に基づいている。

人間身体について何かしらが知られるのは、定理一三の備考、特にその最後に置かれた要請 Postulata においてである。そこでは人間身体と外部の物体との関係が語られている。人間身体の輪郭が明らかとなるのはここにおいてであるが、ここにはイメージにもとづいて示されるものは何もない。あくまでも一つのモデルが、しかも公理と要請によってそれがわれわれが自身がそれであると認めるところのモデルが示されるのみである。

人間身体の特質は、定理一三備考の後に置かれた六つの要請によって簡単に示され、人間身体はこれら以上でも以下でもないと考えられている。実際に、これらの要請が示すところを見てみよう。人間身体は、一、きわめて多くの異なる個体から構成されている、二、それらはいろいろな性質をもっている、三、それら、および人間身体自身は、外部の物体からきわめて多くのしかたで触発される、四、人間身体は自らを維持するためにきわめて多くの他の物体を必要とする、五、そのある部分は、外部の物体から刻印される部分をもつ、六、それは外部の物体をきわめて多くのしかたで動かし、かつきわめて多くのしかたで影響することができる。これら六つの要請によってのみ、人間身体の特質が示される。

だがこれらの要請によって示される人間の諸特質は、はたして「人間的なもの」を描くのに成功しているであろうか。そうとは言えないであろう。少なくとも、それらによって指し示されているのもは、またもや他の動物と異なるものではないと言わねばならない。そもそも、これら六つの規定のなかで、スピノザは「きわめて多くの」そして「きわめて多くのしかたで plurimis modis」を繰り返しているが、このように程度の差のみで指し示されるのは、はたして「人間的なもの」であるだろうか（実に、記憶について述べるために導入される二と五をのぞいて、あとはすべてこれらの言葉が使われている）。

これら六つの要請によって示されるのは、人間身体はあくまでも比較的に優れている、ということでしかない。人間身体は、他の動物の身体に比べるならば、たしかにより優秀 praestantius で、より有能 aptius である（E2P13S）。だが別の言葉で言えば、人間が他の動物と異なるとしても、その異なり方はあくまでも程度の差にすぎない。人間と他の動物との違いは、ちょうどその身体の違いにもとづいているのだが、それはあくまでも程度の差にすぎず、それ以上ではないのである。

このような人間身体の特質、つまり人間の固有性の呈示に対して、次のような疑問が投げかけられるだろう。われわれがイメージする人間のすがたとは、本当にそのようなものであろうか。人間は他の動物からは複雑さの点で比較的に卓越しているにすぎないのであろうか。たんなる程度の差という以外に、人間に固有なものは何も見出されないのだろうか。これはむしろ、動物のイメージにもとづいた人間の理解なのではないだろうか。もしこのような「人間」モデルと、われわれ生身の人間との共通性があるとすれば、それはきわめて粗い基準での共通性なのであって、人間にしか見られないような精神的なさまざまな機微は、そこから抜け落ちてしまうのではないだろうか。少なくともわれわれは、このように規定される「人間」を、われわれが自分をそれであると見出すところの事物であるとして、すんなりと納得することはできないのではなかろうか。

このような疑問ないし不満はもっともであろう。身体の簡単ないくつかの特質のみで示される「人間」概念は、単純に過ぎるものでしかない。それに対してわれわれは、それを非人間的であると非難することはできない、と答えなければならない。なぜなら、共通概念によって「人間」概念をとらえるならば、それはこのようにならざるをえないからである。実際にそれ以外に、どのようにわれわれは確固とした認識によって人間を理解することができるというのだろうか。確固とした知識は共通なものから解明されるのであり、より普遍性の高い枠組みからしっかりとくみ上げられることなしには、人間の機微などといったことは解明されることはできないのだ。スピノザは共通概念によって哲学をする、という原則を忠実に遂行しているだけなのである。

たしかに、ここに示される人間のモデルは、人間に十分には似ていない。それは人間というにはあまりにも粗いスケッチのようなものであり、むしろ原始的な生物に近いものでしかない。しかし、たとえば分子生物学もまた、きわめて単純な生物(たとえば単細胞の生物)からはじめて、生命現象のトータルな解明へとその歩みを進めて行ったのではなかっただろうか。スピノザは、大きさのうえで小さい要素的なものから始めるわけではないが、普遍的なものからはじめてしだいに多様なものの固有性に近づくという点では同じである。彼は共通性の高い枠組みからはじめ、しだいに人間のモデルへと近づいていくのである。実際にスピノザは、「今日まで誰も身体の機能のすべてを説明しうるほど正確には身体の組織を知らなかった」ということを強調していることを忘れてはならない(E3P2S)。

だが他方で、スピノザは決して人間と動物を同一視しているわけでもない。したがってこの意味で、彼の立場に環境倫理学やエコロジーの思想と結びつけることはできない[7]。彼はしばしば、人間と他の動物とを同情にもとづくことによって区別しない人を強く非難しているが、これは、理論的な観点から人間と他の動物とが程度の差しかもたないことによって否定されるわけではない。スピノザはこう述べている。

われわれの利益を求める理性は、人間と結合するようにこそ教えるが、動物あるいは人間本性とその本性をことにする事物と結合するようには教えはしない。〔略〕私は動物が感覚を有することを否定するのではない。ただ、われわれがそのため、われわれの利益を図ったり、動物を意のままに利用したり、われわれにもっとも都合がいいよう彼らを扱ったりすることは許されない、ということを否定するのだ(E4P37S1)。

理論的には動物と人間との共通性を指摘してやまないスピノザは、それにもかかわらず、理性の実践論的な観点からは、動物と人間との峻厳な区別を主張している。それどころか、動物の屠殺を禁ずる掟といったものは、「健全な理性というより、むしろ虚しい迷信と女々しい同情とに基づいている」と言って憚らないのだ[8]。

このように、スピノザが述べる人間のモデルがたとえ程度の差において示されていたとしても、それは本性の違いを決して無視しているわけではなく、かれは時に苛酷とも思えるほど、人間中心主義的でもある。あくまでも共通性のもとに立脚しながら、スピノザがおこなおうとする分析に必要なだけ、それだけの解像度において、人間はモデル化されている。『エチカ』における「人間」の概念が、このようにきわめて共通なるものでしかないのは、後にふたたび論じることになるように、むしろその理論の一般的な妥当性を保証するものである。それが人間に妥当するとすれは、それは人間以外のものにもひろく妥当するからである。

またなおさらのこと、人間身体がきわめて粗い描かれ方しかされていないとしても、スピノザの科学的な知識の不十分さを指摘することは無意味である。それよりもむしろ、モデルが分析の目的のために十分かどうかが問われねばならない。そして少なくともかれの倫理学的ヴィジョンにとっては、このような粗いモデルは十分であったのだ。すべてはかれが示そうとすることがらへの――至高の幸福を認識することへ向けての、あるいはひとたびそれを発見して獲得したならば、普段の最高の喜びを永遠に享受できるような、そのようなものへ向けての――足場として理解されねばならない(E2Praef; TIE1)。そのためには、「人間」概念の精緻化よりも、むしろもっと共通なるものをしっかりと理解して確立することがより重要である。この問題には後の章でふたたび触れることになろう。

身体の観念としての精神というスピノザのテーゼを、『エチカ』の第一部および第二部の冒頭における論述とはあたかも無関係なように、その直前および直後の諸命題のみを見ることで、われわれは論じてきた。以下では、このような理論はさらにどのような理論的な基盤のもとにあるのかを、探ることにしたい。人間精神の本性をめぐる理論が、どのような理論的な基盤のもとにあるのかを探求するということは、『エチカ』第一部および第二部の冒頭の理論構成を、身体の観念としての精神というテーゼを中心にして理解するということである。

二　諸属性から実体へ

「観念」説と属性

精神は身体の観念であるというテーゼを、以上ではスピノザによる「観念」説の深化という側面から追ってきたが、もちろんこの理論は、いかにも形而上学的な「属性」概念と組み合わされることによって、『エチカ』のなかでは基礎付けられている。言うまでもなく『エチカ』は実体の議論から始まり、実体や属性といった形而上学的な議論を中核としていると思われている[9]。だがそれを、あくまでも人間の本性を示すための、あるいは精神は身体の観念であるという命題を示すための、基礎として準備されたものであると見ることはできるのであろうか。

このような観点から見ると、属性をめぐる議論は、特に、上記の「人間の本質の演繹」に先行する第二部の最初の諸命題において、いわゆる心身関係をめぐる議論のなかで、主要な役割をはたしていることが見て取れる。というのも、属性というものが論じられねばならないのは、身体と精神とがそれぞれ別の属性であるということに関係しているからである。『エチカ』第二部の最初の二つの定理は、それぞれ思惟と延長とが、実体の属性であることを述べている。身体と精神との関係心身合一をめぐる思想において核となるのは、思惟と延長とのあいだの関係を問うことである。身体と精神との関係を論じるスピノザの議論は、一般的に「並行論」として広く知られている。

だが、属性をめぐっても、並行論をめぐっても、実に多くの解釈上の困難が指摘されてきた。困難は、思惟と延長とをともに実体の「属性」であるとするときに起こる。というのも、「属性」というこの形而上学的な概念は、知性と深い関係をもっているからである。この点は、すでに解釈者たちのあいだに多くの論争が見られたとおりである[10]。スピノザが属性に与える定義は、いかにもそっけないものに見える。

属性とは、知性が実体について、いわばその本質を構成していると、知得するものである (E1Def4)。

属性とは知性が実体の本性を構成しているものとして把握するものである。ところで、もし「属性」がそのように知性に、つまりは思惟に関係しているのであれば、思惟と延長とは等価にはなりえない。ここにすべての困難のもとがある。

思惟と延長とは実体の属性であるというのは、一見すると何らの問題もないように思える。『エチカ』第二部の最初の二つの定理には、同様の証明が与えられており、おのおのの思惟 cogitatio や延長の思惟が、実体の様態であるという点から証明されている。だが、おのおのの思惟や延長の思惟とは、けっきょくのところ思惟の属性に含まれるのではないかと思われるのだ[11]。延長の属性といっても、それは知性がとらえたものにすぎないかぎり、思惟の属性にすでに組み込まれていることになるだろう。

この点に関して、スピノザのテキストはあまりにも簡潔であり、それが何を意味するかはそれだけではほとんど何もわれわれに教えてくれないように見える。そこで、われわれはデカルトによる属性の扱いをぜひとも参照にしなければならない。デカルトは実体と属性との関係について、以下のように述べる。

実体は実在する事物であるからといって、それだけですぐさま気付かれることはできない。というのも、このことはそれだけでわれわれを触発するわけではないからだ Verumtamen non potest substantia pirmum animadverti ex hoc solo, quid sit res existens, quia hos solum per se nos non afficere。そうではなく、実体の何らかの属性を通して、無にはいかなる属性も(またいかなる特性も性質も)ないという共通概念によって、実体は容易に知られるのである。なぜなら、何らかの属性が現に存在する adesse と知得するところから、この属性がそれに属しうる何らかの実在する事物すなわち実体もまた必然的に存在する、とわれわれは結論するからである(AT: VIII, 25)。

デカルトが強調しているのは、実体はあくまでも属性を通して知られる、ということである。実体と属性とのあいだには、たしかに実在依存性があるのだが、認識の面から見れば、実体はそれ自体で知られるのではなく、あくまでも属性によって知られるのであり、「知られるかぎりにおいてはそれが当の実体なのである」[12]。

ここには、観念の語は出てこない。だが、別の箇所ではまた(スピノザ自身も『デカルトの哲学原理』において引いているように)、観念のうちに対象的にあるとわれわれが知得するものが、そのうちには形相的にあるという言い方をしている(AT: VII, 161; PPC 1 Def5: 150)。すでにわれわれは、スピノザにおいて「観念」説は、対象的と形相的との区別の体系的な適用によって、徹底化させられていることについて述べた。すべては観念のなかに置かれている。観念でさえもまた観念内の対象としてあることではじめて観念として把握される。このような観念あるいは知性は、いかなるしかたでも超えられることはないということが、スピノザ哲学の基礎的な前提となっている。

ここから以下の二点が明らかとなる。第一に、属性とは、この観念内でのあるいは知性内での対象としてのあり方と切り離せない。思惟であろうが延長であろうが、それがそのようなものとして対象的に考えられて存在しているということには変わりがない。第二に、属性は、この観念内でのあるいは知性内での対象としてのあり方と切り離せないかぎりで、実体と区別する必要はない。なぜなら、実体が知性内での対象として思考されるかぎり、それはすでに属性の身分で考えられているからである。

このように、「属性」とは、あくまでも知性のなかで考えられるものであるかぎりでの、対象としての実体がもつ思惟や延長といった性格である。「観念」説の徹底という立場を保持するならば、実体と属性とのあいだには、特に大きな区別を設ける必要すら消えてしまう。なぜなら、知性を超えて何ものも考えることなどできないからである。観念の対象であるものは、すでに属性（＝実体）であるか、それとも属性（＝実体）の様態であるかである。実体は、あくまでも属性の側から想定されるのであり、その逆の方向性を考える必要はないのである。スピノザが「属性の実体substantia attributi」という表現を用いるのはそのためであり、われわれも少し後にこの表現の考察に戻らねばならない。

ところで、このように属性というものを対象的に考えるとき、やはり気になるのは「思惟の属性」であろう。観念や知性といったものは、それ自体が「思惟の属性」と呼ばれるこの属性のもとに含まれることになるからである。観念や知性は、たしかにそれが対象的にもつものは他のさまざまな属性のもとにあるであろうが、しかしそれら自体は、やはり思惟の属性のもとに考えられる。「観念」説の深化において、それはやはりもっとも重要なる属性であり、そこに何らかの解釈上の難点が残されていないかが問われねばならないだろう。

もちろん、思惟の属性には、他の属性にはない大きな特徴がある。思惟の属性(あるいはその様態)が、他の属性とは異なる最大の点は、それが一階の観念のレベルでは出てこないということである。たとえば、延長の属性や様態について考えることは、それらの観念において対象的に考えることであるから、一階の観念のレベルで対象となっている。それに対して、思惟の属性は、観念の立場から見れば、対象として他の観念をもっているという点にその特徴をもつ。思惟もまた延長などと同様に、観念の対象として考えられるのであるが、この場合には対象としてすでに観念なのであり、したがって、二階の観念のレベルで対象となっているのでなければならない。

したがって、思惟の属性やその様態について考えることは、つまりは「観念の観念」について考えることと切り離せない。「観念の観念とは、観念が思惟の様態として、対象との関係を離れて考察される限りで、観念の形相に他ならない」（E2P21S）。これはつまり、観念の観念とは、思惟の様態として考えられているあり方に他ならないということである。任意の観念は、思惟の属性の様態として、その観念の観念においてのみ思考されえる。このように、思惟の属性は、観念の観念という立場に立脚してはじめて見えてくる。そしてこの点で、スピノザによる「観念」説の深化は、生じうる問題をあらかじめ遮断してくれている。

さらに思惟の属性は別の特徴を、他の任意の属性と切り離しえないという特徴をもっている。なぜなら、観念は事物の観念であるからである。たとえば延長は、けっして他の事物の延長ではない。だが観念はかならず観念内の対象をもち、その対象は観念以外の何らかのものである。その他の何らかのものは、「観念の観念」の場合のように、それじたいまた観念であることもある。その場合には、対象であるところの観念の観念対象は、おそらく他の属性下の対象であろうし、もしそれじたいがこれまた観念であるのならば、そのまた観念対象はそうでないであろう（いずれにせよ、「観念の観念の観念」という無限遡及は無意味である）。観念が事物の観念であるかぎり、それは必然的にこの事物がそのもとにある属性と関係をもっているということには変わりがない。

だが、この特徴もまた、それじたいで問題を引き起こすようなものではない。まとめれば、思惟の属性について考えることは、観念について「観念の観念」の立場において考えることと同等であるということ、そして思惟の属性は他のすべての属性から切り離しえないこと、これらが、思惟の属性がもつ大きな特徴であるが、これらを除けば、思惟の属性もまた他の属性と何ら変わるところはないし、「属性」一般を「観念」説に立脚して理解することに問題が起こるわけではない。

ところで、思惟の属性について考えるということは、すでに属性のあいだの区別一般について考えることである。そしてこの属性のあいだの区別およびそれらのあいだの関係こそが、精神と身体からなる人間の位置を示すためには重要である。そこでつぎに、この話題へと考察を進めることにしたい。

属性間の関係

諸属性間の関係という問題は、上で述べたような属性の理解に対して、新たな次元を付け加える。というのも、思惟と延長という異なる属性の区別は、あるいは一般に、異なる属性のあいだの実在的な区別は、それらのあいだにおけるいかなる関係を問うことも、禁ずるような性格のものであるからだ。実際に、異なる属性のあいだにいかなる関係を問うこともできないという点を突き詰めることによってスピノザは、無限に多くの属性が、存在するという点において、唯一の実体に帰されなければならないという帰結を導き出すのであり、『エチカ』第一部においては、諸属性のあいだの関係は問うことができないというのが基本的な姿勢である。属性間の関係が問われるのは、やっと第二部になってからである。そして、「身体の観念」としての精神の本性もまた、このような諸属性のあいだの区別とその関係に根ざして、はじめて見出されるのだ。

だが、諸属性のあいだの関係が問われるというのは、何を意味しているのか。というのも、諸属性の区別は、それらのあいだの関係を問うことができないというふうにしておこなわれるのであるから、その関係を問うことがすでに間違っていることになりかねないからである。

ここで注意せねばならないのは、またしてもスピノザが立脚している「観念」説の立場である。なぜならば、「観念」説およびその上にある属性の理論は、任意の属性と思惟の属性とがすでにある関係のなかにあることを示しているからだ。というのも、対象がそうであるところの実体の属性のある様態は、すでに思惟されたものとして、つまり知性に関係付けられているからである。

スピノザ自身の論述も、「観念」説から属性間の関係への視点の移動をおこなっているように見える。一般に「並行論」と呼ばれる理論を基礎付けている『エチカ』第二部の定理七において、そのような視点の移動が確認される。この定理、そしてその系と備考の一部を、ここに挙げて検証することにしよう。

【第二部定理七】

諸観念の秩序と連結 ordo et connexio は諸事物の秩序と連結と同じ idem である。

【同定理の系】

ここから、神の思惟する力能は、彼自身の現実的に行為する力能 actuali agendi potentia に等しい aequalis。つまり、神の無限なる本性から形相的に生起することどもは、すべて神の観念から、同じ秩序と同じ連結で神のなかに対象的に生起する。

【備考】

（前略）あるいは延長の属性のもとで、あるいは思惟の属性のもとで、あるいは他のいかなる（属性）のもとで思念しようとも、一つの同じ秩序が、あるいは一つの同じ諸原因の連結が、つまり同じ諸事物が生起するのを見出すであろう。(以下略)

これら三つの部分は、ほとんど証明を経ることなしに示されている。定理七は、ちょうど第一部の定理九がそうであるように、きわめて一般的なことがらについてのべているにすぎない。そして、系と備考で述べられていることは、何の証明も必要としていないのである。このような、証明も必要としないような基礎的な命題によって、スピノザ哲学の一つの大きな理論的特徴である「並行論」が基礎付けられている。

だが、スピノザがこれらの命題において何を述べようとしているかは、これらの命題がおのおのどのように位置づけられるかという解釈によって、異なったふうに理解されるであろう。実際にこれらの命題は、はたしてそれぞれ異なったことを述べているのか、もし異なっているとすればどのようにそうなのかが、かならずしも明らかではないのである。

そこで、これらの命題を以下のように位置づけることにしよう。

まず、この定理本体が、スピノザの「観念」説に根ざしているということは、すでに前章で述べておいた。この同じ思想は、『知性改善論』においてもすでに明瞭に表明されている。これは観念の表現性にもとづいた理解である。観念はつねに事物の観念であり、逆に言えば、事物はつねに観念内の対象としての事物なのであるから、事物と観念はこの意味でお互いに切り離せない関係にある。それだけではなく、事物が因果性をもつということは、また事物の観念それじたいが因果性をもつということである。観念が原因を表現すると述べられるのは、まさにこのような事態を指している。これが、スピノザが「諸観念の秩序と連結は諸事物の秩序と連結と同じである」という命題において言わんとすることである。

このような考え方はスピノザ哲学の根幹をなしており、「身体の観念」という精神の把握は、このような基本的な理解によって基礎付けられるであろう。というのも、この定理を物体について言えば、ある有限なる延長とその観念は、一にして同一のものであって、ただそれを対象がそこにおいて考えられる延長属性においてとらえられたか、それともその観念として思惟属性においてとらえられたかによって、区別されるにすぎないということになるからである。すでに述べたように、身体の観念とは、けっして身体があって、それとは別の観念があるということを述べてはいない。われわれは対象としては延長するものとしての身体であり、なおかつまたこの身体を対象としている思惟である。しかもこの場合の対象にするとは、すでに述べたように、眼前の事物として身体をとらえるというようなことではなく、あくまでもわれわれの思惟がこの身体から切り離されえないということを示している。

つぎに、この定理の系に目を向けると、そこでは個々の有限なる観念についてではなく、無限なる観念について、つまり神の知性において発生するすべてのことがらについて、同じ事態が述べられていることが分かる。

だが、さらに備考においては、それがたんに無限なる知性のみならず、「属性」概念と結びつけられることによって、体系的にスピノザの実体論と接合されているように思われる。定理およびその系は、対象と原因との関係において語っているだけであり、それはスピノザの観念説から直接に帰結する事柄である。それに対して、備考においては、それが属性の関係において語られているために、定理およびその系において語られていることよりも、複雑なことになっている。そしてここにこそ『エチカ』に特有の思想が見られる。

この備考においてこそ、まさに「並行論」をめぐっての解釈上の問題が引き起こされるのであるが、よく見ればこの備考においてスピノザが述べているのは、精神と物体ないし身体は「並行」しているということではなく、あくまでも両者が「一にして同一の事物 una eademque res」であるということにすぎない(E2P7S)。そしてそれは、これらふたつが、おたがいにまったく別のものとしてしか考えられないということと、それにもかかわらず結びついているということを示している。

精神と身体は同じ一つの事物 una eademque resであり、それがときに思惟のそしてときに延長の属性のもとで思念されるのである。諸事物の秩序あるいは連結は一つであり、あるいは本性がこの、あるいはかの属性のもとに思念されるのであり、これによってわれわれの身体の能動と受動の秩序は本性上、精神の能動と受動の秩序と同時 simul なのである(E3P2S)。

この点がもっとも重要なスピノザの主張である。そしてこれは、すでに述べてきたように、観念がその原因を表現するということにもとづいており、それは公理とされるほどに、明らかな事態である。

これに対して、「並行」という語ほど、この考えを見誤らせるモデルもないだろう[13]。たとえば「身体の観念」とは、まさに身体そのものであり、それはけっして身体と精神とが別々の事物としてあることを意味せず、それらが並行することなどを意味していない。さまざまな解釈上の混乱の原因は、「観念」説から出発して理解しないことにあるように思われる。

では、それにもかかわらず「並行論」という語がスピノザ哲学のある種の解釈にふさわしいとすれば、その原因は、実はチルンハウスの解釈にある。もう少し先で見るように、チルンハウスによるスピノザ哲学の理解は、まさに「並行論」と呼ばれなければならないような理論の存在を前提としている。そのため、「並行論」をめぐる解釈上の難問とみなされてきたのは、「実はチルンハウスの〈並行論〉理解に対する解釈者たちの追随にあったのではないか」とも考えられるのだ[14]。われわれはこの点を検討せねばならない。

並行論の諸問題

「並行論」とよばれるような心身関係の理解は、多くの誤解と解釈上の問題にまみれている。チルンハウスに由来するような並行論の議論を検討する前に、ここで「並行論」をめぐるゲルーの解釈を先に取り上げて検討しておきたい。ゲルーの並行論の解釈はかならずしも標準的なものではないが、それは「観念」説がどのように「属性」概念と結び付けられるのかをめぐって理解するための、格好の材料となるからである。

ゲルーによれば、定理七自体のなかに、さらに三つのことなる並行論が見出されるという。これら三つとは、一．認識外部 extra-cognitifの並行論、つまり事物と観念との並行関係、そして、二．認識内部 intra-cognitifにおける二つの並行論、つまり観念と原因とのあいだの並行関係と、「観念の観念」と観念とのあいだの並行関係、である。これら三つを彼は区別しており、この区別によって「並行論」の解釈を一貫させようとしている[15]。

あらかじめ結論を述べれば、このようなゲルーによる分類は正当性をもたない。というよりむしろ、これらのなかで最初のもののみが他のすべての並行関係の基礎となっている。事物と観念との関係こそが、すべての基礎となっている。観念と原因との関係は、並行関係ではなくて、表現の関係にある。そして、観念が原因を表現するということは、事物の観念がもつ特徴である。このようなスピノザの「観念」説がもつ諸特徴を見失うならば、さまざまな解釈上の困難が生み出されるであろう。とはいえ、このようなゲルーの解釈の問題点をわれわれの立場から指摘していくことは、困難であるだけでなくそれほど意味のあることとは思われない。彼の解釈には大掛かりな整合性があり、そのどこに照準を合わせればいいかが難しいからだ。そこでここでは、彼の解釈の問題点が浮き彫りになっている、ある命題の証明の解釈をとりあげて検討することにしたい。

ゲルーは第二部定理九の系に与えられた証明について、特にその後半部に問題を見出しており、詳細な議論を展開している。そこには見るべき議論があるが、同時にまた彼の並行論の理解がもつ問題点が如実に現われており、結局のところ、奇妙な解釈をまねいてしまっている。この命題とは以下のものである。

【第二部定理九系】

おのおのの観念の個別的な対象に発生することはすべて、神のなかに認識が与えられている、そしてこれは神がその対象の観念をもつかぎりでそうなのである。

この定理の前半部には問題点は見出されない。問題となるのはその後半、つまり「そしてこれは神がその対象の観念をもつかぎりでそうなのである」という部分である。これをスピノザは、おのおのの観念の個別的な対象に発生することがすべて神のなかに認識が与えられているのは、神が「他の個別的な事物」の観念に触発されたかぎりにおいてであると述べ、さらにこれを上記の定理七によって、神がその対象の観念を持つかぎりにおいてそうなのであると結論付ける。

問題部分に関するゲルーの解釈を見てみよう。ゲルーは、次の指摘において正しいことを述べている。それは、証明における「別の個別的な事物の観念」が、けっしてその事物に発生する事物のことを指すのではなく、その当の事物そのものの観念であるという点をめぐってである。このことは、素直にこの証明を受け取るかぎり、正しい。なぜなら、この命題はそもそも、「神がその対象の観念をもつかぎり」であることを確立しようとしているからだ。ところがゲルーはこの証明に関して、さらに別のことを主張している。それは、一つの隠された前提がそこにあるという点である。まだ示されていない、ある前提がそこになければならないと述べるのだ。そうだとすると、スピノザの証明は勇み足を踏んでいることになろう。その前提とは、対象の観念と対象に起こることの観念は、まったく同一の因果連鎖に依存しているということだと言う[16]。そしてこの前提をゲルーは、まだ述べられていない「自然学的な理論」であると考えている。それは、定理一三備考のなかのレンマ三のあとの公理一を指しており、物体が触発されるしかたは、触発する物体と触発される物体の両方の本性から生じるということを述べている。そのような前提がなければ、この証明は成り立たないとゲルーは解釈する。

しかしこのような前提を必要としているのは、ゲルーの解釈なのであって、けっしてスピノザではない。なぜゲルーの解釈がそれを必要とするか。

それは、ここで使用されている定理七の意味を見逃しているからである。ゲルーはそれを認識内部の並行論、観念とその原因の並行論であると解釈している。そのために、対象の観念と対象に起こることの観念が、同一の因果連鎖に依存していることを前提としなければならないことになる。しかしスピノザはここで、まさに事物とそれに起こる事柄との関係を述べている。それはけっして、観念とその原因との関係について述べているわけではない。ここでのスピノザの議論は、あえてゲルーの言い方によるならば、むしろ認識外部の並行論に近い。だからこそ、ゲルーの読みに反して、ここには決して物理学的な理論などは前提とされていないのだ。

では、スピノザはどのように証明しているのか。それは、まさに当の事物こそが、起こる事柄がそれについて起こるような、そのような事物であることにもとづいて証明される。つまり当の事物は、起こる事柄の主たる原因であるからなのだ。だがそこには原因という考え方を持ち込む必要はないだろう。というのも、事物に起ることがらは、まさにその事物について起るのであり、その事物の次の姿なのである。したがってその事物の観念があるかぎりで、その事物に起ることがらの観念があることは自明である。これは、少なくともこの命題の証明をめぐってではあるが、ゲルーの並行論の分類に大きな欠陥があることを示す。以上で述べたことはゲルーの議論すべてを転倒させはしないが、少なくともわれわれの理解の有効性を示すには資するであろう。スピノザによる定理七の使用は、「観念」説にもとづくことによって理解されるのである。

ゲルーの解釈を取り上げたのは、並行論をめぐる議論に対する理解を深めるためであった。そこでつぎに、「属性」概念との結合に焦点をあてた、「並行論」の解釈を取り上げて、諸困難を取り除く作業に入りたい。これには、多くの解釈者たちが提出してきた理解が、まとめて俎上にのせられることになるだろう。というのも、それらはすべて、チルンハウスまでさかのぼることのできる「並行論」理解のなかにあるからだ。

ドゥルーズは「並行論」を以下のように整理している。スピノザの論述に自然に沿えば、定理七とその系、およびその備考において、それぞれ異なった「並行論」が述べられている。定理七およびその系でのべられているのは、認識論的並行 parallélisme épistémologique についてであって、これは、思惟の一つの様態と、他のはっきりと特定されたある属性の一つの様態とのあいだの対応・等価性・同一性である。これは、「観念」説から直接に導かれるところの関係である。それに対して、その備考に説かれているのは、すべての属性における様態のあいだに成立する、属性上のちがいしかもたないようなすべての様態における関係である。これは存在論的並行 parallélisme ontologique とでも呼ぶべきものである[17]。

さらにドゥルーズは、この二つの異なった並行論のずれと、そこから起るように思える理論的困難は、すでにスピノザの同時代に、チルンハウスによって正しく指摘されていたと述べている。そこで、チルンハウスが示した解釈にまでさかのぼって、そこに見出される問題点を検討せねばならない。

チルンハウスが指摘している問題点とは以下のようなものである（Ep65）。単純化するために、実体に或るＡという様態的変状 modificatioが起こる場合を考えよう。存在論的並行によれば、これは無数の属性において、無限のしかたで表現されることになろう。簡単のため、この様態的変状Ａに対して、その無数の表現をそれぞれＡ1、Ａ2、Ａ3等と名づけよう。そしてＡ1を、思惟の属性における表現であるとしよう。ところで、これらはすべてまた観念の対象でもあるから、思惟の属性においてはＡ1だけでなくて、さらにはＡ2の観念、Ａ3の観念、等もまた与えられていなければならないことになる。とすると、これらの無数の観念と、Ａ1との関係はどのようになっているのかが問題となる[18]。無数の属性における並行関係が、思惟の属性のなかに反射してくるのだ。

思惟属性の扱いには、やはり他の属性とは異なった特別の注意が必要となるだろう。というのも、たしかに思惟属性は他の属性と大きく異なった重要性をもっているからだ。観念は何らかの事物の観念であるという点において、思惟属性は他の属性と同列にならべるわけにはいかないのである。たとえば延長は、それ自体で延長であり、他の何がしかのものの延長であるわけではない。この点に、並行論をめぐる困難の一つの原因がある。このような事態にさらに重なってくるのが、上で述べたような性格、つまり無数の属性における並行関係が思惟の属性のなかに反射してくるという性格であり、これは思惟属性のみに特徴的に見られる。チルンハウスに次いでシェラーが指摘しているように、「思惟の属性は他の諸属性よりはるかに広汎に及ぶことになる」（Ep70）。属性のあいだの並行関係についての単純な理論は、このようにきわめて入り組んだ事態を孕んでいることになる。これが、スピノザの同時代においてすでに提出されていた問題であった。

だがこのような見方は、ある図式化された並行論を前提としている。それは、実体のひとつの様態的変状（モディフィカチオ）が、無数の属性において様態（モドゥス）として表現されている、という見方である。これはそもそもチルンハウスがその書簡において述べているところの見方である。それを受け継いでドゥルーズは、「すべての属性における諸様態は、ひとつの同じ様態的変状をかたちづくっている」あるいは「ひとつの同じ様態的変状がおのおのの属性においてひとつの様態によって表現される」と述べている。つまり「様態は属性の変様 affection であり、様態的変状は実体の変様である」[19]。

同様の区別についてフリードマンは、この表現される原様態を様態と呼び、無数の属性におけるその表現を様態的表現 modal expression と呼んでいる[20]。ここでは前者の呼称にしたがうことにし、またこのような並行論の見方を、図式化された並行論と呼ぶことにしよう。

図式化された並行論においては、ある一つの事態が要請される。それは、様態的変状自体の観念というものが与えられていなければならない、ということである。これはある特殊な観念である。なぜならそれはなんらの特定の属性において表現されている様態の観念ではないからだ。それは、各属性によって表現されるところの原様態とでも言うべき様態的変状を、それ自体でとらえる観念である。

そのような観念を、フリードマンにしたがって、「超観念 hyper-idea」と呼ぶことができるだろう[21]。なぜならそれは、いかなる事物の観念でもなく、ただたんに想定されうるだけのものでしかないからであり、通常の観念の枠を超えているからである。このような、観念を超えたものを、この並行論モデルは要請する。

だがはたしてこのような超観念は存在するのだろうか。スピノザはチルンハウス宛の書簡において、これら無数の異なった様態の観念が、「個別的な事物の一つの同じ精神を構成することができない」という点をもって答えとしている(Ep66)。つまり超観念のようなものが、何らかの統一性をもつことを、スピノザは明確に否定していることになる。超観念が否定されるのならば、それはチルンハウスのような様態的変状にもとづく図式的な並行論そのものが、疑わしいものとなろう。そのためにフリードマンは、整合性のためにこの書簡を無視すべきであるとしているが、言うまでもなく、それはスピノザ哲学から離れた「並行論」を守ることにしかならない。われわれはスピノザが何を考えていたかを探らねばならないはずだ。

これはそもそも、図式化された並行論がはらんでいる問題である。つまりチルンハウスが示しているような無限数の属性において、同一の「原様態」のようなもの(モディフィカチオ)が表現されているという見方がもたらす困難である。スピノザの返答をみるかぎり、属性の様態を対象とした観念つまり精神があるという事態に目が向けられており、そしてそのような精神は、別の属性における様態を対象とした精神とは、まったく相容れないものとされており、両者のあいだの関係を問うことはできないように考えられている。ましてやそれらすべてをつなぐような原様態について考えることは許されないように思われる。諸属性を横断して、ある様態のまとまりについて考えることは、われわれの知性がなせるわざではない。スピノザが述べていることがらは、そのような、諸属性において表現されるべき実体の様態的変状といったものを想定していなかったことを示している。そもそもスピノザの論述は、様態的変状 modificatio という語をチルンハウスのようには使用していないのだ(E1P22, 23, 28D)。スピノザはそのような図式的な体系化には向かわず、いわばその前でとどまっているのである[22]。

「観念」説の深化を基礎としてその先にスピノザが『エチカ』で到達した属性の理論を解釈するかぎり、チルンハウス的な「並行論」の見方はあまりに図式的であり、それに寄りかかったスピノザ解釈の伝統は、きわめて不自然なるものと言わざるをえない。少なくともそれは、デカルト哲学のもたらしたものと、それのスピノザによる継承と発展という文脈から見て、あまりに安易かつ異質なる思想でしかないのである。

表現と存在論

もっともスピノザは、あくまでも備考においてでしかないとはいえ、「それ自体においてある事物 res ut in se sunt」について語っており、チルンハウスにおけるような疑念を生み出すのに十分な図式的な並行論を暗示してはいる。佐藤も指摘するように、「無限数の様態の同一」という、われわれにとってのいわば向こう岸」についてスピノザがまったく考えていないとは言いきれない[23]。このことは何を意味しているのだろうか。

注意が必要なのは、ここでの問題は、スピノザが図式的な並行論の可能性を考えていたかどうかではなく、それがあくまで存在論的な問題であるという点である。スピノザがそのような「向こう岸」について語っていたとしても、それはスピノザが属性を超えて属性の実体について語るのと同じことであるのだ。

存在論的な問題とはどういうことか。「存在論的」ということの意味は、重く受け取られねばならない。そして、形而上学的ということに対する違いにおいて、注意深く理解されねばならない。なぜドゥルーズは、チルンハウス的な図式化された並行論を取り上げて、それを「存在論的並行論」と呼んでいるのかを見てみよう。

原理的に言って、諸属性は唯一のそして同一の実体を構成するから、属性をことにする諸様態は唯一のそして同一の様態的変状を形成する。一方は形相的に理解され、もう一方は存在論的に理解される。…属性によって異なった様態は同じ一つの様態的変状を表現しているが、この様態的変状は、さまざまな属性においてみずからを表現している諸様態の外には実在していない[24]。

　ここで、存在論的に理解されるとは、すなわち、おのおのの属性における様態のようには理解されないということを示している。その意味では、スピノザが様態的変状そのものの観念、つまり「超観念」を認めていないということは、このような存在論的な理解を妨げるものではないということになろう。つまり、原様態のようなもの、あるいは超観念のようなものは、あくまでも存在論的にのみ見出されるということが、ドゥルーズが述べていることがらである。

　そもそも「属性」とは、すでに出来上がった形而上学的な枠組みのなかに収まる概念である。それはさらに「実体」や「様態」と言ったきわめて図式的で、典型的に形而上学的なる思想のなかにすっかり組み込まれてしまっている。たしかに、実体といい属性といい、これら長い歴史をもつ形而上学的な概念は、スコラ的な伝統から採られたというよりは、むしろ直接的にデカルトから借りられていると考えて差し支えない[25]。だがそれらはやはり形而上学的な図式と無関係ではなく、いわば眼前的な存在者としての実体とその属性があり、その様態があり、という枠組みをわれわれに連想させる。

　だが、スピノザが「実体」概念を扱うとき、かれは存在者としての実体から属性を考えようとしているわけではない。その逆に、スピノザはあくまでも属性から実体を考えようとしている。スピノザの存在論的な実体論は、いわば眼前的なる存在者としての実体から出発するのではなくて、あくまでも「観念」説の徹底においてその存在構造を明らかにすることによって、属性の側から見出されるのだ。

　ここに、出来上がった図式から出発する「形而上学的思想」とは異なったスタンス、それをここでは存在論的な探究と呼びたいのだが、そのようなスタンスがみられる。つまりそれは、「観念」説から出発して、その存在論的な構造を明らかにすることを目指すのだ。そのような「実体」論こそが、前の章で確認したような形而上学批判の先に、スピノザが作り上げたものだったのだ。

ただし、このように見るならば、図式化された並行論は、このような意味での存在論的な探究を示しているどころか、逆にそれを阻害するような悪しき形而上学的モデルとなっているとも言えよう。なぜならそれは、無限数の様態を同一の事物のあらわれとしてみることによって、様態を存在者として前提とするからである。それはたとえ「超観念」の対象であったとしても、そのような観念は存在するのではなく要請されるにすぎないわけであり、それはこのような「それ自体においてある事物 res ut in se sunt」としての存在者を眼前に据えている。図式化された並行論は、そもそも「実体」概念の形而上学的な理解に由来しているのだ。一つの実体が多くの属性をもっているとして、存在者としてのこの実体から出発するならば、それはスピノザの論証から外れることになる。

図式的な形而上学とは異なった、あくまでも存在論的な探究における「実体」論が、どのように展開されるかを見ることが、『エチカ』の第一部および第二部を読解するときに、鍵となる。スピノザがあくまで属性から実体を明らかにする手順において、その独自の「実体」論が示されるのだが、この点をこれまでの解釈者たちはしばしば不当に取り扱ってきたように思える。

たとえば、ゲルーは、『エチカ』第一部の実体論について、よく知られた次のような解釈を示す。第一部の最初の八つの定理においては、一実体が一属性しかもたないとして考えられているが、定理九以降でこれが無限の属性をもつ実体へと変化する。たしかにスピノザは先に実体と属性が同一視できるような立場で、つまり実体が一つの属性しかもたないことを前提に論証を進めている。だからこそ、「自然には同一本性あるいは同一属性の二つあるいは多数の実体は与えられていない」と言うことができる(E1P5)[26]。そして途中から、無限数の属性が唯一の実体に帰せられることによって、「神」概念が登場する。

しかしこのようなゲルーの立場は、「実体」概念の形而上学的な解釈に基づいている。なぜならそれは、「実体」概念を存在者として想定した上で、それが一つの属性しかもたないと仮定しているからだ。

　ところがスピノザの論証はそうはなっていない。スピノザは実体を、つねに属性から考えている。それはつまり、知性から出発するということである。「ある属性の実体」とは属性から見た場合の実体のことであって、実体が属性をもつという観点から考えられているわけではない。一つの属性しかもたない実体ではなくて、スピノザの言い方によれば、「一つの属性の実体 substantia unius attributi」なのである (E1P8D)。「自然には同一本性あるいは同一属性の二つあるいは多数の実体は与えられていない」という命題は、このように解されねばならない。スピノザは存在者としての実体から出発して、このことを結論付けるのではない。あくまでもひとつの属性に対して、複数の実体が区別されはしないということ、つまりひとつの属性に対してひとつの実体しか見出されないということがポイントなのである。ひとつの属性にはひとつの実体しか見出されないということ、これがスピノザの述べていることであり、それはけっして、一つの実体が一つの属性しかもたないということではない。これはそもそも属性が「知性が実体について、いわばその本質を構成していると、知得するもの」であることから明白なのである(E1Def4)。

　では、実体と属性の区別はそもそも何を意味しているのだろうか。それはやはり、一属性の実体と、無限数の属性によって構成される実体とのあいだの落差にあろう。属性から見た実体ではなく、この実体そのものは、無数の属性が存在論的にひとつであるような、そのような事物である。実体の概念は、属性の多様性の概念と切り離しえず、そこから直接に導かれる。無限数の属性は、数的に区別されるわけではない。なぜなら数的な区別は、すでに類的な同一性を前提としているからである。おのおのの属性はそれじたいで考えられるのであるから、それらは数的に区別されるわけではない。それにもかかわらず、これらすべての属性は無限な実体を表現している。

たしかに、実体の属性という悪しき形而上学的な図式と、属性の実体という存在論的探究との違いは、『エチカ』の論証が与える印象から明確に見て取ることはきわめて困難である。所雄章がいみじくも述べているように、デカルト的な立場からすれば、スピノザの「実体」概念は「その存在論的体系の背面にふたたび深く埋没してしまったところの、従ってそれだけにスピノザの体系的構想から言えば或る意味でその枠外の、知識論的地平の隠れた息吹を聞いてのみ、正しく理解できるとしなければならない」だろう[27]。

スピノザの体系的構想がはたしてデカルトよりもより形而上学的概念のなかに埋没してしまっているかどうか、ここで性急に判断することはできない。だが、少なくとも論じなければならないのは、すでにその「観念」説についてふれておいた、「表現」概念がここではたす役割をめぐってである。この表現の概念は、スピノザの「実体」論がもつ、存在論的な探究の性格をよく示している。属性は知性が実体の本質を知得するものであるとともに、また実体の本質を表現する exprimere ものと言われる(E1D6)。この表現するとは、スピノザにおける「観念」説の新たな次元を指し示している。観念はその対象をもつだけでなく、観念であるかぎりにおいてそれじたいで何かを表現している。観念に定位しているかぎりで、われわれはその対象と向き合っているのであるが、それだけでなく、観念に定位しているかぎりで何かをまた表現してもいる。つまり表現されているものは、対象とは異なったある次元を示している。そして同様のことは、属性についても言える。つまり属性は、知性の構造においてみるかぎり実体を対象とするものであるが、それはまたそれじたいで実体を表現するものでもある。これは、属性を存在論的に見た場合に、実体が見出されるということである。

このように、表現という言葉で示されるのは、観念の対象としてではなく、それそのものの存在することへの観点への変換である。つまりそれは存在論的な次元を切り開くということである。たしかに実体は依然として存在者として規定されているが、ここで存在者としての実体は、諸属性を通してのみ語られているに過ぎず、「諸属性が存在することに関してそれに委ねられているそれ」が実体なのだ。つまり実体は、諸属性の存在そのものであるのだが、実体の本質を表現している諸属性を抜きして存在者としての実体を考えうるわけではない。実体を理解するということ、あるいは神の観念をもつということは、ある存在者を想定することではなく、いわば存在者の存在へと視線を投げかけるということなのである。形而上学的思想ではなくあくまでも存在論的観点からのスピノザの実体論とは、このことを意味し、また並行論もこのような観点から理解されねばならない。

もちろん、実体という形而上学的な概念が存在者を示していることをスピノザは否定しない。そのため、スピノザが『エチカ』をいきなり実体論で始めることは、スピノザが存在者についての形而上学的な考察から逃れてはいないという印象を与えるのは無理もないことである。しかしスピノザが実体や属性といった形而上学的な概念を使うとき、それらはあくまでも「観念」説のなかでおこなわれていることは、忘れられてはならないことなのだ。実体は眼前的な存在者ではなくて、属性の実体として、つまり知性が存在することとして、とらえられている。属性はそれ自体では実体ではなく、存在者でもない。たしかに属性はあくまでも存在者としての実体に帰属させられているのではあるが、スピノザはもはや存在者としての実体に立脚するのではなく、帰属させられるものとしての属性に立脚して、つまり知性の立場から哲学を組み立てている。ここにスピノザにおける、図式的な形而上学の枠組みとは異なった、存在論的な探究という、哲学の特徴が見出されるのだ。

図式的な並行論つまりドゥルーズが存在論的並行論と呼ぶところの理論にもどろう。属性の様態は、存在論的には実体の様態として見られる。だがわれわれはけっして諸属性を横断して様態的同一性について考察する必要はない。そのようなものは観念によってとらえられるものではなく、存在論的な考察において見出されるものであるが、存在論的な考察は様態ではなくむしろ実体のレベルで考えれば十分であるからだ。それは、そもそも考察がわれわれ自身の存在論的な身分を明らかにするという関心から出発しており、徹頭徹尾この関心に導かれているからである。様態的同一性を想定することは、存在者からはじめる形而上学的なヴィジョンに、つまり観念に立脚するスピノザ的ヴィジョンではない思想へと、われわれを連れ戻してしまうであろう。

「身体の観念としての精神」というスピノザのテーゼから出発して、それを基礎付ける理論として、属性間の関係という理論、そして属性の実体という存在論的な理論へと論を進めてきた。観念の対象を超えた、無限数の属性が帰せられる実体への存在論的な視線は、あくまでも身体の観念としての精神の本性の解明の基礎へと到りつく。なぜなら、個々の観念は、思惟属性のなかにあり、その様態としてのみ考えられるからである。これらはすべて、「観念」説から出発して、それの存在論的な構造として見出される。だがわれわれはさらに、この様態という身分はどのようなものであるのかを考察しなければならない。

三　実体の様態と個別性

特殊的と個別的

身体の観念は、人間の身体という個別的な事物の観念である。われわれの精神が身体の観念であるならば、われわれのおのおのもまた、個別的な事物であるということになろう。ところで、このような「個別的な事物」というものは、属性およびその実体についての理論が用意されることで、基礎づけられる。なによりもそれは実体ではなく、実体の様態である。『エチカ』を冒頭から叙述に従って追うのではなく、「観念」説の深化としてその理論的構造に着目するならば、属性のあいだの区別とともに、この「個別的な事物」の「様態」としての位置づけが、もっとも重要なる焦点となる。

ところでここで気になることは、「個別的な事物」というものの定義は、『エチカ』第一部には示されていないということだ。「個別的な事物」についての議論は、第一部で主要な部分が示されているように思われるのに、その定義は、やっと第二部において与えられるのである。なぜ「個別的な事物」の定義が『エチカ』第一部ではなく、第二部において与えられるのであろうか。第一部において、すでに個別的な事物について語られているのに、なぜなのであろうか。この疑問は、『エチカ』という書物の構成を考える上で、大きな手がかりとなる。まずその定義を示しておかねばならない。

【第二部定義七】
個別的な事物とは有限であり、決定された実在 determinata existentiaをもつ事物である。もし複数の個体が一つの能動 actioにおいて、すべてが同時に一つの結果の原因となるように協働する concurrereなら、これらすべてをそのかぎりで一つの個別的な事物として考える。

この定義は、その後半部に焦点があてて論じられることが多い。なぜなら、この後半部は、物体ないし身体に重きをおいたスピノザに特有の思想を示しているように思われるからである[28]。とはいえ、この後半をめぐっては、ここで扱う必要はなく、この定義の前半部分、つまり、個別的な事物とは有限な事物であるという点に注目して論じることにする。この前半部こそが、個別的な事物とは何であるかの定義の主要部分であるからだ。

何がしかの概念が、定義されぬままに使用され、後の部になって定義されるということについては、すでに「観念」の語をめぐって述べた事態と、類似している。差し当たり、なぜこの定義が第二部に置かれているのかという問いについては、観念の場合と同様に、それが重点的に扱われるのが第二部においてであるから、と答えることができるであろう。だが、この定義は実は論証のなかで参照され使用されるわけではない。したがって、それがどのような役割を論述のなかで果しているかを示すためには、多くの他のことを論じなければならない。とりわけ、それが第一部においてどのように扱われているかを理解しなければならない。

たしかに個別的な事物は、第一部においても論述のなかに登場するのであるが、ここにはある解釈上の困難が見出される。第一部のどのような論述において、どのような意味合いで個別的な事物が登場しているのかは、実はそれほど明らかではないのだ。個別的な事物について中心的な命題と目されるものは、第一部において次のように示されている。

【第一部定理二八】
おのおのの個別的なもの singulare、つまり有限であり、決定された実在をもつ事物すべては、それもまた有限でありかつ決定された実在をもつ別の原因によって、実在するようにまた活動するように決定されるのでなければ、実在することも、活動するよう決定されることもできない。この原因もまた…(以下省略)

ここで言われている個別的なものとは、「有限であり、決定された実在をもつ事物」という点で、まったく第二部における個別的な事物の定義と重なっている。したがって、個々でいわれている個別的なものについては、第二部で定義が与えられる前に、実質的には、すでに第一部において同様の取り扱いがなされていた、ということがまずは確認できる。

その定義が第一部で与えられていないにしても、個別的な事物についての扱いが、このひとつの命題だけに限られるならば、かならずしも第一部においてその定義が与えられなくても、読者にとっての不便はない、というふうにスピノザは考えたのかもしれない。

ところが、第一部においては、さらにやっかいな、ある別の事態がある。実は、個別的な事物 res singularis について論じる前に、スピノザはすでに論述のなかで特殊的な事物 res particularis について論じているのである。特殊的な事物は、このように以下の命題において見出される。

【第一部定理二五系】

特殊的な諸事物 res particularis とは、まさに神の諸属性の変様 affectiones あるいは様態に他ならない。それは神の諸属性を定まったしかたで certo et determinato modo 表現している。

この命題において、特殊的な事物を規定している言葉は、けっして個別的な事物を規定する言葉とは同じではない。それは有限であることや、決定された実在をもつということは、そこでは述べられていないのである。そして、少なくとも定理二四から二九までの論証の流れのなかに現われる、これら二つの語(特殊的な事物と個別的な事物)のあいだに、いかなる違いがあるのか、それともいかなる違いも見出されないのかについて、これまで十分な注意が払われてきたとは言えない[29]。それどころか、すぐ後に詳しく扱うように、第一部において様態について扱われる定理二一から二九にかけての全体において、ほかならぬ個別的な事物がその論述の中心をなしているという有力な解釈もあるのだ。

したがって、特殊的な事物と、個別的な事物とのあいだの関係を問うために、われわれはこのような様態をめぐる議論がどのように『エチカ』第一部において展開されているかをさらに検討していかねばならない。

だがその前に、「個別的な事物」という形而上学的な概念の内実について、注意を促しておく必要がある。言うまでもなく、スピノザは「個別的な事物」という語によって、われわれの眼前に存在するようなものについて語っているわけではない。このことは、『エチカ』を冒頭から辿ることによっては、けっして明確には見えてこないことがらである。しかし、すでに見てきたように、個別的な事物であれ何であれ、すべてはこの身体の観念としてのわれわれの精神から出発して解釈されねばならない。「属性の実体」が属性において自らを表現するものを指していることや、「人間の本質は神の属性のある様態的変状から構成されている」ことなどもまた、このような立場において理解されるのだ（E2P19C）。スピノザが形而上学的な概念を用いているのは、そして実体論を構成しているのは、身体の観念としての精神というわれわれ自身のあり方に立脚し、それを明らかにせんがためであり、このことは「観念」説の徹底化ということとともにつねに念頭に置かれねばならない30。

これはこれまで述べてきたことの繰り返しになるが、しかしここで「個別的な事物」という概念をめぐって、それが眼前的な事物なのではないかという疑問がふたたび起こる恐れは十分にある。たとえば個別的な事物が、驚きadmiratioの情念と結び付けられている場面を見てみよう。驚きの情念とは、他のものと結びつきを持たない「個別的事物の想像」rei singularis imaginatioであると言われる（E3P52S）。それは共通なるものについてではなく、個別的なるものにかかわっており、個別的なものにしばりつけられている事態を指す。この場合には、個別的な事物とはいわばわれわれが認識する、われわれの外部にある事物のことであるだろう。これは、明らかに眼前的な事物ではないだろうか。

だが、このような困難については、ここでは「想像」について論じられているというその文脈が注意されねばならない。それはまた、個別的なものの想像 singularis imaginatio とも呼ばれているが、たとえ個別的な事物にかかわっていたとしても、想像力において関係するだけであり、それの知解において関係するわけではない（E3DefAf4）。しかしそれがあくまでも想像にかかわり、理性ないし知性にかかわらない点が、大きく異なっている[31]。

たとえこのように個々の用例が検討されたとしても、個別的な事物が眼前的な事物的存在者として考えられているのではないということを、たんに『エチカ』の叙述を冒頭から追うだけで理解することは、容易ではないことはたしかである。ひきつづき、個別的な事物というものの位置を明らかにすることで、それがどのようなものであるのかについての理解を深めたいと思う。

無限様態の問題

個別的な事物というう事物のステイタスは、『エチカ』第一部において、実体の様態をめぐるいくつかの理論的展開において、特に特殊的な事物をめぐる議論を経たうえで、示される。実体というものが無限の属性が帰せられるものの、それじたいは数的に区別されることのないような、そのような唯一のものであるということを示した後に、スピノザは様態の位置づけをめぐる議論へと進む。その道筋は次のようになる。まず無限様態の議論が、直接無限様態および間接無限様態の区別を通して示される。それにひきつづき有限様態について論じられ、さらには個別的な事物というものについて語られる。この議論は、従来のスピノザ解釈において重点的に解釈されてきたと言ってよい。

様態の議論をめぐっては、無限様態をめぐる佐藤一郎の解釈が、従来の解釈上の困難を打ち破り、大きな光を当てることになった[32]。佐藤は、第一部の定理二一から二九にかけての、実体の様態をめぐる諸定理に対して新たな解釈を提示する。以下ではこの佐藤の解釈を検討することで、それがある面で正当なるものであるとともに、少しの変更を加えられねばならないことを指摘し、それによって、スピノザの様態の議論において何が主眼となっているかを明らかにする。

実体の様態をめぐるスピノザの諸定理についての、通常の解釈はこうである。様態は、無限なるものと有限なるものとに分けられる。実際に、第一部の当該箇所でおこなわれているのは、様態に無限なる様態と有限なる様態を区別することであるように見える。そして通常、個別的な事物は有限様態であることは自明のことと考えられる。また無限様態にはさらに直接無限様態と間接無限様態とが区別される。これらはそれぞれ、スピノザが書簡で述べているように「絶対的に無限な知性」や「運動と静止」であり、あるいは「無限に多くのしかたで変化しながらもつねに同一のままにとどまる全宇宙のすがた」であると考えられている(Ep64)。

このような通常の解釈に、佐藤は異議を唱える。これらの諸定理の解釈において、佐藤は個別的な事物(佐藤の言葉では「個物」、以下では適宜変更)を、通常のように有限様態とすることによって無限様態と切り離すことを断固として拒否する。そして、間接無限様態もまた個別的な事物である、として解釈するのである。

間接無限様態は個物でなければならない。この解釈は従来のどの解釈とも異なると思われる33。

この解釈は、個別的な事物がもつ、有限性と無限性という二つの側面に注目することによってもたらされている。そのためこの解釈は、実体・様態をめぐる議論としてではなく、『エチカ』第一部に見られる二つの異なった因果性を中心的なテーマとすることで提示されている。

たしかに、二つの因果性が峻別されるということは、『エチカ』第一部をめぐってこれまでもしばしば指摘されてきたことではある。二つの異なった因果性とは、つぎの二つである。ひとつは、定理二八で個別的な事物がしめされるときに提示されているものであり、それは、「それぞれが同時に原因でも結果でもある個物の無際限に聯なる連環」としての因果性である。もうひとつは、いわゆる無限様態が語られる定理二一から二三において提示されており、「属性の絶対的本性から直接にあるいは間接に生起するものの因果性」である。ここでは、よく使われる水平の因果性と垂直の因果性という語を使うことにしよう[34]。

垂直と水平というこのふたつの因果性の区別は、事物がもつ二面性の根拠となっている。水平の因果性が事物の「有限性の根拠」となり、垂直の因果性は「無限の根拠になる」。この二つの因果性の峻別の意味を、個別的な事物の位置を明らかにするためのものとしてとらえるところに、『個と無限』と題された佐藤のスピノザ解釈がもつ大きな特徴がある[35]。無限様態と有限様態は、ともに個別的な事物のこの二つの側面を示していると解釈されるのである。

このような佐藤の解釈は、個別的な事物を(間接)無限様態と考えることによって、無限と有限との関係をスムーズに説明している。有限性は無限性と対立するものではなく、むしろ無限性によって必然的に有限性が成立する。なぜなら、垂直の因果性によって無限数の個別的な事物が生起するのだが、同時にこれら無限数の個物相互のあいだに、必然的にこの水平的な因果性が成立するからである。すなわち、有限様態が相互にもつような阻害を考慮に入れずに、直接的に神と関係をもつ因果性(つまり垂直の因果性)のなかで事物をとらえるとき、それは無限様態として考えられるというのだ。しかし無限様態が無限数あることによって、そこから必然的に第二の因果性(水平の因果性)が出現するのであり、個別的な事物はこれら二つの因果性によって同時に規定されている。

このように、二つの因果性として区別されたものは、結局のところひとつの因果性に他ならない。したがって、佐藤自身がこれらを、「異種の因果性として峻別されてはいても、けっして間然に断絶しているわけではなく、ともに個物に関わることによってある連続性をもつ」と述べるとき、われわれはそこに反論すべきなにものも見出すことはできない[36]。そもそもこのふたつは、事物を成立させている二つの因果性という観点から考えられるべきではないのである。この意味では、ふたつの因果性の峻別じたいが、解釈上の問題をもたらしているのであり、両者はひとつのものとして考えられねばならないのである。

したがって、無限様態が事物のあり方の一側面であることはたしかに確認されねばならないのであり、「間接無限様態は個別的な事物でなければならない」という佐藤の解釈は正鵠を得ていると言えよう。少なくとも、「様態は属性の絶対的本性との関係で考えられる場合に限って無限性と永遠性をもつ」という指摘は正しいと言わねばならない[37]。そしてこれが、従来の解釈のようにいわゆる無限様態にかんすることだけでなく、一般的に様態すべてについて言われることであるという点は、きわめて重要な意義をもっている。

だが、つぎのことが指摘されねばならない。それは、無限様態が個別的な事物であるというのは、ある条件のもとにおいてでしかないということである。たしかに無限様態から有限様態が出てくるとはいえ、有限様態こそが個別的な事物の個別性を示しているのであり、それが無限様態として見られうるのは、他の個別的な事物が廃された条件下で、ということにすぎないのだ。このような特異な位置にあるため、無限様態が何であるかということに関して解釈上の困難が指摘されてきたのであった。無限様態が個別的な事物であるとのは無条件にそうであるわけではなく、個別的な事物はあくまでも有限様態としてのあり方においてとらえられねばならないこともまたたしかなのである。

それに対して、佐藤の解釈は、有限様態の有限性に大きな重点を認めないということにならざるをえない。有限様態が示される以前の、無限様態を個別的な事物とする佐藤の解釈は、個別的な事物のすがたを、最初から前提としているように思われる。そうではなければ、有限様態について示される前の諸定理においてかたられている無限様態が、そのままで個別的な事物でなければならないというふうに結論することはできないであろう。

しかし、『エチカ』の論述は、個別的な事物のすがたを、徐々に段階を踏んで明らかにしていく。スピノザは個別的な事物をあらかじめ前提としたうえでそこから出発するのではなく、個別的な事物の位置を徐々にあきらかにしていくのである。そのため、この作業が完了するまでは、個別性をまったく前提とはしてはならないのだ。これはスピノザの論述のひとつの特徴でもある。スピノザは定理の展開の過程で、けっして先行する命題を放棄したり揚棄したりするわけではないのである。この点は、『エチカ』の読解において重要なる一般的な規則である。このことは、すでに述べたことを引き合いに出すならば、ちょうど実体が、ゲルーが述べたように、ひとつの属性の実体から、複数の属性をもつ実体へと途中で変わるというわけでは、けっしてなかったのと同様である。

ここに、なぜスピノザは定理二五の系で、個別的な諸事物 res singulares についてではなく、特殊的な諸事物 res particulares について述べているのかということの理由が見出される。先にもふれたように、個別的と特殊的という両者の区別は、これまでのスピノザ解釈で大きな役割を与えられては来なかった[38]。しかし定理二五の系では個別的な事物についてではなく、あくまでも特殊的な事物について語られており、そのすぐあとの定理二八においてはじめて個別的な事物についてかたられていることは、たんなる言葉のしようの不正確さによるとして済まされることはできない。つまり、これらふたつの命題——定理二五の系と定理二八——のあいだに、特殊性から個別性へのおおきな飛躍があることを示していると考えられねばならないのである。個別的な諸事物 res singulares と、特殊的な諸事物 res particulares との隔たり、これが見落とされてはならないのであり、ここに様態についての解釈の鍵があるのだ。

もちろん、スピノザのテキストを逐一調べてみるならば、つぎのような疑問が浮かぶであろう。というのも、「特殊的な事物」についての命題は、後の論証においては、もっぱら個別的な事物についての論証として参照されていることが分かる(E1P28,36,2P1,2,5,10C, 3P6, 5P24,36)。このことは、特殊的と個別的との区別に、スピノザが意味を認めていなかったことを示しているようにも思われるし、あるいはむしろ同じ意味に用いられているようにさえ思われるのだ。

しかしこの疑問は、特殊的な事物とは、何を指す言葉なのかを考えることで、すぐに解消される。それは様態一般のある具体例というほどの意味にすぎない。したがってそれは、いかなる様態にもあてはまる事態を示すために持ち出されてきている。実際にその証明に用いられているのは、いかなる有限性とも関係なく、様態一般についての定義と定理にすぎないのである（Def5, E1P15）。そのため、特殊的な事物について当てはまることは、すべての様態について当てはまることに他ならないのであり、個別的な事物についてもまた当てはまるということになるのである。したがって、この命題が個別的な事物についての論証において用いられることは、いかなる矛盾をも引き起こさないのである。

したがって、確認されたことはつぎのことである。無限様態について語られる場面においては、個別的な事物はそれとして示されることはない。そこではまだ特殊的な事物が、どのように位置づけられるかが語られるだけなのである。間接無限様態と個別的な事物との連関を指摘した佐藤の解釈には、大きな意義があるが、そこには少々性急な部分がある。間接無限様態は、それじたいでは、いまだ個別的なる事物であるとは言えないのである。そうではなく、間接無限様態はむしろ特殊的な事物であると言うべきではないか。

この差はきわめて微妙なものに見え、無用なる詮索のように思えるかもしれない。しかしながら、第一部定理二八にいたるまでの論述が様態一般に関する論述であるのに対し、定理二八においてはじめて個別的なる事物が何であるかが示されるということは、やはり強調されてしかるべきであろう。そしてこのことは、特殊的な事物が様態一般の議論の枠内に収まるのに対して、個別的な様態というものがもつ理論的な重要性を際立たせているのだ。スピノザ哲学においていかに個別性というものが大きな役割をはたしているかを考慮に入れるならば、このスピノザの意図は、けっして見過ごされてはならないだろう。

実際に、このような異議は別の問題点へと波及する。というのも、有限様態の有限性に大きな重点を認めないという傾向は、佐藤による認識の区別についての解釈において、別の大きな問題をもたらしている。佐藤はこの二つの因果性の峻別は、「第二部以降で展開される認識の問題と倫理学の見通しを内蔵した方法的出発点」としてとらえられねばならないと述べている[39]。水平の因果性にもとづいて得られる認識は、第一種認識ともいわれる想像知にすぎないのであり、それに対して、直接無限様態は理性知の対象であると佐藤は解釈する(「直接無限様態は個物の本質を構成しないことによって普遍性を担い、第二種認識の対象になる」)。なぜならそれは「すべてのものに共通なもの」として、共通概念として認識されるからである。それに対して直観知は、「属性と個物との関係を、中間項の直接無限様態を経由せずに、直観する認識として」とらえられねばならない、と佐藤は述べている。

このような解釈に対して指摘されねばならないのは、理性知をそのような区別の枠内に収めることはできないということだ。理性知は、個別的な事物の相互関係を抜きにして考えることはできず、それはまさに相互関係にもとづいている。これは特に、「すべてのものに共通なもの」の認識としての普遍的な理性知ではなく、「いくつかのもの」にのみ共通なものを介する理性知(次章に見るように、それのみが実は理性知の定義に入ってくる)の場合に、明白なことである。

したがって、佐藤の解釈に対するわれわれの異議は、スピノザがどのように個別的な事物というものを位置づけているかを考えるうえで、けっして小さなものではない。確認できたことを繰り返そう。スピノザ哲学において、間接無限様態とは、特殊的な事物のことを指している。それに対して、有限様態の説明を通して、はじめて個別的な事物の位置が明らかにされる。つまり、様態の議論において、特殊的な事物と個別的な事物との対比が見られるのであり、この対比がスピノザの様態の議論において大きな役割を担っているのだ。

含まれてある事物

最後に、個別的な事物の定義がなぜ第二部において与えられているのか、という問いに対して、別の角度から迫ることにしたい。それは、本質という概念および実在しない事物をめぐる観点からである。第一部から使われていながら第二部においてはじめて定義が与えられるものとして、「個別的な事物」の他に、「本質」概念があることは無視できない（E2Def2）。われわれもここではまだ「本質」概念の内実にまで深く踏み込むことはできないのであるが、少なくともこれら二つの定義は、何らかのかかわりをもっていることが予想される。そのかかわりとは、端的に言うならば、個別的な事物の実在と本質の問題のなかにある。そしてそれは、『エチカ』第二部においてはじめて扱われうるようになるのであるが、この点をめぐって、以下でもう少し詳しく見なければならない。

本質をめぐる議論は『エチカ』第一部においてもなされている（E1P24-25）。上で述べたわれわれの解釈によるならば、それらの定理は、まだその後にはじめて確立されることになる個別的な事物にかんするものではなく、様態一般に関する論述である。つまり、第一部における実在と本質をめぐる論述は、あくまでも様態一般における実在と本質の問題についての論述である。それはまだ、個別的な事物の実在と本質の問題ではない。

これに対して、個別的な事物についての実在と本質の区別は、第二部において問題とされる。それは、個別的な事物というものが、他の事物とのせめぎあいのなかにおいて、はじめてそれとして与えられるからだ。他の事物とのせめぎあいのなかで考えられるかぎり、事物は個別的な事物としてとらえられるのであり、このことはすでに第一部においてその身分が与えられるときに強調されていたことであった。だが、実在しない事物といったものは、他の事物とのせめぎないのなかにあるとは考えられないのに、どのようにして個別的でありうるのかは、疑問となる。このように、実在と本質の区別という問題がとくに困難をはらむのは、おもにそれが個別的な事物について考えられるときである。

ところで、実在と本質との区別といった議論は、純然たる形而上学的思想に属するものでもあり、実際にスピノザは『形而上学的思想』その他で、そのような議論を整理してもいる。それは実在する事物と実在しない事物との関係を問うことであるとともに、本質というものの身分にかんする議論でもあった。『形而上学的思想』においては、本質の存在 esse essentiae とは神の属性に把握されている comprehendi 様態であり、観念の存在 esse ideaeとは神の観念のなかに対象的に含まれている contineri かぎりでそう呼ばれ、また実在の存在 esse existentiae とは神の外においてそれじたいで考察された事物の本質であると説明されている(CM1-1:238)。

だが『エチカ』第二部においてこの問題は、観念自体が実在するか否かという問題として扱われている。それはもはや第一部におけるように様態一般の問題としてではなく、あくまでも観念との関係において、つまり観念対象たる事物の実在と本質の問題へと変形させられている。第一部において実在と本質の問題がいわば形而上学的に扱われるとすれば、第二部においてこの問題は、「観念」説の立場において扱われている。ここに、『エチカ』第二部における個別的な事物の本質と実在との区別に関する議論がもつ、大きな特徴がある。

すでに見てきたように、観念のふるまいはその対象のふるまいと同一である。観念とその対象つまり事物は「一にして同一」なのであって、そのため、観念が実在すればその対象もまた実在する。そのため、観念の実在とその対象の実在は、まったく同じことを指している。観念のみが実在して対象は実在しないということはない。もちろん、このことは真なる観念をめぐって成立することであり、そうでない場合は成立しないことは言うまでもない。もし観念のみが実在して対象は実在しないということがあれば、それは事物の観念ではないような、非十全なる認識をめぐって起こるにすぎない。

『エチカ』第二部においてこのことは、「実在しない事物」という語を使用することによって論述されている。それはつぎの定理において見られる。

【第二部定理八】

実在しない個別的事物あるいは様態の観念は、神の無限なる観念のなかに、個別的事物あるいは様態の形相的本質が、神の属性のなかに含まれている contineri のと同じように、把握されている comprehendi のでなければならない。

この命題は前定理つまり並行論の中心となる定理と備考から明白であるとされている。この命題が言わんとしているのは、実在しない事物の観念が神の観念のなかにあるのは、その事物の本質がある属性のなかに含まれているのと同じである、ということである。またこの命題の系から次のことが明らかになる。実在しない事物の観念は、神の観念が存在しているかぎりでそのなかに与えられている。

それに対して、ひとたびその事物が実在しはじめるならば、つまり持続存在をしはじめるならば、その観念もまた持続存在をすることになる。「精神の本質を構成する観念は、身体そのものが実在するかぎりで、身体の実在を含む」のである(E3P11S)。

　このような事態は、実体・様態の図式のなかにおいて、はじめてよく示されうることがらである。「精神は身体の観念である」という命題は、じつにこのような複雑な議論を必要とする。スピノザが用いる用語上の区別に注意して整理すると、つぎのようになる。まず形相的なレベルにおいて、属性がもろもろの様態を含んで continere いる(E2P8)。対象的なレベルでいえば、属性の思念(ないし神の観念)は、もろもろの様態の観念を把握 comprehendere している(E2P8D)。そして、ずっと後になって示されることではあるが、おのおのの様態の観念はまた逆に、属性の思念(観念)を内包 involvere している(E2P45D)。この最後のものは、結果の認識は原因の認識に依存しこれを内包すると言われるときと同じこの語の用法である。(これは、使われている語としてはちょうど上に述べた『形而上学的思想』におけるのとは反対になっており、混乱を招きかねないが、スピノザがおこなっている区別じたいは、まったく同じものである点が注意されねばならない[40]。)

　ところで、このような事態が、第二部における本質の定義と矛盾するという指摘が解釈者によってなされている[41]。本質とは「それが与えられれば或るものが必然的に定立され、それが除去されればその或るものが必然的に滅びるようなもの、あるいはそれが無ければ或るものが、また逆にその或るものが無ければそれが、あることも考えられることもできないようなもの」である(E2Def2)。この定義によれば、ものの本質は「その或るもの無しにはあることも考えることもできない」のだから、「存在しないものの本質」(存在し始める前や滅びた後でのものの本質)について語ることは不可能なように一見すると見えてしまうのだ。

　もちろんここでスピノザが示そうとしているのは、存在しないものについてではなく、実在しないものについてである。実在しないということは、属性のなかに含まれているということであり、そのかぎりでそれは存在しているのであり、本質の定義は実在しない事物についての理論と矛盾などしていないのだ。

とはいえ、実在しない事物の観念についての議論が、どのように「本質」概念と関係しているのかは、注意深く考察されねばならない。個別的な事物は、まずは実在しているものとして考えられるが、反対に本質についての考察は、実在しない事物の観念と切り離すことができない。ずっと後になって、『エチカ』第五部においてスピノザが示すように、それはあくまでも、もはや実在しない事物としてのわれわれの身体をめぐる本質にかかわる考察となるだろう。いずれにせよ、実在であろうが本質であろうが、われわれが理解することがらは徹頭徹尾、「観念」としてのわれわれにむすびつけられている。永遠なる本質について何事かをえることということは、永遠なるものを経験するということであり、それは存在するということについてのある経験をさしているが、それはあくまでもわれわれ自身の存在のしかたのひとつとして、そうなのである。このことをわれわれは後の章で論じなければならない。

以上、個別的な事物は、実在にかんしても実在しないことにかんしても、その存在論的な構造が示された。個別的な事物は他の無数の個別的な事物のなかに置かれて不断の交渉のなかにあるということ、そしてこの個別的な事物は、たとえ実在しないとしても、神の観念によって考えられるということ、これらが示されてはじめて、『エチカ』のなかで個別的な事物というものに位置が与えられる。個別的な事物は、第一部における様態の議論のなかで徐々に輪郭を現わし、有限様態としてその位置を示されるが、それに実質があたえられるのは、身体の観念としての精神というテーゼを示す場面においてである。したがって、個別的な事物の定義が第二部になってやっと与えられることの理由は、その主要なる役割が、(「観念」や「本質」などとともに)第二部の理論的展開にこそあるということに見出される。

繰り返しになるが、『エチカ』の基礎的な概念配置を、古色蒼然たる形而上学的思想の復活と見ることは避けねばならない。個別的な事物についての議論は、徹頭徹尾、われわれが存在するということをめぐって、「観念」説の深化という文脈のなかで、開示される。それをわれわれは存在論的な探究と呼んだ。無論、われわれは『エチカ』の基礎となる理論構成をめぐってすべてを論じ尽くしたわけではなく、多くの論点がまだ残っているのであるが、それは続く章において論じることにしたい。

問題の新たな展開――人間の考察へ向けて

本章では、スピノザ哲学を「観念」説の深化から「概念」説の確立へと向かうものとしてとらえる観点から、さらに「精神は身体の観念である」というテーゼの確立のためにどのような理論的構築が必要であるかを問うことによって、『エチカ』の体系にメスを入れてきた。幾何学的叙述形式で書かれた『エチカ』を理解するには、その論証を最初から追うことのみしかないわけでもないし、またそれで十分なわけでもない。スピノザについて論じる多くの解釈者たちが、『エチカ』の注釈という形式を踏まざるをえなかったことは、この書物の論証の構成に潜む問題を見逃してきたからである。われわれは実際に、「身体の観念としての精神」というテーゼの基礎として『エチカ』のさまざまな形而上学的な結構が成立していることを示すことができた。

「身体の観念としての精神」というテーゼは、以下のように解剖される。まず、人間は実体ではなく実体の様態である。そして人間精神は、事物の観念である。この命題において観念(イデア)という語は、神の無限なる知性において与えられているということを示しているのだが、そのような観念の対象としての事物は、実在する個別的な事物としての人間身体である。精神と身体との関係を示しているこのテーゼは、スピノザの「観念」説から直接に起因し、観念対象と観念とは切り離せないという両者の関係を示している。もちろん、精神が身体の観念であるといっても、それが身体についてもつ想像や概念とはことなっていることは注意されねばならない。

「身体の観念としての精神」というこのテーゼはまた、異なる属性間の関係をめぐる問題と切り離せない。『知性改善論』では問われなかった、延長属性と思惟属性の関係が、ここで問題となるのだ。これはすでに、実体・属性といういわば形而上学的な図式のなかで理論を構築しなければならないことを意味する。

ところで、「並行論」と呼ばれてきたスピノザの理論の困難は、「観念」説から起因することよりもむしろこの「属性」概念の位置づけにある。形而上学的な概念としての「属性」概念は、スピノザ哲学においては、ある特別な位置をしめている。それは、「観念」説を実体・様態という形而上学的な図式に載せるための、媒介役を果たしているのだが、それによってこの実体・様態という図式には新たな意味が与えられている。『エチカ』第一部の実体論は、存在者としての実体とその様態を論じる形而上学ではなく、「観念」説の置かれた存在構造を明らかにする存在論的な理解として提示されているのだ。属性は「観念」説から「存在する」ということの次元に、つまり実体へとわれわれを導く。属性の実体というスピノザの考え方は、けっして実体を存在者として眼前的なものとして前提とすることなく、あくまでも観念ないし概念から、この思われてあるということの存在構造を明らかにするための基盤として見出される。

チルンハウス的な図式化された並行論は、このようなスピノザ哲学の関心に反するものと言わねばならない。実体が存在者として前提されるのではないのと同じように、様態もまた、属性間を超えた統一性をもつものとしては考えられてはいない。様態はあくまでも属性の様態であり、属性の実体の様態である。実体・様態という形而上学的な概念は、事物について述べられるのではなく、このような観念のあり方を存在論的に示すものであり、われわれはつねにスピノザの「観念」説に帰って考えねばならないのである。

さらに、「身体の観念としての精神」というテーゼは、もう一つ別の基盤を必要とする。それは、個別的な事物のあり方をめぐる議論である。『エチカ』の実体論における様態の位置づけは、事物がいかにして特殊的な事物としての様態という身分と、他の事物とのせめぎあいのなかで見出される個別的な事物という身分とをもつかを示している。

このように、「身体の観念としての精神」というテーゼを中心として見ることによって、『エチカ』における理論構成が、いかにして人間の理論を準備するものとして成立しているかが明らかとなる。

重要なことは、この世界を幾何学的にとりあつかう『エチカ』のなかにもわたしたち自身のすがたが、われわれがそれであるところの「人間」として描きこまれているということだ。わたしたち自身が描きこまれた地図を描くことについて語られるように、われわれはこの書物のなかに描きこまれている、あるいはそこに「ピンでとめられている」。もちろん、そうだとしてもそのすがたは、われわれが思い描くものとは大きく異なっている。それは共通概念によってとらえられ、イメージ上のいわゆる「人間」とは似ても似つかぬようなある大まかなモデルであり、それはむしろ生物ないし動物一般として理解される。それは思い描くことができず、理解することしかできないような何かである。しかも、この共通概念による理解は、逆説的にわれわれ自身の身において、われわれ自身の個別性において実現されている。しかしこれがどういうことなのかもまた、われわれには思い描くことができない。つまりわたしたちはまだ、自身がどのようなものであるかを、やっと理解し始めたばかりなのだ。

ここにおいて『エチカ』の幾何学的叙述がもつもう一つの意味が、その真価をあらわしはじめる。すでに述べたように、幾何学的叙述形式には二つの意味がある。われわれは『エチカ』の叙述形式がもつ困難を指摘し、その叙述の秩序を打ち崩すことによって考察を進めてきた。しかし『エチカ』の基礎的な構成とその意図が明らかとなった今、われわれは別の意味で幾何学的とならねばならなくなる。つまり、われわれ自身がその一つであるところの、われわれ自身がみずからの身においてそれを経験するところの「人間」という存在の様態を、幾何学者のような手つきで、「線や面や立体のように」扱うことで探究していかねばならないのである。

ユークリッド的叙述形式を離れることでその真の構成がいかなるものであるかを見たわれわれは、いまやこの別の意味で幾何学的にならねばならない。つまりわれわれは、諸々の事物のあいだの関係性の一般理論としての人間の理論の内実がどのようなものであるかを、明らかにせねばならない。みずからを取り巻く世界と自分自身とが、その一般性とその個別性とにおいて、どのようなものであるか、そしてそれはわれわれ自身においてどのように理解されえるのか。いまやわれわれは新たな課題に直面している。

注

1 桂寿一、『スピノザの哲学』（東京大学出版会、一九五六年）、二一三頁。

2 Wolfgang Bartuschat, "Metaphysik als Ethik," *Zeitschrift für Philosophische Forschung* 28（1974）；Kazuhiko Yoshida, *Vernunft und Affektivität: Untersuchungen zu Spinozas Theorie der Politik*（Würzburg: Königshausen & Neumann, 2004）.

3 この「人間の本質の演繹déduction」という表現はゲルーのものである。

4 Gueroult, *Spinoza II*, 235-244. ドゥルーズもまたこの区別を重視している（Deleuze, *Philosophie pratique*, 105）。なおマトゥロンはこの区別をゲルーに帰しているようだが定かではない。Alexandre Matheron, *Individu et Communauté chez Spinoza*（Paris: Minuit, 1988）, ii.

5 ゲルーは三段階を正しく切り分けており、特に最初の段階を「人間精神の本質は一つの観念である」と要約している。さらに、この帰結をデカルトと比較し、この主張がこの定理の系をもたらすことを述べている。Gueroult, *Spinoza II*, 115-116, 118-119.

6 ゲルーはアリストテレスを持ち出してこのことを述べ、特にその注の四九では書簡六四を引いている。Gueroult, *Spinoza II*, 133.

7 Arne Naess, *Freedom, Emotion, and Self-Subsistence: The Structure of a Central Part of Spinoza's Ethics*（Oslo:Universitetsvorlaget, 1975）. これに対して、佐藤は、「動物に関するスピノザの主張を人間中心主義として批判することは、本性上全く一致する人びとが有益

を求めて共同社会をつくることを批判することに等しい」と述べている。佐藤『個と無限』、一四四頁。

8 ただし、理性が何をわれわれに教えるのか、そしてなぜそう教えるのかについては、ここではなく後に論じなければならない。

9 波多野に典型的に見られるように、古くは「属性」をたんに「性」と訳していた。波多野精一、『スピノザ研究』（警醒社、一九一〇年）。

10 周知のとおり、このいかにもそっけない「属性」の定義が、スピノザ解釈上はきわめて有名な論争の的になってきた。属性は実体そのものがもつのではなく知性が実体を認識する形式をさしているのか、そうではなく実体の存在を表現しているという点にポイントをおくのかという、スピノザ解釈における古典的な論争（エルトマン対フィッシャー）に始まる議論について、改めて蒸し返す必要などない。というのも、桂寿一が述べているように、「解釈の要点は結局、スピノザが「属性」に関して触れている「知性」を、如何に解釈するかに懸かっている」からある。桂『スピノザの哲学』、一三三頁。近年におけるこの論争をめぐる議論は、たとえば松田克進、「スピノザ解釈史における「属性」論争」、『人間環境学研究』四号（二〇〇五年）を参照。

11 Gueroult, *Spinoza II*, 41-43.

12 村上勝三、『数学あるいは存在の重み　デカルト研究２』（知泉書館、二〇〇五年）、二二四頁。

13 「並行論」というスピノザが用いていないこの語は、ライプニッツの著作に見られる。Cf. G-VI, 533. この語がそれにもかかわらずスピノザにこそふさわしいというドゥルーズに対して、ジャケは反論を試みている。Chantal Jaquet, *L'unité du corps et de l'esprit Affects, actions et passions chez Spinoza* (Paris: PUF, 2004), 9-16. 本研究もまた、「並行論」なる語が相応しいとは考えないが、重要なのはやはり、その内容をどのように把握するかであろう。

14 佐藤『個と無限』、八一頁。

15 Gueroult, *Spinoza II*, 65-74.

16 Gueroult, *Ibid.*, 107-110; Apendix 1.

17 Deleuze, *Le problème de l'expression, 99. Deleuze, Philosophie pratique*, 92-98.

18 このような事態は、さまざまな解釈者たちによって表明されてきたが、もっとも代表的な論のみを以下に挙げる。Gueroult, *Ibid.*, 78 sq.; Errol E. Harris, "Infinity of Attributes and Idea Ideae," *Neue Hefte für Philosophie* 12 （1977）; Joel I. Friedman, "Spinoza's problem of "other minds," *Synthèse* 57 （1983）.

19 Deleuze, *Philosophie pratique*, 95; 97. Deleuze, *Le problème de l'expression*, 98.

20 Friedman, *Ibid.*

21 同上。だがこの場合、整合性を突き詰めるならば、さらにhyper-body等が必要になるだろう。これは、このような考えかたがもはやスピノザのそれとは大きくかけ離れていることを示している。

22 佐藤『個と無限』、七六頁。

23 佐藤、同上、七九頁。

24 Deleuze, *Le problème de l'expression*, 97.

25 スピノザは『形而上学的思想』において、実体や様態といった語の定義をもっぱらデカルトの『哲学原理』に求めている。Cf. CM1-1:236. ただし、「属性」概念がホッブズの影響下にあるとする論もある。William Sacksteder, "Spinoza's Attributes, Again. An Hobbesian Source," *Studia Spinozana* 3 (1987).

26 Gueroult, *Spinoza I*, 120-121. 特にライプニッツの論難を参照。G-I,142.

27 所雄章「デカルトの実体の構造」、哲学会編『哲学雑誌』七二九号(一九五五年)、四〇頁。

28 Gueroult, *Spinoza II*, 25.

29 Gueroult, *Spinoza II*, 323-349.

30 スピノザが用いる実体・様態の図式が、いかに伝統的なそれから外れていないかを強調することで、カリエロは従来のスピノザ解釈に異を唱える。John P Carriero, "On the relationship between mode and substance," *Journal of the Hisotry of Philosophy* 33 (1995). しかし、これらの概念がそもそもどのような理論的枠組みの中にあり、その中でどのような目的のために使われているかを問うならば、それらが伝統的な形而上学的思想を完全に換骨奪胎していることを否定できない。

31 このことは、情動の分類において、驚きの情動の特別な位置を示している。デカルトが『情念論』で一番の基礎においていた驚きの感情を、スピノザは格下げしており、それは情念ですらないと言われている。それは、それ自体では情念ですらなく、他のものと関係することによって情念にさまざまなニュアンスをつけくわえるだけのものにすぎず、情念ですらない基本的な事態を示している。もっとも、これはたんなる格下げではなく、別の形でのこの感情の評価になってはいる。なぜなら、もし個別的事物の本質をとらえることが直観知であるとすれば、驚きの感情は直観知とその対象を共有していることになるからだ。それは個別的なものにかかわるという点では、直観知にもっとも近い情念なのである。

32 佐藤は無限様態に関する従来の解釈を網羅的に整理しているが、ここでそれを繰り返したり、検討し直したりする必要はもはやないだろう。その理由はつぎのとおりである。たしかに個々の論点において解釈の結果は現れるだろう。だが焦点とすべきなのは、むしろ解釈の原因となるべき視点である。なぜならば、その視点の如何によって、まったく別の箇所の解釈までもが大きく左右されるからである。実際に、以下で述べるように、佐藤による無限様態に関する解釈は、直観知の強い解釈によって可能となっている。だが同時に、理性知の位置づけの弱さに起因するある制限がそこには見られるのであり、それが以下の論述の焦点となる。このような事態の解明のためには、無限様態に関する解釈の結果の整理を繰り返すことは大きな効力をもたない。

33 佐藤『個と無限』、一二頁。

34 この垂直・水平という呼称は、佐藤よりも、たとえばヨベルなどに典型的に見られる。

35 佐藤、同上、一一頁。

36 佐藤、同上、一二頁。

37 無限という語が同格的に使用される無限様態を示す表現 infinitus existere がこのことの根拠となるだろう。

38 個別的な事物の位置に大きな意義を認めている佐藤でさえ、この違いに意味を見出しておらず、両者を同一視しているように思われる。佐藤、同上、九頁。

39 認識の区分に関しては、同上四二—四六頁。直接無限様態と理性知については、同上二四—二六頁を参照にされたい。

40 ヤキラはこの内包するという語を、ライプニッツが述語が主語のなかに内在することに着目するのと同じ論理学的な思考を示していると解釈せねばならないと述べている。Elhanan Yakira, “Ideas of Nonexistent Modes. Ethics II Proposition 8, its Corollary and Scholium,” in *Spinoza on Knowledge and the Human Mind* (Ethica II) , edited by Yovel (Leiden. Brill, 1994) , 165-166. なおヤキラは同論文において、これらの語(comprehendere, continere等)が厳密に区別されていると主張しているが、『形而上学的思想』における用法は『エチカ』のそれとちょうど正反対になっている点は注意されねばならない(CM1-2:238)。

41 例えば、ジャンコッティがこの点をゲルーの解釈の難点として挙げている。Emilia Giancotti, *Etica* (Roma: Editori Reumiti, 1988) , 372.

第三章　人間の幾何学——関係性の一般理論のなかで

線や面や立体のように

人間の活動と衝動とを、線や面や立体について探究するのと同じように考察する——スピノザが『エチカ』第三部を始めるにあたり記しているこの言葉は、いわゆる幾何学的なしかたによって書かれた同書において、新たな展開を告げている。しかしこの新たな展開が、読者を満足させることができてきたとは思われない。人間論として見るならば、続く議論はあまりにも奇妙なるものでしかない。しばしばそう扱われるように、『エチカ』は第一部と第二部においてスピノザ哲学の主要なる部分が尽くされており、第三部における情動の理論は、おそらくは歴史的な価値しかもたないかのようにも思われるのだ。そもそも人間の活動や衝動を線や面や立体についてと同じように考察するなどということは、失敗することが目に見えているような、あまりにも無謀なる試みではなかろうか。分子生物学の爆発的な進展によって、今日の自然科学はおそらくそのような試みをようやく現実のものとしつつあるとしても。

だが忘れてはならないことは、スピノザは人間を考察することによって、情動だけでなく同時に「理性」というものの性格を明らかにしているということだ。スピノザは人間について、その理性と情動とを含めて「線や面や立体についてと同じように考察する」という課題を立てる。そのような課題を前にするなら、たとえすべてが物質的なものに基づくとする唯物論者でも、躊躇せざるをえないだろうが、スピノザが行動と衝動とを幾何学的に探究するというとき、かれはちょうど生理学者が人間を自然物として腑分けするように、われわれ自身の成り立ちを諸事物の一般理論のなかで解明しようとしており、そこには理性の解明もが含まれているのだ。「理性」についての理論を、われわれはどうして『エチカ』において些末な議論として済ませることができるだろうか。

すでに述べてきたように、スピノザは「観念」説の深化により独自の「概念」説の構築に向かった。『エチカ』は基礎づけられた概念つまり共通概念によって構築されており、言い換えれば理性知によって論証されている。そのような論証は、明らかにすべきこととしてつぎの二つをもつ。それはまず、理性知がどのような根拠をもって十全なる認識として可能であるかということであり、つぎに、理性知および理性能力一般がいかにして実現され獲得されるかということである。理性知が可能でなければ、『エチカ』の論証そのものが自己矛盾に陥るだろう。もっとも、論証に拠って理性の根拠が解明されることは、たとえ循環的な論述であったとしても、矛盾をもたらしはしない。なぜなら、われわれが論証を追うことができるのは疑いようもない事実であり、スピノザはそこから出発して論証を進め、その論証のなかで、理性知の根拠を解明するからである。

だが理性知の可能性が示されるだけでは『エチカ』は、やはり完備したものとはならない。理性知がいかにして実現されうるのか、そして理性はどのようにわれわれの生のなかで働いているのかが、その全体性において解明されなければならない。この解明は、たんに理性についてだけでなく、情動をめぐる理論を伴い、むしろ後者を中心とすることによって展開されるだろう。スピノザは、何もたんなる好奇心から人間についての幾何学を構築しようとしているわけではない。まさに「哲学」の要請がかれにそうさせるのだ。スピノザによる行動と情動の幾何学が、たとえ現代の生命科学の知見からして奇妙に見えたとしても、それはむしろわれわれが共通概念によって組み立てられている『エチカ』の理論を見失ってしまっていることを示しているだけではないか、と疑ってみる必要があるだろう。まさに生命科学が生命の機械論的な把握というその近代的な端緒についた、その時代に企てられた生命理解の意味を、ここに問い直さねばならない。

一 機械論と力動論

理性の二側面

スピノザを合理論者として片付けることに大して意味はないとはいえ、かれが「理性」という語をどのような意味上の統一性をもって使用しているのかを問うことは、かれの哲学を理解するうえで大いに意味をもつ。実際、スピノザ哲学において理性的なものの解明は異なった二つの側面においてなされているが、それらは決して明示的に区別されているわけでも、たがいの関係が論じられているわけでもない。さらに、問題はその先にあり、もし二つの側面が分けられるとすれば、両者のあいだにはいかなる関係があるのかということが問われねばならない。このことについて以下で論じることにしよう[1]。

理性的なものの解明がなされる二つの側面とは、理性知と呼ばれるべき理性の知識論的な側面と、理性の実践的な側面とである。これらは事柄としてたがいに無関係なように思われるため、多くの解釈者たちが両者を独立に論じてきた。知識論的と実践的という二つの大きく異なった場面において、理性的なものはそれぞれまったく異なった側面において論じられているようにも思える。最初に、これら二つの側面を明確に切り分けて、おのおのを特定することが必要である。

理性が論じられる一つめの箇所は、精神について論じられる第二部における、認識の区別が行われる場面である。それは『エチカ』において理性というものが明確に規定されている最初の箇所である。共通概念の理論にもとづくことで導入される、この概念による十全なる認識は、以後、理性という言葉によって指し示される。『エチカ』における「理性」概念は、もっぱらこの箇所の規定に沿って使用されることになるが、これは認識の観点からの理性についてであり、理性は第二種の認識として扱われている。第二種の認識とは、まずは第一種の認識たる想像知 imaginatio と区別されて見出され、さらに第三種の認識である直感知 scientia intuitiva と区別されている。このように、精神について論じられる場面で、理性は知識論的な観点において導入される。

理性が登場する二つめの箇所は、情念の力について論じられる第四部を中心とした議論においてである。特に人間の和合について述べられる場面である。これは息のながい議論となっている。情念の分析がおこなわれる第三部の終わりに理性的な情念について触れられてから、第五部前半の情念の療法にいたるまでのあいだで、たんに認識をめぐってではなく、むしろ倫理的ないし道徳的な側面に注目して、理性が扱われているのだ。理性の命令 dictamen rationis や、徳 virtus といったことが、そこでは中心的な論点となるのであり、たんに認識が認識としてもつ知識論的な側面には焦点があてられていない。このように、情念の力について論じられる場面で、理性は実践的な観点において考察されるのである。

スピノザ自身がしばしば、これら二つの異なる議論をたがいに独立で無関係なものとして扱っている。たとえば、『国家論』第二章における理性の扱いを見るならば、そこには理性の実践的な論述が、理性の知識論的な側面を抜きにして示されている。スピノザは、同書の叙述の目的のために、『神学・政治論』や『エチカ』における論考を参照せずともよいようにと、その理性の教説が纏め上げられているが、同箇所は自然権 jus naturae の問題、理性の命令 dictamen rationis あるいは理性の処方 praescriptum rationis を中心として理性を論じており、認識の問題はまったく扱っていない。

では理性をめぐる実践的な論述と、理性の知識論的な論述とは、まったく切り離して論じられうるのだろうか。この疑問に答えるためには、理性にだけ注目するのではなく、そもそも事物一般についてを扱うさいに『エチカ』には二つの大きな理論的な位相が見られるということに着目する必要がある。

事物一般についての二つの位相とは何か。それは、自然を取り扱う異なった二つの場面に、つまり機械論的な場面と、力動論的な場面とに対応している。もちろんこれら二つの位相は、スピノザ自身がこのような用語のもとに示しているということを意味してはいない。だが、スピノザによる諸事物の説明には、機械論的に説明される諸事物のメカニズムと、力動的ないし力学的に説明される諸事物のダイナミズムとが、明らかに異なる二つの場面を——機械論的な場面と、力動論的な場面とを——形成しているのだ。

二つの位相が区別されることは、次にようにして確かめられる。すぐに目に付くこととして、『エチカ』は第二部までの分析と、第三部以降の分析において、明らかに色彩を異にしている。『エチカ』第二部までにおいて、たしかに人間の理論の基本的な部分は提出されているのだが、実はそこではまだ人間の「行動」や「衝動」については、そして人間の「情動」については、取り扱う道具立てが用意されていない。そこでの分析は、あくまでも静的なものであって、動的な状態の分析はできないのである。それに対して、『エチカ』第三部以降では、人間の動的な側面が分析されることになる。

しかるに、すでに述べてきたように、「人間」を中心とする理論は、必ずしも人間に特有なものではない。静的と動的との二つの場面は、有限様態としての諸事物を扱うさいの異なった性格に由来している。事物が相互にもつ関係性が、静的にあるいは機械論的に説明される場合と、力動的にあるいは力学的に説明される場合とにおいて、諸事物は異なった性格をもって取り扱われる。この違いがいかなる理論的な違いによってもたらされているのかについてはすぐ後で見ることにして、少なくとも二つの位相が区別されることをここで確認しておきたい[2]。

だが機械論と力動論という二つの位相は、たんに分けられるだけでは済まない。『エチカ』の大きな特徴は、これら二つの説明の理論的な結合にある。この点でスピノザとライプニッツとを、ともにデカルトに対する反応として見なければならない点に、ドゥルーズはこう注意をうながす。

> ライプニッツとスピノザは一つの共通の計画をもっている。彼らの哲学は新しい「自然主義」の二つの側面を構成している。この自然主義が反デカルト的な反動の真の意味である。〔略〕反デカルト的反動においては、諸力 forces あるいは力能 puissance を与えられた自然の諸権利を回復することが主なこととなる。しかしまた、デカルト的機械論の知識を温存することにもかかわっている[3]。

ライプニッツ哲学と同様にスピノザ哲学もまた、デカルト的自然学の特徴をなすところの機械論的な性格 caractères mécaniques を保持しつつ、それを新たに力学的ないし力動論的な性格 caractères dynamiques をもつ諸力ないし力能の理論(コナトゥスの理論)に結び付けているのだ。

二つの位相の違いをもたらすのは、言うまでもなく『エチカ』第三部の冒頭で導入されるコナトゥスの理論である。それまで基本的には機械論的な性格をもって進行してきた『エチカ』における有限様態の分析は、コナトゥスの理論によって新たに力動論的な性格を付け加えられる。それまで知識論的な議論に終始してきた『エチカ』に、第三部においてコナトゥスの理論が付け加えられることによって、以後は力動論的で実践的な議論が展開されていく。

そして、知識論的および実践的という区別も、諸事物を取り扱うさいの異なった位相によって、つまり機械論的な位相と力動論的な位相との区別に基づいている。これら二つの性格のどちらが前面化するかによって、『エチカ』には知識論的な関心が前面に出てくる場面と、実践論的な関心が支配する場面とが分けられる。機械論的な説明が基礎にあって、そこにコナトゥスの理論以降は力動論的な説明が付け加えられることによって、事物の全的な把握が可能となる。この生理学的な議論は、十全であるかそれとも非十全であるかを問わず広く概念一般の成立を扱うだけでなく、またさまざまな情念の成立をも解明するが、理性を中心に見た場合には、二つの位相がそれぞれ理性の知識論的な側面と、実践的な側面とを形作るのだ。

『エチカ』において理性はまず認識の観点から導入される。理性知とは共通概念による認識である。そして、理性が最初に導入される知識論的な文脈において重要な役割をはたす共通概念の理論は、それじたいではけっして実践的であるわけではないことは、(ドゥルーズのやや行過ぎた解釈に対して)強調されねばならない。共通概念の理論が実践的な意味をもつとすれば、それはそれが力学的な側面において生かされることによってでなければならない。これらの二つの場面において論じられる理性が、あくまでも同じ理性であるとするならば、それは諸事物がもつ異なった側面に応じて、異なった発現のしかたをするのだと考えられねばならない。

理性の成立可能性

とはいえ、『エチカ』のなかに「理性」概念が明確に定義され導入されるとき、理性の二つの側面は区別されていない。

それは第二部の定理四〇の二つめの備考においてであるが、普通に読めばそこでは理性的な認識が、一般概念にもとづく想像的な認識と区別されて、共通概念にもとづく認識として定義されている、と解釈される。

それに対して桂寿一は異議を呈し、この備考における「理性 ratio」は、理性知には限らずむしろ理性能力一般を指すとも考えられるのではないかと述べている[4]。すでに見てきたように、まさにここに問題の核心がある。つまり、スピノザがいかにして理性知から理性能力一般の開示へと進むのかが、問われねばならないのだ。だがこのことを理解するためには、まずはこの理性知のメカニズムを明らかにしなければならない。

理性あるいは第二種の認識は、「事物の特質について共通概念あるいは十全な観念を有すること」に基づいている。ここで先行する四つの命題(第二部の定理三八の系、定理三九およびその系ならびに定理四〇)が参照されるのであるが、これら四つの命題は、どれもが等しい重要性をもっているわけではない。先頭におかれた定理三八の系は、人間には少なくとも何らかの共通概念があるのだというその必然性を示しているにすぎない。最後におかれた定理四〇は、「十全なる観念から精神のうちに生起するすべての観念は、同様に十全である」ということを述べているのみである。

注目すべきは、四つの命題の真ん中に位置する二つの命題、定理三九およびその系である。これらは、理性についての中核的な原理を示している。それらは、共通概念が何であるかを直接に示していると言えよう。定理三九の系についてはは先にも触れたのであるが、ここでは重複を厭わずにこれら二つの命題を引用することにしたい。

【第二部定理三九】
人間身体、および、人間身体がそれらから触発されるのを常とするある外部の諸物体に、共通でありかつ特有であるもの、そしてまた、等しくこれら各物体の部分の中にも全体の中にもあるもの、それの観念もまた精神の中において十全である。

【同定理の系】

精神は、その身体が他の物体と共通なものをより多く有するにしたがって、多くを十全に知得することにより有能となる。

これらの命題は、理性的認識の十全性が基づいているところの「共通概念」そのものの基礎となっている。核心となるのは、共通なものは十全に把握されるということである。つまり、人間身体と、それを触発する外部の物体とのあいだに共通であるもの、それは人間精神によって十全に把握される、ということである。この定理によってその成立のメカニズムが示されている十全なる一般概念が、共通概念と呼ばれるところのものである。そしてこのような共通概念のメカニズムによって分かることは、外部のものと共通なものをより多く有することによって、それだけより多くの、十全なる認識を獲得することができるということである。これがその系として示されていることがらである。

この一見すると複雑な定理が何を言おうとしているかを理解するためには、それが先行する定理の一般化として示されていることに注意せねばならない。この定理の複雑な証明をここで説明する必要はないが、その複雑さはこの一般化の手続が要請する困難なのである。先行する定理とは定理三八であり、そこにおいて示されているのは、「すべてのものに共通なもの」をめぐる共通概念のメカニズムである。

【第二部定理三八】

すべてのものに共通であり、等しく部分のなかにも全体のなかにもあるものは、十全にしか思念されることはできない。

この「共通なもの」を、「すべてのものに」ではなく「いくつかのものに」へと一般化することによって示されるのが、上記の定理三九における共通概念である。理性について述べる定理四〇の二つめの備考において参照されている四つの命題のなかには、定理三八の系は挙げられているもののこの定理三八じたいは参照されていない。しかし、すべてのものに共通なものの概念もまた、重要であることには変わりがない。

これら二つの共通概念、すべてのものに共通なものと、いくつかのものに共通なものとの関係ははっきりしている。その証明を見るかぎり、前者がきわめて単純な証明しか必要としないのに対し、後者は前者よりもはるかに複雑な証明を経なければならないことが分かるのだが、これが意味しているのは、前者はたんに後者の特殊例にすぎないということである。前者が「すべてのもの」へと条件を設定することで得られる特殊例にすぎないのに対して、後者はさまざまなレベルの共通性ないし一般性の大小に対応して、共通概念の十全性の証明をおこなう、一般化された概念の理論なのである。

このような一般化は、その証明だけでなく、命題そのものの示し方においても、複雑性を強いている。上記の定理には、いくつかの限定がつけられており、一読してその判読が困難な複雑な定理となっている。すなわち、「触発するのを常とする」であるとか、「共通で特有なもの」などの、限定的な条件が付けられている。これらの限定は、共通概念がどのようなものであるかを理解するためにどうしても必要な要素であるとは言えず、共通概念を解釈するためには余計なものであるとさえ言えるだろう[5]。これらは事柄を一般化して証明するために、手続きの上で必要となる要素にすぎない。

では、余分な要素を省いて、一般化された共通概念のメカニズムの本質を、一言で言いあてるとするとどうなるであろうか。それは、共通なもののみが十全なる認識の根拠となる、ということである。すべてのものに共通なものであれ、いくつかのものにのみ共通なものであれ、いずれにせよ共通なもののみが十全なる認識をもたらす。これは逆に言うならば、共通なもの以外は、けっして十全なる認識の根拠とはならないということでもある。後者に関しては、これらに先行する諸定理において繰り返し示されていることがらである。人間の本質の演繹から上述の諸定理にいたるまで、いかに人間精神にとって十全なる認識を獲得することが不可能であるかがいやというほど示されているのだが、これに対して、共通なもののみが十全に認識されることが強調されるのである。

人間のおかれた状況において、十全なる認識の可能性はほとんど許されていない。人間身体が外界から何らかのしかたで触発されるということは、その身体内部に変化がもたらされるということであるが、この変化はあくまでも外界の状況の単に部分的な結果でしかない。それは部分的で破損した、いわば「前提のない結論のようなもの」でしかない（E228D）。別の観点から述べるなら、そのようにしてもたらされる認識は、「外部の物体の本性よりも、われわれの身体の状態をより多く示している」のである（E216C2）。自然的な秩序においては、人間精神には無秩序で破損した認識、つまり想像知 imaginatio あるいは第一種の認識しか可能ではないのだ。このような状況のなかで、十全なる認識の唯一の可能性として共通概念が見出されることになる。

したがって、共通概念は、以下のような問いに対する答えとなっている。その問いとはこうである。外界から人間身体にもたらされる変化が、原因を欠いた結果のようなものではなく、同時に身体内部においても完全なる因果の系列をなすための条件は、あるだろうか、と。この問いに対する答えは一つしかないであろう。それは、もともと人間身体内部に、外界からもたらされるものと「共通なもの」がある場合だけである、と。なぜなら、もともと身体内部にそのようなものがあるならば、外界からもたらされるものは、外からやってくるのみならず、もともと内部にあったものを喚起するからである。もしそのような「共通なもの」が存在するならば、身体にもたらされる変化は単なる外界の部分的反映であるのではなく、むしろもともと内部にあったものの全体的な把握となり、それは同時に外界からもたらされるものの完全なる認識ともなるであろう。共通概念の理論とはこのような答えなのだ。

だがここでポイントとなっている「共通なもの」とは、いったいどのようなものなのであろうか。それは、きわめて形式的に想定されているにすぎない。単に主観的でしかない理解が、同時に客観的に妥当する認識になるための条件として、「共通なもの」はたんに理論的に見出されるだけにすぎない。

注意しなければならないのは、それは何がしかの「共通なもの」を具体的に想定したうえでの抽象化の作業によって示される理論ではないということだ。ましてや人間の認識能力の特徴に依存することで指し示されるものではないのだ。それはきわめて形式的な考察によって、上記の問いに対する解決として、示されているにすぎない。「共通なもの」とは、十全なる認識が可能であるならば、そのかぎりでその存在が示されるような、そのような理論的な要請なのである。

したがって、解釈者たちがこの「共通なもの」について、その例を挙げえなかったことは、不思議ではない。そのような例を探すことは、共通概念の理論の性格に、真っ向から反することになるのである。それは理論的な要請にすぎないため、具体例がなければならないと考えることは、むしろ間違っているのだ。少なくとも、「共通なもの」の中身は何かという問いはあまり重要ではなく、またその具体的な例をイメージすることは原理的に不可能であるといっても決して過言ではないのである。例えばスピノザ自身が認識の種類を示すための例として挙げている比例数の例についても、それは「共通なもの」を何も示してはいない。ユークリッド第七巻に基づいて比例数を計算することが第二種の認識（理性的認識）であるといわれているが、この例で考えてみた場合、われわれの身体とユークリッド第七巻との間にどのような「共通なもの」があるのかは、まったく示されていないのだ。

十全なる概念が把握する「共通なもの」がいったい何であるかを、われわれは指し示すことはできない。だがそれが成立するということがどういうことであるかは理解することができる。それは、ドゥルーズの言いかたを借りれば、「互いの構成関係がひとつに組み合わさる les rapports se composent」ということに他ならない。だがこの構成関係とは何であろうか。少なくともそれは、感覚的にとらえられる形態や、生物学的な機能などではない。ドゥルーズはそれを「構造 structure」と呼んでいる。

アリストテレス派の生物学には類と種とを差異によって定義するための努力が現れている。〔略〕…この伝統に抗して、スピノザは重要な原理を提示する。感覚的形態や機能を考えるのではなく、構造を考えるのである。しかし「構造」とは何を意味するのか。それは一つの身体の諸部分の間にある諸関係のシステムである（これらの諸部分とは諸器官のことではなく、むしろこれら諸器官の解剖学的な諸要素のことである）。…ある特定の動物におけるある器官の形態と機能は、有機的な諸部分のあいだの、すなわち、一定の解剖学的な諸要素のあいだの諸関係にのみ依存している。…感覚的諸差異の検査に代わって、知的な相似性の検査が登場し、それは諸身体間の類似と差異とを「内部から」われわれに理解させることに適している[6]。

とはいえ、やはりわれわれは、「共通なもの」のメカニズムを、具体例をもって例示することを試みなければならないであろう。共通なものをそのまま具体的に示すことが必要なのではない。そのようなことが可能であるとも思えない。そうではなく、それがどのように、理論的な要請として見出されるかを、具体的な例のなかで示すことは可能であり、また必要でもあるだろう。それはどのような具体例において示すことができるであろうか。

今日のわれわれは、スピノザの時代よりも明らかに進歩した生命現象の理解を有している。少なくとも生体のミクロなメカニズムにかんしては、分子生物学の進歩によって、膨大な知識が獲得されている。そして生命体において、外界の認識のメカニズムが全く機械論的に解明されるということが、いくつかの系において示されている。このようなメカニズムのなかで、「共通なもの」が見出されるかどうかを、考察することにしたい。これは共通概念について考えるさいに、格好の具体例となるであろう。

そこで、きわめて単純な生命体(例えばバクテリア)が外部の状況を正確に反映した合目的的行動を起こす場合を考えてみたい。この生命体が外部の状況から刺激(シグナル)を受け、何らかの変化を自らの身体のなかにもつ場合を考えてみよう。この変化(刺激がもたらす痕跡)はそれだけではほとんど何の意味ももっておらず、単なる部分的な(つまり主観的な)変化でしかない。つまりこれは単なる外界の痕跡(イメージ)でしかない。この変化が何らかの外界の正確な把握という認識の十全性をもつのは、シグナル伝達によってこの生命体に引き起こされる反応つまり行動が、この外界の状況と合目的的に絡み合う時である。このようなことが可能であるのは、このような変化を受けるとそれと合目的的に絡み合うような行動を起こすという特質(本能的機構)が、この生命体にもともと備わっているからである。この特質はそれだけではこの生命体にとって本能といういわば偶然的なもの(天から与えられたもの)でしかない。しかしこの生命体に適切な行動を引き起こすという観点から見れば、これは外部の状況の正確な把握(のようなもの)を可能にしてくれる機構である。この反応(行動)が引き起こされた場合、それは単に本能的である限りではなくて、外部の状況を正確に反映するいわば合理的な反応として、この生命体の本質から説明されることになる。

この実例において見出される「共通なもの」とは何であろうか。一見するとそのようなものは何もないように思える。だが、この生命体の本能と外部の状況との間にある、ある種の対応性（合目的的な絡み合い）は、そのような「共通なもの」の具体例ではないだろうか。少なくとも、それは共通概念のメカニズムにあてはめてみるならば、「共通なもの」に対応することは疑いがない。もちろん「共通なもの」そのものを明確に示すことは困難である。それは「ある種の対応性」としてしか言いえないものではある。その中身は、生命体のなかにもともとそなわっている本能的な機構と、外界の状況とが、まったく無関係なのではなく、うまく合致するようななにがしかの共通性をそなえているということである。少なくともこの生命体がもっている本能的特質は、外界の状況の把握をおこなうにたるものだったのであり、そのようなものをもっていたからこそ、そのような把握が可能となったのである。そして人間身体のようにより複雑な知覚が可能なものは、より外界の複雑な状況を把握するに適した特質をもっているだろう。

理性の生理学

共通概念のメカニズムの解明は、つまりは概念の理論の完成は、精神を「身体の観念」としてとらえる『エチカ』において、精神におこることをすべて身体の観点から説明することによってはじめて可能となった。概念について何かが解明されたとすれば、それは身体の観点からの解明なのである。共通概念が十全であることは、身体の観点から解明されたのである。ところで、身体的に説明するとは、生理学的 physiological に説明することである。人間精神についてあつかわれる『エチカ』第二部に限られたことでなく、それ以降の『エチカ』の叙述はもっぱらこのような生理学的な観点からの説明となっている。精神的な現象はもっぱら生理学的に説明されるのである[7]。

生理学的な説明は、『エチカ』第二部の段階においては、いまだに機械論的 mechanical な説明である。しかしそれは「身体の観念」としての精神の解明として示されている点が重要である。概念が発生するのは、人間身体が外部の物体から触発されることによって、つまり人間精神が身体の外部にある物体とさまざまな関係におかれることによってである。それはまずは断片的で破損した外部の影響として発生することは、すでに述べたとおりであるが、人間精神における理性的な認識もまた、物体間に成立する共通なものをめぐるメカニズムによって説明される。理性的なものは身体的なものと対立するわけではない。『エチカ』の第二部において扱われる共通概念の理論は、理性のメカニズムとして解明される。十全なる概念は、その存在が確証されるというよりは、むしろその生理学的な根拠が与えられる。これが、『エチカ』において示される、概念の理論の展開である。

この点に関しては、以下の三点が指摘されねばならない。まず、生理学的な説明といっても、それは分子生物学的なヴィジョンと同一であるわけではない。「精神が身体の観念である」とは、身体から精神が生まれるということではない。そうではなく、精神は身体から切り離せないこと、身体について何ごとかを理解することこそが精神であるということである。だが脳科学におけるような考えかたは、精神と身体とを二元論的に切り離した上で、両者の関係を問うものである。ベルクソンは二〇世紀の初頭に、スピノザ的な「心身平行論」が脳神経生理学の唯一の形而上学的基礎となってきたことを指摘した上で、それを批判しているが、実はそれはスピノザ哲学とは無関係のことにすぎない[8]。

第二に、それにもかかわらずやはりこの生理学的なヴィジョンは、今日の分子生物学において与えられるような生理学的あるいは機械論的な説明の原理に近似している。実際にこのようなヴィジョンは、スピノザがデカルトから受け継いだ、機械論的な生命現象の把握を、哲学的にさらに推し進めたものとなっている。なぜならスピノザは、精神もまた身体によって理解するからである。この意味で、スピノザ哲学は現代の分子生物学的なヴィジョンの先駆であるとも見なされうる。それは生命現象をすべてメカニカルに説明しつくすような、いわば留保なしの分子生物学的ヴィジョンなのである。したがって、現代の脳科学の見地からスピノザを再評価しようという動きが現われてくるのもきわめて自然なこととみなされねばならないし、現代のスピノザ解釈者たちももちろんこのような姿勢を見逃してはいない[9]。

第三に、スピノザ哲学はたんに一個体の生理学的なヴィジョンにとどまらないということである[10]。それどころか、スピノザ的な生理学は一個体をとりあつかうだけでは成立しない。この同じ存在論的な観点によって、さらに個体間の関係を捉えるようとする生態学的な考察にまでスピノザは進むのである。その意味でスピノザ哲学は脳科学よりもさらに先を見据えている。ドゥルーズはそれを「エトロジー（動物行動学）」に比しているが、これは卓抜な見解であると言えよう[11]。それは完全なる分子生物学的なヴィジョンによって人間関係までもが解明されるような、完成された生物学への見取り図をわれわれに示しているのである。このような生態学的な観点は、知識論的な観点からではなく、個体どうしがもつ関係性によってどのような振る舞いをするかを考察しようとする。スピノザの生理学的なヴィジョンは、機械論的に知識の成立を説明するだけでなく、また力動的に行動の原理を説明する。

ところで、すでに見たようにドゥルーズは、この機械論的と力動論的という二つの性格の区別を重視したスピノザ解釈をしている。ところが、かれが共通概念についての解釈を示すとき、以上に述べてきた理性の二つの側面を十分に維持しているようには思えない。なぜなら彼は、共通概念の理論そのものが、実践的な機能をもっていることを強調しているからだ。ドゥルーズはこのように述べている。

二つの誤った解釈が、共通概念の理論において危険であるように思われる。ひとつは、その数学的な意味のためにその生物学的な意味を無視することである。だがとりわけその思弁的な内容のために、実践的な機能を無視することである。この後者の誤りは、スピノザ自身が共通概念のシステムを導入するやり方のうちにおそらくその機会を見出す。実際、『エチカ』第二部は、これらの概念を純粋に思弁的な観点から考察しているのである[12]。

一方で、スピノザの「共通概念の理論」が、生物学的な理論であることが強調されている。「感覚的形態や機能を考えるのではなく、むしろ構造を考える」という意味で生物学的なのだ[13]。だが他方でドゥルーズはそれを、思弁的あるいは知識論的な理論としてだけでなく、実践論的な理論としてみなければならないと述べている。

ここで実践的な機能 fonction pratique として言及されているのは、第五部の冒頭における情念の療法の議論である。「『エチカ』第五部の冒頭でスピノザは、所与のものとして想定された共通概念の実践的機能を分析する」[14]。そしてこの側面が無視される誤った解釈の理由を、第二部におけるその導入のやり方のうちに見て取っている。

このようなドゥルーズの共通概念をめぐる議論は、重要な論点を含んでいるにもかかわらず、ある重大な問題を抱えている。それは、ここでわれわれが理性の生理学と呼ぶものを、もっぱら「共通概念の理論」として規定しているという点である。『エチカ』第四部において論じられる「理性の命令」の理論に注視することなくドゥルーズは理性をもっぱら共通概念の理論をめぐって論じており、実践的機能さえもそのなかに読み込む。だがそれは少なくともスピノザの意図からは大きく逸脱することになろう。そもそもスピノザは共通概念の理論を理性の基礎として示しているとはいえ、それはたんなる基礎にすぎない。実際、スピノザが「理性の命令」について述べるとき、それは直接には共通概念に結び付けられているわけではない。共通概念はそれ自体ではけっして理性の実践的な側面をもたらすわけではないのだ。

共通概念の理論は、あくまでも機械論的な側面において、そして知識論的な機能において、理性のメカニズムを説明しているにすぎない。それが実践的な機能において理解されるとすれば、それは理性のダイナミズムが説明される場面においてであり、そのような説明のためには、共通概念の理論のみならずさらにコナトゥスの理論をも必要とする。つまり、共通概念の理論は、理性知の成立とその可能性を説明するが、それはけっしてそれ自体で理性の現実性つまり理性の実現問題についての教説を示してくれるわけではないのだ。われわれは共通概念の形成の秩序を狭く感情の療法の議論にのみ結びつけるのではなく、人間の活動についての力学的な観点に基づく、理性の実践的な議論に目を向けねばならない。それなしに、共通概念の実践的機能について論じることは不可能なのだ。

このように、われわれは理性が論じられる二つの側面のあいだにある厳密な区別をけっして見失ってはならないのである。理性が見せるこれらの二つの側面は、理性そのものが最初からもっている機能的な区別ではないことはたしかであり、カント哲学におけるような理論理性と実践理性の断絶をスピノザにあてはめて考えることはできないが、それはスピノザにとって理性とはあくまでもひとつの機械論的あるいはむしろ生理学的に説明されるべき機構でしかなかったからである。スピノザが語っているのは、あくまでも一つの理性についてであるが、それは、事物がそれによって論じられる機械論的と力動論的という二つの性格によって、二つの異なった側面を見せるのだ。

『エチカ』の循環

共通概念の理論について検討してきたが、これまでの議論を振りかって、さらに重要な一点が指摘されねばならない。それは、上に挙げた定理によって、スピノザの概念をめぐる理論が最終的に基礎付けられる、ということである。

十全なる一般的な概念がいかなる根拠をもっているのかということは、ここにおいてはじめて明確に示されるのである。スピノザの全著作を通してみても、十全なる概念がいかなる基礎をもっているのかが示されているのは、ここにおいてのみなのである。第一章においてすでに述べたように、このことによって『エチカ』という書物もまた、基礎づけられることになるのだ。

ここで改めてこう問わねばならない、はたしてここに論証の循環が見られるだろうか、と。すでに述べてきたように、『エチカ』は十全なる一般的概念である共通概念によって、つまり理性知によって論証が進められてきている。もし人間精神において、その自然的秩序における状態がわれわれに見せ付けているように、部分的で破損した認識しかもたらさないのならば、つまりわれわれが想像知のなかに閉じ込められているのならば、そのことじたいをわれわれに見せてくれているこの論証の資格もまた、疑問に付されることになるだろう。われわれの「精神の眼 mentis oculi」であるこの論証は、理性知でなければならない（5P23S）。理性知の基礎となっている共通概念のメカニズムは、『エチカ』の冒頭からわれわれの論証の基礎とならねばならない。それは十全なる認識という論点を先取していることにならないのであろうか。

このような循環的な論証に対する論難には、ひとつの前提がなければならない。つまり、われわれにとって十全なる認識は不可能である、ということが前提とされていなければならない。たしかに、もし十全なる認識が不可能であるならば、そしてそのような非十全なる認識のなかで十全なる認識の根拠が示されるとするならば、この示された十全なる認識は何の根拠も持ちえないことになるだろう。そして、そのような認識を先取していたことが論難されねばならないことになるだろう。

反対に、もし十全なる認識が可能であることがあらかじめ前提とされるならば、この論難は成立し得ない。なぜなら、正しい論証の手続きを、われわれは信頼することができるからである。そのような信頼ないし前提があるならば、上で述べた論難は無効となる。正しい論証のなかで、人間精神がいかに十全なる認識を獲得するのに無力であるのか、そしてそれにもかかわらずいかにして十全なる認識の根拠が見出されるのか、が正しく示されるとしたら、それはなんらの論点先取にもならないからである。むしろ、最初は論証の正しさのなかから出発し、そのような論証がいかなるメカニズムにおいて可能となるかが示されるという点で、それはすぐれて反省的な認識であるということになるだろう。

スピノザが後者の手続きをとっていることは明らかである。なぜなら幾何学的な叙述形式が前提とするのは、少なくともわれわれが同意できる論証の出発点があるということであり、それはまた、正しい論証というものが少なくとも可能であるということでなければならないからである。これはまた、『知性改善論』においてスピノザが真の観念をわれわれがもっていることを前提としていることからも理解されることである。したがって、概念の理論が『エチカ』の冒頭にこないことは、いかなる論点の先取にもならない。

『エチカ』は、第二部定理四〇の備考において概念の理論を示したあと、さらに第三部ではコナトゥスの議論を付け加えることで、概念の理論にさらなる肉付けをしていく。それは理性の実践的な側面の提示であるが、それは理性の可能性だけでなく、また理性がどのように実現するかという問題についての答えをも与えてくれる。実際、スピノザは『知性改善論』においては、ただわれわれが「真なる観念」を実際にもっている、ということを、いわば独断的に述べるだけであった（TIE33）。だが、理性が実現可能なものなのか、つまりわれわれはどのようにして真なる認識を形成していけるのか、言い換えれば、いかにして共通概念を形成し、知性の力能を発揮することができるのかは、『エチカ』の後半において、理性の実践的側面を明らかにする生理学によって、はじめて示されるのである。そこでつぎに、このような議論がどのようにして展開されるのかを見ることにしたい。

二　諸事物の力動論

共通性から一致性へ

『エチカ』は人間と他の事物との関係を、そして人間相互における関係を、統一的なしかたで、つまりは生理学的なしかたで扱っている。つまり、関係性の一般理論のなかで分析することこそが、「点や線や面のように」考察するということである。スピノザによるこの考察は、まず理性の知識論的な側面を分析し、その後に理性の実践的な側面について長い分析を行っていく。理性によって個体がどのような振る舞いをするのか、あるいはすべきなのかということを、たんに生理学的なだけでなくむしろ生態学的な観点において、スピノザは分析していく。

だがこの分析も理性の知識論的な側面の場合と同様に、理性のメカニズムによって、つまり、共通なものないし共通性を原理として、説明が可能なのだろうか。

ここで考察の手がかりとなる定理群がある。理性の知性的な側面の基礎となった第二部定理三九およびその系に対して、実践的な理論が扱われている第四部において、極めて似た形の、いわばホモローグと呼べるような定理およびその系があるのだ。実にこの定理およびその系は、本性の一致をめぐって、有益性あるいは善性というもののありかを示す定理となっている。これらの命題を見てみよう。

【第四部定理三一】

事物は、われわれの本性と一致するかぎりで、必然的に善である。

【第四部定理三一の系】

事物は、われわれの本性とより多く一致するに従って、それだけわれわれにとって有益あるいは善である。また逆に、事物はわれわれにとってより有益であるに従って、われわれの本性とそれだけ多く一致する。

この定理三一とその系は、先ほど見た第二部定理三九とその系と同じく、まず定理において人間と外部の物との関係に関して述べ、さらに系においてそれを「より多く」と拡張している。しかしこのような対応は、定理間の相同性に注目するという手法を最も意識的に使用した解釈者であるマトゥロンでさえ指摘していない[15]。これらの命題は、少なくともその重要性において第二部における定理に劣らない重要な理論を提供しているように思われるのだが、このことをめぐっては、皮肉なことに解釈者のあいだで「一致」を見ないのである。

一見して分かるように、ここで扱われているのは「共通なもの」ではなくて、「本性が一致する convenire こと」である。ここで強調されてしかるべきことは、一致することと共通性をもつこととは同じことではないという点である。両者の相違に注意を払わねばならない。この相違が見過ごされてはならないのは、次のようなことがあるからだ。一方では、一致するならば共通性をもっているとは言うことができる(E2P28C)。だが他方で、その逆は必ずしも真ではないのである。つまり、共通性は一致の必要条件であるが、十分条件ではないと言わねばならないのだ[16]。一致することと共通性をもつこととは、決して混同されてはならないのである。

では、一致することと共通性をもつこととの落差はいかなるものであるのか。この点を精査するためには、この定理三一の証明を注意深く検討する必要がある。

この証明は以下のようになされる。われわれの本性と一致する限りで事物は悪でありえない。なぜなら事物はわれわれと対立的でないかぎりは、悪ではありえないからだ。ゆえにそれは必然的に善であるか、それとも善と悪のいずれでもないか indifferens であろう。だが後者、すなわち善でも悪でもない場合は、そのものの本性からわれわれの本性の維持に役立つ何ものも生じないだろう[17]。ここまではスムーズに理解される証明の手続きである。そしてこの証明はこう続く、言いかえれば、その事物自身の本性の維持に役立つ何ものも生じないことになろう、と。これに続けて、第三部の定理が参照されることによって、「これは不条理である(第三部定理六により)、ゆえに…」と証明は一気に背理法に持ち込まれ、終えられる。

次に、この証明をもう少し簡略に言い換えてみることにしよう。二つのものをここではAとBとしよう。これら二つの本性は同じであり、置換が可能であるとしよう。とすると、もし「Aの本性からBの本性の維持に役立つ何物も生じない」とすると、これは「Aの本性からA自身の本性の維持に役立つ何物も生じない」と言いかえることができることになる。だがこれは、「おのおのの事物は、自身の及ぶかぎり自身の存在に固執するように努める」という原理と矛盾することになる、とスピノザは述べるのだ。事物は自身にとって必然的に善であるのである。

この定理に先行する二つの定理を見るならば、一致することと共通性をもつこととの相違をしっかりと捉えておくことの重要性を改めて確認しなければならないということが分かる。それらは「一致」ではなく「共通なもの」について扱っている[18]。つまり、先行する二つの「共通なもの」を扱う定理を使用しつつ、「一致」を扱うこの定理が導き出されているのである。そのため、共通性から一致へのこの理論的推移は、きわめて見逃しやすいものとなっている。

では、ここで参照されている第三部定理六はどうかというと、「おのおのの事物は、自己の及ぶかぎり自己の有に固執するように努める」というものであり、そこでもやはり、本性の対立や一致といった事物相互のあいだの関係は、何も触れられていないかのようである。そのような命題をもっぱら使用して、問題としている定理は証明されているのであるが、このことはまるで共通性と一致するということとの区別を消し去るかのようだ。もっとも、たしかに本性の一致ということからこれらの事物は同一のものとして扱われることによりこの命題に結び付けられているのであるが、そのようなことは奇異に思われる。一見するとこの定理の証明には、一致をめぐる理論が欠けているかのようなのだ。

しかしここにはまたしても『エチカ』の幾何学的な叙述形式からくる困難がある。スピノザの議論には何の問題もないことは、次のことに注意するなら、たちまち明らかとなる。実は、「一致する」ということがどういうことなのかは、すでに第三部の最初の定理群において――コナトゥスの理論と呼ばれるものにおいて――示されており、上記の第三部定理六は、これらの定理群で述べられていることがらを集約的に表現している命題なのだ。それ単独で見るならば、それは一致の理論と無縁であるように見えるが、コナトゥスの理論のなかにおいてみるならば、そうではないのである。

そこでつぎに、コナトゥスの理論に目を向けて、そこに一致の理論を見出すことにしたい。

第三部の最初の一群の定理では、「主体 subjectum」という概念が用いられることによって、本性が一致するとはどういうことかが説明されている。それによれば、本性が一致するとは、同一のコナトゥスのなかに参加すること、いわば同一主体のなかに置かれうるということ、を意味している。本性が一致するものどうしは、双方が相手を自らと同じものとしてみなしうるのである。スピノザはこのように論じている。

事物は一方が他方を破壊することができるかぎり、それだけ本性において対立的である、言い換えれば、同じ主体のうちに存在しえない。もしおたがいに一致するならば、あるいは同じ主体のなかに同時に存在することができるならば、同じ主体のうちにそれ自身を破壊することができるものがあることができることになるが、これは不条理だからだ(E3P5D)。

ここでは、「おたがいに一致するならば、あるいは同じ主体のなかに同時に存在することができるならば」と言われているが、このような言い換えは、たとえ命題の証明のなかに現われるにすぎないとはいえ、一致に対するスピノザの理解を示しており、この点が見逃されてはならない。

この「主体」をめぐる議論のなかで、二つの点が確認される。第一に、一致する convenireということは、その反対である、対立的である contrarius esse ということと合わせて理解されねばならないということである。事物は一方が他方を破壊することができるかぎり、それだけ本性において対立する。もしそれらが本性において相互に一致するとするならば、それらがそのなかにあるところの主体が、自らを滅ぼすということになってしまうだろう。まとめると、「対立的である」とは「同じ主体のなかに存在しえないこと」であり、「一致」とは「同じ主体のなかに存在しえること」なのである。

第二に、この論証から明らかなように、一致と対立は二者択一的に考えられている。本性は一致するか対立するかどちらかなのである。もっとも、これは同一属性において見られた場合にという条件付にではあるが。この二者択一性は、次のことによって傍証される。第四部定理三一の系の証明には、「物はわれわれの本性と一致しない限り必然的にわれわれの本性と相違し diversus、あるいはわれわれの本性と対立的 contrarius であろう」という推論がなされている。つまり一致しないということは、相違するか対立するかのどちらかである、と考えられていることが分かる。ところが、ここで「相違する」というふうに言われているのは、異なる属性において考えられるということなのである(P29D)。つまり事物の本性は、一致しないとするならば、それらは対立するか、それとも異なる属性のもとにあるかの、どちらかなのである。

このように、第三部冒頭の(コナトゥスの理論と呼ばれる)議論において、事物が相互にもつ動態的な関係性が示されている。それは、同一属性におけるいくつかの事物の本性が、必然的に置かれるところの関係である。本性が一致するとは同一主体のなかに同時に存在しえることである。そしてこの主体は、他の主体に対立する。つまり一致するとは、それらに対立してくるものに対し、協力して対抗しているということなのである。また反対に、対立するとは同一主体のなかに同時には存在しえないことである。そして、一致しえないものは対立の関係におかれることになる。第三部の最初の定理群において、このような対立と一致の力学が、確固とした理論的な基盤において準備されているのだ。

つまり、コナトゥスの理論とは、対立と一致の力動的な理論なのである。すべての事物は、互いに対立するかそれとも一致するかという力動的な状態に置かれている。そして、この力動的な性格を引きつくことで、先にわれわれが挙げた、第四部定理三一が、与えられるのである。

したがって、ふたたび第四部定理三一およびその系に戻って、つぎのような理解を得ることができるだろう。本性が一致するものが善であるのは、それがコナトゥスの増大に寄与するからである。反対に、本性が一致しないものは対立するものであり、事物の存在を脅かすものとなる。本性が一致するものは一丸となって、これらに対立してくるものにたいして対抗する。このように、一致か対立かというこの二者択一のなかで、すべての事物は苛酷な生存競争のなかに置かれている。このように、この定理および系は、対立と一致の力動論のなかにおかれて、はじめてその意味が理解されるのである。

このような対立と一致の力学が、共通性に依拠する機械論的な議論とどのような関係にあるのかは、もう少し後で論じることにして、ここではまず、共通性の議論がどのように一致ということと結びつくのかを明らかにしなければならない。コナトゥスの理論は、機械論的な性格と力動論的な性格とを結びつけるような役割を果たしているため、そこにおいてこそ共通性と一致性との関係が焦点とならねばならない。

これまでの議論で明らかなように、一致するということは、共通性をもつものがもつ力動的な関係性である。静態的に共通性によって考えられる関係は、動態的には、一致するという関係をもつのである。また、共通性をもたないような関係は、動態的には、対立するという関係におかれるのである。たしかに、一致するということは共通性をもつこととは異なっているのだが、その違いはけっしてまったく別の事柄を指し示しているというような違いではない。むしろ、語られていることは似かよっており、どちらも事物の構造がお互いに合致するという関係性である。ただし、事物の構造がお互いに合致するという関係性が、力動的な性格において見られた場合と、機械論的な性格において見られた場合との違いである。

このことは、「一致する」ということがつねに動詞で語られることからも確認することができる。一致するということとは動態的なことがらであり、それは対抗するということとセットになっている。これは、共通性が「共通なもの」をめぐって、つまりもっぱら名詞的に語られるのとは対照的である。共通性が静態的なメカニズムにおいて見られるのに対して、一致するというのは、あくまでも動態的なダイナミズムにおいて考えられるのだ。共通性と一致がこれまでしばしば明確に分けられてこなかったことの理由は、この違いがコナトゥスの理論に基づいていることが見えにくいことを別にすれば、両者がことがらとして切り分けられないからなのだ。

よって、一致と共通性との違いを、このようにまとめることができるであろう。共通性は事物のあいだに成立する静態的な関係である。それに対して一致は、事物のあいだに成立する動態的な関係である。事物相互の動態的な関係は、事物じたいがもつ動態的な側面とともに明らかにされねばならない。事物じたいがもつ動態的な側面は、コナトゥスの理論に集約されている、事物の本性が一般的にもつ性質のことであり、それは事物の現実的本質と呼ばれる。またそれは、対立と一致の力学と表裏一体のものとなっている。これらの動態的な理論は、それじたいとしてはあくまで静態的である共通性をめぐる議論とは異なった位相をもっている。

情動の生理学

この対立と一致の力動論的な理論によって理性の実践論的な側面が解明されるわけであるが、それは感情をめぐる理論を経ることによってである。「コナトゥス」概念の導入による、この機械論的な理論から力動論的な理論への展開は、まずは情動(アフェクトゥス)の分析として展開される。これは『エチカ』においてももっとも興味深い分析の一つであるが、あまりその詳細に立ち入ることは、かえって問題を見誤りやすくする。というのも、情念というものがあまりに具体的な生活の諸相を写そうとしているように見え、実際にそのように解釈されることが常であるからだ。スピノザはそこで、人間の具体的な生の諸相を、われわれが見るままに描写しているようにすら見える。

だがそれは、けっして人間のイメージの引き写しであってはならない。それを、日常的にわれわれが使用するもろもろの言葉のイメージによって理解することは危険をはらんでいるのだ。情動といっても、それはすでにわれわれが日常的に言うところの感情と同じであるとは言えない。それらは、人間のイメージによって容易に理解できるようなものではなく、すでにきわめて特異な事態を示している。共通概念による情動の理解とはどのようなものかが明らかにされねばならない。

われわれのなすべきことは、情動とは何かを理解すること、そしてさらに、スピノザがあげている三つの原初的あるいは根本的な情動（欲動および喜びと悲しみ）を正確に理解することである（E3P11S）。まずは、情動ということで何が言われているかを、明確にしなければならない。スピノザはこの情動という語を、『エチカ』第三部において定義しているが、この定義を慎重に解釈することから始めねばならない。

【第三部定義三】

情動とは、それによって身体の働く力能が増大あるいは減少され、促進あるいは阻害されるところの、身体のもろもろの触発 affectiones である。また同時に、これらの触発の観念でもある。

この「それによって身体の働く力能が増大あるいは減少され、促進あるいは阻害されるところの」というのは、情動そのものの説明というよりは、むしろ情動の特定である。なぜなら、この定義にすぐ続く要請において、スピノザは身体の力能がそのように左右されるように触発されるだけでなく、またそのように左右されないように触発されることもあることを述べているからである（E3Post1）。この点に留意したうえで、この概念についての問題点を検討することにしよう。

「情動」概念をめぐって、解釈上のよく知られた困難がある。それは触発（アフェクチオ affectio）と情動（アフェクトゥス affectus）との、用語上の区別をめぐる困難でもある。触発と情動とのあいだには、スピノザの用法が一見するとそう思わせるように、ある区別があるというのが一般的な受け取り方である。というのも、触発が身体的な触発を、後者が精神的なそれを指し示していると一応は考えられるからだ。だが、そのように整合的に解釈されるかどうかは大いに疑問である。たしかに、第三部末尾の「情動の一般的定義」において、情動はもっぱら混乱した観念として定義され、それが精神的なものであることを示している。それに、両者が混同されているように考えられる箇所も多い[19]。

これがたんなる用語上の混乱であるかどうかに関しては解釈の一致を見ないのであるが、ここでベイサードの解釈を取り上げてみたい。ベイサードは、情動(アフェクトゥス)という語が、精神だけでなく身体にも一義的に用いられる点に、スピノザの情念の理論の特徴を見る[20]。そして、上記の解釈上の困難に対して、情動の語に広義の用法と狭義の用法とを区別することによって、切り抜けようとする。情動の語の広義の用法においては、触発と情動とのあいだには区別がない、と言うのだ。ところで上記の定義によれば情動とは、身体の活動能力を増大させたり減少させたりするのである。だがこの広義の意味においては、活動能力の増減に関して中立的な触発もまた情動と呼ばれる、と言う。このように情動の語にはさまざまな用法が区別されねばならない[21]。いずれにせよ情動の語は、触発の語とともに、やはり精神と身体との両方に、一義的に用いられていると考えられねばならない。以上のようにベイサードは述べている。

触発と情動の区別で重要な点は、それが身体に関係するかそれとも精神について言われるかということにあるのではないとしても、これらの語にいくつかの意味を区別すれば解決されるということでもないだろう。すでにこれまでそうしてきたように、スピノザの用語法について考えるさいには、いくつかの意味を区別するということで切り抜ける方法を考案することよりも、理論的配置によって語の使用の違いがもたらされていることを浮かび上がらせることのほうが重要である。

そして、このような解釈の観点から見れば、つぎのことが明らかとなる。触発（アフェクチオ）は主に機械論的な性格において言われており、それに対して情動（アフェクトゥス）は力動論的な性格をもたされている[22]。触発の語が第二部で主に用いられるのは、そこにおいて、機械論的で静態的な議論がおこなわれているからである。それに対して第三部において新たに情動が、「それによって身体の働く力能が増大あるいは減少され、促進あるいは阻害されるところの、身体のもろもろの触発である」と定義されて導入されるのは、まさにそれが力動的な概念であることを示している。つまり、情動とは力動的であるかぎりでの触発である。

したがって、情動の理論とは、たんに人間の情感的なことがらを描写するような試みであるのではなく、それまで扱われてきた触発をめぐる事態を、新たに情動としての側面からとらえなおすという試みであるのだ。それまで扱われてきた触発をめぐる事態とは、知識論的な側面における、人間の状態であった。それは十全および非十全な認識という事態をめぐってであった。個々で新たに情念が取り扱われるのは、このような知識論的な側面で見られた人間の触発を、新たに行動の面において、つまり実践的な側面においてとらえなおすということである。十全および非十全な認識は、あくまでもメカニズムにおいて解明されたのであるが、それを今度は力動論的に解明したものが、『エチカ』第三部における情動の理論なのである。

第二部で演繹された人間の本質は、『エチカ』第三部の冒頭におけるコナトゥスの理論によって、人間の情動をめぐる議論へとすがたを変える。このことの意味を明らかにするため、ここでもう一度、コナトゥスの理論の集約点となっている第三部定理六に戻って考えてみよう。

【第三部定理六】

おのおのの事物は、自己の及ぶかぎり自己の存在に固執するように努める in suo esse perseverare conari。

この命題の証明は以下のようなものである。いかなる事物も、自身が滅ぼされうるようなあるものを、あるいは自己の存在を除去するようなあるものを、自らの中に有していない。むしろおのおのの事物は、自分の存在を除去しうるすべてのものに対立しており、すなわちそれらに対抗している opponi のである。

このような事物のありかたは、事物相互の関係として示されるだけでなく、事物そのものの根本的な性質として理解される。事物が自分の存在の存続に努めるというこのダイナミズムが、事物の現実的本質 essentia actualis といわれるコナトゥスである（E3P7）。この命題じたいには対立と一致の力学は表面化していないように見えるが、実はこの命題のなかには、このようにコナトゥスの原理が集約的に示されているのだ。

この議論によって、まずは意志・衝動・欲動が説明される。まず、コナトゥスが、精神にのみ関係付けられるとき、それは意志 voluntas と呼ばれる。また精神と身体に同時に関係付けられて言われるときは、衝動 appetitus と呼ばれる。コナトゥスが精神の面や身体の面に限定されずに考察されるとき、それは衝動と言われるわけだ。したがってそれは、たとえば人間についての考察である場合、まさに人間の本質に他ならない。

（衝動とは）人間の本質そのものに他ならず、それそのものの維持に役立つすべてのことが、その本性から必然的に出てくるのである。このようにして人間は、それをなすように決定されているのである（E3P9S）。

また欲動 cupiditas は、みずからの衝動に気づいているという点において、たんなる衝動から区別される（「欲動とはその意識 conscientia をともなった衝動である」)が、両者のあいだには大きな違いはないことをスピノザは認めている。つまり人間の本質は、また欲動でもある(E3ADef1)。この衝動ないし欲動によって、人間の行動が説明されていく。

これに対して、情動とは、「それによって身体の働く力能が増大あるいは減少され、促進あるいは阻害されるところの、身体のもろもろの触発 affectiones」なのだった(E3Def3)。とするならば、すでに活動能力 potentia agendi そのものが意志・衝動・欲動として理解されるわけであるから、それらはただしくは情動とは呼べないであろう。意志・衝動・欲動は、与えられた何らかの触発によって何かを為すように決定されると思念されるかぎりで、人間の本質そのものであり、触発ではなく人間の本質の構成 constitutio である(E3ADef1)。それらは厳密な意味では情動とは言われえない。

欲動そのものではなくて、その増大ないし減少という移行 transitio こそが、すぐれて基礎的な情動の要素となる。スピノザが規定する用語として、この欲動の増大ないし減少こそが、「喜び」および「悲しみ」と呼ばれる。欲動はコナトゥスそのものであるのに対して、これら二つは、このコナトゥスの増大と減少を指している。そしてこれによって、スピノザがあげる三つの基本的な情動、つまり欲動、喜び laetitia、悲しみ tristitia が出揃ったことになる。

ところでこれら三つは、スピノザが言うところの基本的な情動である。これらを、われわれが通常思っているような意味での、つまり日常的な用法においての喜びや悲しみ、あるいは欲動などと即座に同一視することは、当然のことながら避けられねばならない。むしろ、われわれが普段思っているのとはおよそかけ離れた、きわめてテクニカルな用語としてこれら基本的な情動を理解せねばならない。

以上で見てきたように、たしかに「欲動」に限って言えば、ベイサードが強調しているように、身体についても精神についても、同様に言われている。そして、他の情動についても同様のことが見られる。たとえば、快感 titilaltio および快活 hilaritas の語が、精神と身体とに同時に関係する喜びの情動に与えられた名称である。また、苦痛 dolor および憂鬱 melancholia が、そのような場合の悲しみの情動に与えられた名称である。そしてまたこれらのうち、快感や苦痛とは、人間のある部分が他の部分よりも多く触発されている場合に言われ、快活や憂鬱とは、人間のすべての部分が同じように触発されている場合に言われる(E3P11S)。

ところが、それとは逆に、喜びや悲しみに関して言えば、それはもっぱら精神的なものについて言われているかのようなのだ。このことは、喜びと悲しみの一種として整理される上記の情動との対比において、明らかに見て取れる。というのも喜びと悲しみは、精神と身体とに同時に関係する場合には、これらとは異なった上記の語があてられているのだ。これらは、あくまでも喜びないし悲しみの一種であるにすぎないのだから、そのかぎりでは、喜びや悲しみのほうがこれらよりも上位の概念となっているはずだが、にもかかわらず、喜びや悲しみは、むしろ精神へと結び付けられているという点では、狭い外延しかもっていないのである。これはなぜなのであろうか。喜びや悲しみが根本的な情動であるならば、なぜそれらは精神にのみ関係付けられるのであろうか。

これに対して、スピノザが根本的な情動について述べるときに用いる喜び・悲しみの概念に、どのような意味が込められているかを指摘することで答えることができる。正しいスピノザの精神・身体のとらえかた、身体の観念としての精神および身体のとらえかたが、きわめて重要なのである。喜びや悲しみは、通常のわれわれの言葉遣いに反して、思惟能力の増大および減少について言われている。それは、思惟能力の増減を考えなければ、そもそも身体の活動能力の増減などというものが考えられないからだ。なぜなら、そもそも精神とは、身体の観念であるからだ。身体の活動能力をとらえるためには、思考の能力を考えなければならない。「精神は身体の観念である」という命題が、つねに忘れられてはならないのである。

それに、もちろんスピノザは喜びや悲しみを、また身体の活動能力の増減を基準にして述べることがある(E4P41D)。

これは一見すると、論述の揺れのように思えるかもしれないが、それはたんに精神的なものに力点をおく必要がない文脈においてであって、そこに不整合を見出す必要は何もない。そもそも精神の活動能力と、身体の活動能力は、まったく同じものであるのだから。思惟と延長ということなった属性におけるそれらの概念は、概念的にはたがいに無関係であるが、文脈によってどちらを使用しても同じ結果になるのであり、要は力点をどこに置くかということだからである。

繰り返せば、スピノザの情念の理論は決して既存の感情の描写ではない。そうではなく、人間の力動的な側面における原理的な分析であり、それはわれわれが日常においてあるいは社会的に一般的に使用するような感情をめぐる言葉の使用と同一視されてはならないのである。人間のモデルにおいて起こることがらが、われわれが通常どのような言葉で呼んでいるかということと対比させられることによって、情念の新たな概念が形成させられていく、そのような理論なのである。したがって、スピノザが用いている「欲望」や「喜び」といった概念じたいが、新しいものとして、スピノザの独創になるものとして理解されねばならない。スピノザは喜びを引き写しているのではなく、新たな喜びの概念を作っているのだ。そして、スピノザが定義を与え論証をおこなっているこれらの情動もまた、『エチカ』における他の一般的な概念がすべてそうであるように、あくまでも共通概念としてのステイタスにおいて理解されねばならない。それはつまり、それらを想像知においてではなく、理性知によって理解するということを意味するが、他の概念と異なりとりわけ情動の概念は、われわれの日常的な言葉とはきわめて異なったものとならざるをえない。なぜなら、情動はすぐれて受動的なものであるからだ。われわれが通常使う情念をさす言葉をスピノザが用いているとしても、『エチカ』第三部まで読み進めた読者は、それらを共通概念において理解することにすでに習熟していなければならない。

命令する理性

つぎに、情動の生理学を経ることによって、理性の実践的な側面がどのように明らかにされるのかを見たい。だがここで、そもそもスピノザ哲学において理性の実践的側面について語ることは奇妙である、と言われるかもしれない。むしろ逆に、『エチカ』は道徳(モラル)ではないということが、特に二〇世紀の後半においては強調されてきた[23]。そのような解釈に反してここで必要なのは、スピノザが示してみせるような理性の実践的側面とは何なのかという問いに、『エチカ』第四部に見られるような理性の教説がいかなる意味で実践的か、いかなる意味で倫理的・道徳的な理論なのかを明らかにすることによって答えることである。

『エチカ』第四部は「なぜ人間が真の理性によってよりもむしろ意見によって動かされるか」について論証することから始まる。この部の最初の定理は、このようなものである。

> 誤った観念が有するいかなる積極的なものも、真なるものが真であるというだけでは、真なるものの現在praesentia によって除去されはしない(E4P1)。

理性的認識は必然的に真なのであるから、この定理だけですでに人間がいかに理性にではなくて、情動に隷属しているかが十分に示されている。もちろん、他方で「意志と知性とは同一である」というスピノザの主張は、あたかも善を知りながらそれを為さないのは本当には知っていないからだというような考え方を印象づけはする(E2P49C)。だが、スピノザはそのようないわゆる主知主義的な倫理観には真っ向から反対し、より善きものを見てそれを善いとしながらもより悪しきものにしたがってしまう(オヴィディウス)ということを何度も繰り返し述べていることは周知のとおりである。それはわれわれの偽らざる経験であるだけでなく、そこにおいてこそわれわれは人間の非力さに直面する[24]。

これに対して、読者が気付くことは、第四部の定理一八の備考に至って、『エチカ』の論述が急にそれまでになく明確に道徳的な色彩を帯びてくることである。そこでスピノザは人間が理性の命令にしたがわないことの原因はすでに説明したということ、そして「残っているのは、理性がわれわれに何を指令する praescribere かを示すことである」ということを述べる（E4P18S）。第四部では定理一八までで、「人間が理性の命令にしたがわないのはなぜか」ということが論じられるのに対し、定理一九以降では、「理性が何を命ずるか」ということが論じられている。

もちろんスピノザ自身が断っているように、第四部ではまだ、いかにしてわれわれが理性の命令にしたがうことができるか、あるいは「理性そのものが感情に対して何をなしえるか」ということ、つまり「精神ないし理性の能力」については論じられていない（E5Praef）。だが、理性が何をなしえるかではなく、理性は何を命ずるかについて論じられている第四部とくにその定理一九以降こそは、スピノザが独断的と言っていいような道徳的な一面を示している特異な箇所であると言えるだろう。

このような倫理的・道徳的な厳粛さは何を教え、また何を目指しているのか。理性がわれわれに指令するもの、つまり「理性の命令 dictamen rationis」とは、何であろうか。スピノザの言う「理性の命令」には、「一般的に言えば各人が自己の有をできる限り維持するように努めること、を要求する」という側面があり、そこには道徳性があまり感じられないばかりか、むしろ自然主義的な雰囲気が濃厚である。しかしスピノザはさらに「すべての人間がともどもにすべての人間に共通な利益を求めること」へと話を進め、そしてつぎのように結論するのである。理性に支配される人間、言いかえれば理性の導きに従って自己の利益を求める人間は、他の人々のためにも欲しないようないかなることも自分のために欲求することがなく、したがって彼らは公平で誠実で端正な人間であるということになる、と。

この理性の命令は、普遍的な命令としてわれわれの前に現われる。「理性は何を命ずるか」とはすなわち「理性に導かれた人間ならば、このように行動する」ということに他ならない。「理性の命令のみにしたがって生きる人間」（「自由の人 homo liber」）がどのように行動するかということをスピノザはあくまでも形式的に示す。

例えば、嘘をつくことに関してはつぎのようになるだろう。スピノザは「自由の人は決して悪巧み dolus malus をもってしてではなく、つねに誠意 fides をもって行動する」という命題を掲げる（E4P72）。そしてそれを以下のように証明しようとする。

> もし人間が背信によって現在の死の危難から救われるとしたらどうであろう。その場合、自己の有の維持をたてまえとする理性は無条件で人間に背信的であるように教えるのではないかと。これに対しては（中略）もし理性がそうしたことを教えるとしたら理性はそれをすべての人々に教えることになる。したがって理性は一般に人々に、相互の協力および共通の法律の遵守への約束を、常に詐って結ぶように教えることになる。…しかしこれは不条理である(E4P72S)。

このように、理性が何を命ずるかということは、あくまでもそれが普遍的に命じるというその命令の形式を考慮することによって示される。これは後の、カントによる定言命法をめぐる議論を思い起こさせる[25]。

もちろん、そのような人間が実際にいるとは言われていない。スピノザは「背信によって死の危難から救われること」を非難しているわけでも、そのような場合にも決して詐りの行動をしないことを勧めているわけでもなくて、もし完全に自由な人間、すなわち百パーセント理性によってのみ導かれた人間がいるとするならば、このように行動するであろうということを示しているにすぎない。そのような人間が現実に存在するとは考えられておらず、ただそのようなことが理性の性格から導き出されると言われているだけである。

この「もし理性がそうしたことを教えるとしたら理性はそれをすべての人々に教えることになる」ということは、理性というものがもつ性格を端的に、また非常に形式的に示している26。理性が命ずるところと実際の人間とのあいだには、乗り越えがたい落差がある。そしてこの落差こそは、人間というものがたがいに一致できるかできないかの分かれ道なのだ。人間は理性においてのみ、一致すると言われるのだ。このような「理性」の実践的・形式的な性格を端的に示しているのは、次の命題である。

理性の導きにしたがって生きているかぎり、ただそのかぎりにおいて、人間は本性上つねに必然的に一致する(E4P35)。

その証明はここには挙げないが、その核心部分に定理三一の系が使用されていることは注目に値する。なぜなら、このことは、この定理において「理性の導きにしたがって生きているかぎり」という限定の意味をわれわれに知らせてくれるからだ。この限定は決して、理性の命令に完全にしたがっている人、つまり「自由の人」を指し示しているわけではない。そうではなく、むしろ、理性の命令にしたがえばしたがうほど、われわれは一致するということが、ここで言われているのである。言い換えれば、「人間は理性の導きにしたがって生きている時に、本性上もっとも多く一致する」というのが、ここで示されていることなのである(E4P35C2)。

もっとも、スピノザはけっしてこの、人間相互の一致の根拠となっている「理性」というものの内容について、十分に説明しているようには思えない。それはあくまでもきわめて形式的なものでしかない。ではそれはどのようなものを指しているのか。スピノザが与える証明には、「人間は理性の導きにしたがって生きているかぎり、ただその限りにおいて能動すると言われる。したがって理性によって定義されるかぎりにおける人間本性から生ずるすべてのことがらは、その最近原因 causa proxima としての人間本性のみによって知解されなければならない」とある (E4P35D)。ここで言われている「理性」とは、能動性の基礎であるところのものである。それは、第二部で定義された理性つまりわれわれが認識論的側面において考察した理性と同じものであり、ただここではそれが十全なる認識をもたらす能力としてではなく能動性の基礎として扱われているのだ。なぜなら「精神の能動は十全な観念のみから生ずる」からである (E3P3)。つまり、理性による十全なる認識によって能動性が基礎付けられ、この能動性において本性の一致がもたらされるのである。

もっとも、このような理性の命令をめぐる議論が、はたして『エチカ』にとって本当に大きな意味をもつのかという疑いもあるだろう。例えば利他的な行動の基礎となる定理三七のほうこそが、むしろ「道徳的」な理論のようにも見えないだろうか。それは以下のような定理である。

> 徳にしたがっているおのおのの人は、自己のために求める善を、他の人々のためにもまた欲するであろう。そしてかれがもつ神の認識がより大きければ大きいほど、より多くそう欲するであろう(E4 P37)。

この定理は、たしかにすべての積極的に利他的な行動の基礎となっているだけでなく、本論にとっては厄介なことに、二つの証明が与えられているこの定理において、その二つめの証明が、直接的にも間接的にもわれわれが注目している定理三一およびその系に依存しておらず、あくまでも第三部で示された模倣の原理に基づいて証明されている。これは、この定理三七こそが道徳的な理論の中核となっていることを示してはいないだろうか。

このような反論があるとすれば、以下のように答えることができる。第一に、利他性はそれだけで道徳的であるわけではない。利他性は決して「理性の命令」そのものに直接関わるのではなく、理性というものにとって必ずしも本質的なものではない。そもそも、この定理における利他性とは、その証明を見るならば、「人間をして理性の導きに従って生活させるように努める」ということでしかない。第二に、模倣の原理が徳となるのは理性にとってはあくまでも二義的である。この定理が基づくところの模倣の原理は、「理性によって導かれない人間にとっては単なる受動である」が「理性の命令によって生活する人間にあっては、それは能動ないし徳である」からだ(E5P4S)。つまり、この定理も理性の実践的側面にとってはあくまでも二義的な意味しかもたないのである。

したがって、『エチカ』において理性というものがもつ倫理的・道徳的な性格は、たんなる利他性によって説明されるようなものではないと言わねばならない。そして、スピノザにおける理性の教説の性格を見定めるためには、やはりその基礎としての「本性の一致」に関する定理三一およびその系が何よりも重要なのである。スピノザが『エチカ』第四部で展開している「道徳的な」理論は、あくまでも本性の一致をめぐる理論を核としているのだ。

すでに述べたように、スピノザによる理性の実践的側面の理論の基礎となる第四部の定理三一とその系とは、理性の知識論的側面の基礎となった第二部定理三九およびその系に対するホモローグとして定式化されている。そして、一方から他方への移行は、つまり共通性から一致への理論的展開は、第三部冒頭のコナトゥスの理論によって果たされている。このようにして、「理性の本質は、明瞭判然と認識するかぎりにおけるわれわれの精神にほかならない」のであり、十全なる認識をもつ限りのわれわれの精神が「理性の導きに従った」われわれであり、その限りにおいて人間は本性的に一致する、と言われえるのだ。人間に対して普遍的に命ずるものとしての理性がもつ厳粛な倫理的性格が立ち現われるとすれば、それはこの理性がもつ二つの側面の統一性に基づいているのである。

三　理性的な情動

理性の実現可能性

ここまで本章において論じてきたことをここで振り返ってみよう。まずは『エチカ』第二部の共通概念の理論によってスピノザがいかに理性知の可能性を示し、これによってひとまず『エチカ』の体系を、その足元から基礎付けたのかということを明らかにした。つぎに、コナトゥスの理論をとおして、つまり対立と一致の力学によって、スピノザが情動と理性のダイナミズムについて、多くのことを解明することができたということを述べてきた。これらの理論によってスピノザは、理性が何を命ずるのか、それはどのようにわれわれの振る舞いを決定するかを、人間の幾何学のいわばハイライトとして示しえたのであった。

そこでわれわれの目に残された喫緊の課題として見えてくるのは、理性知がいかにして獲得されるのかということである。

理性の二つの側面を区別がそれぞれその中核となる原理をもっていることによって示されることはすでに確認された。事物の機械論的な性格と、力動論的な性格が前面に出てくる二つの場面で、理性の知識論的な側面と、実践論的な側面とが説明される。理性のもつ知識論的な側面は、共通なものの把握として理解される。また理性がもつ実践論的な側面は、本性の一致によって説明される。これらの二つの側面においてそれぞれ中核となる定理を、ここで再度示しておく。

【第二部定理三九の系】

精神は、その身体が他の物体と共通なものをより多く有するに従って、多くを十全に知得することにより有能となる。

【第四部定理三一の系】

事物は、われわれの本性とより多く一致するにしたがって、それだけわれわれにとってより有益あるいは善である。また逆に、事物はわれわれにとってより有益であるにしたがって、われわれの本性とそれだけよく一致する。

前者は共通なものについて述べており、後者は本性の一致について述べている。これらの二つの定理によってそれぞれ、共通なものにもとづいて十全なる認識がもたらされるという理性の知識論的な側面と、本性の一致にもとづいて、有益性ないし善性がもたらされるという理性の実践論的な側面とが、明確なしかたで述べられている。一見すると、前者は共通なものを有することについてのべており、後者は本性において一致することについて述べられているため、両者にはつながりが見えない。

これらふたつの原理、同じことを別のしかたで説明しているこれらふたつの原理が、どのように組み合わされているかについては、すでにつぎのように理解されたのであった。前者の命題からは、理性知の根拠としての共通概念のメカニズムが、機械論的に説明される。後者の命題は、先に共通なものの成立として考えられたことが、本性の一致として力動的にとらえ返される。だからこそ、理性もまた、これらふたつの原理にまたがって、統一的に理解される。

理性の本質は、明瞭判然と認識するかぎりにおける、われわれの精神にほかならない(E4P26D)。

「理性」概念の統一的な意味がこのようにして確認される。知識論的な側面における理性と、実践論的な側面において言われる理性とは、同じものなのである。言い換えれば、知識論的な側面において、理性知として導入された「理性」概念をスピノザは手放すことはない。したがって理性は、つまり十全なる観念をもつかぎりでのわれわれの精神は、またわれわれをさまざまな行動へと導くものでもある。理性がわれわれを導くとは、理性によってわれわれが能動的になるということである。「精神の能動は十全な観念のみから生じ、これに反して、受動は非十全な観念のみに依存している」(E3P3)。

そして、このように「理性の導きにしたがって生きるかぎり、そのかぎりにおいて、人間は本性上常に必然的に一致する」(E4P35)。理性においてのみ、われわれが本性上たがいに一致することができる。言い換えれば、他なるものの本性に支配されることなく、人間の真の本性が発揮されるとき、そのときのみ、われわれは必然的に一致することができる。「理性」概念はこのように統一的に把握されている。

このような「理性」概念を考慮に入れるならば、たとえ何らかの偶然によって一致がもたらされたとしても、それは本性上の一致であるとは言われないであろうことがわかる。さらに言えば、共通概念もまた、たんなる偶然的なよい出会いによっては与えられないということになる。なぜなら共通概念の定理が教えるところによれば、「人間身体、および、人間身体がそれらから触発されるのを常とするある外部の諸物体に、共通でありかつ特有であるもの、そしてまた、等しくこれら各物体の部分の中にも全体の中にもあるもの、それの観念もまた精神の中において十全である」ということであった[27]。したがって一度きりの偶然の出会いによっては必ずしも共通概念が与えられるわけではない。つまりよい出会いは、それだけでは理性の拡充を組織立てることにはならない。すべては、われわれが受動から脱して、能動性を獲得していく努力にかかっているのである。とすると、たんなるよい出会いからは、本性上の一致ももたらされないと考えられねばならないだろう。

では実際に、このような理性の獲得はどのようになされうるのだろうか。たしかにスピノザは、理性においてわれわれがお互いに一致できるということの他には、ほとんど何も実質的な内容を示してはいない。理性は万人に対して普遍的な指示を与えるが、実質的な内容についてはほんの若干のことが「自由の人 homo liber」つまり完全に理性に従って生きる人の行動がいかなるものであるかというかたちで示されるにすぎない。すでに見たように、ある事が理性に反するがどうかを、それが万人に普遍的に適応できるか否かにおいてスピノザは調べていたのだった（E4P72S）。しかし実質的な内容を、理性のメカニズムから積極的に導き出すことはできない。スピノザにおける実践理性は、あくまでも形式的に示されている[28]。では実質的な原理はなにもないのだろうか。

ここで再び、ドゥルーズが「共通概念」について述べていたことを思い起こしたい。実践的な問題は、いかにして共通概念を形成するかという一点に尽きる。ところで共通概念は、小なるものから大なるものまで様々な拡がりをもったものがある。質的に見た場合には共通概念の質には差はなく、理性は一律である。しかし、理性が成立する一般性や拡がりといった点においては、さまざまなものがある。かならずしも人間本性といったものにつながらなくても、つまり完全なる人間の理性という側面を見せなくても、もっと局所的に成立する十全性でなんらかまわない。「もしわれわれが共通概念の形成の秩序を考えるならば、われわれは一般性の最も低い概念から出発しなければならない」[29]。これは、有益な組み合わせをもたらすような他者との遭遇によってもたらされる。ドゥルーズはよき「出会い rencontres」によって、喜びがもたらされ、それが共通概念の形成を小から大なるものへと導いていくと述べている。それは「いい出会いを組織立て、生きられる諸関係を構成し、力能を形成し、実験すること」である[30]。共通概念に思弁的内容と実践的機能があるとドゥルーズが述べるのは、このような理解においてである。

だが、はたして本当にそうなのだろうか。問題は、共通概念の形成の秩序というものがいかなるものかということだ。それは本当に小さなものから大きなものへというふうに進むのだろうか。またそれは、どのようにして、たんなる受動的な喜びから、能動的な喜びへと移行していくのだろうか[31]。たしかによい出会いを組織することが有益であるというのは言うまでもないことだ。だがそもそも、ドゥルーズのようにそれを共通概念の水準で考えるならば、それは偶然にまかせるしかしかたがないということになりはしないか。いい出会いを組織するということは、いかにして可能なのか。それはどのように組織されうるというのだろうか。

このようなドゥルーズの解釈は、あまりにも身体のレベルで考えすぎているように思われる。第一に、よい「出会い」を組織立てるというのは、あくまでも身体のレベルにおいてイメージされうる。精神のレベルではそれは「出会い」としては理解されない。スピノザが、精神の決意ないし衝動が身体の決定と一にして同一であることに注意をうながしていることを思い起こそう（E3P2S）。同様に考えるならば、よき出会いと思考能力の増大とは一にして同一であるということになる。もし精神のレベルでおきることを中心にして考えるならば、それは偶然的な出会いによってもたらされる喜びといったことではなく、あくまでも思考力の増大が見出されるにすぎないであろう。第二に、共通概念が小なるものから大なるものへと形成されていくというのも、また身体のレベルにおける理屈であるように思える。そもそも、最大の共通概念、つまりすべてのものに共通なるものは、けっして最後に到達されるのではなく、最初からすべての人間に明晰判明に知得されていることをスピノザは述べている(E2P38C)。

考えなおさねばならないのは、精神においておこる思考能力の増大は、偶然的なものにすぎないのかどうかということであろう。「出会い」が身体のレベルにおける偶然的な決定であるとすれば、それもまた外部の要因によって引起されることのように思われる。スピノザが述べているのは、そのようなことなのだろうか。情念の療法と呼ばれる第五部前半の理論においてスピノザが繰り返し述べていることは、われわれは理性の力によって情念の受動から逃れて能動的になれるということである。これを身体のレベルで見るならば、たとえ運の悪い出会いであっても、それをいいものに変えるということになろう。それはどのようにしてなされるのであろうか。

情念の療法

すでに述べたように、たんなる情動と、いわゆる「霊魂の情念 animi pathema」と呼ばれるべき受動的なる情動とは区別されねばならない。なぜなら、情動はかならずしも受動的なものだけでなく、能動的なものもあるからである。「受動である喜びおよび欲動のほかに、能動するかぎりにおけるわれわれに関する他の喜びおよび欲動の情動がある」(E3P58)。これに対してスピノザは、受動的であるかぎりの情動を、情念 pathemaとして規定する。『エチカ』第四部以降においてあつかわれている情動は、もっぱらこの情念の観点からなされている。

スピノザが『エチカ』第五部の前半で述べている「情念の療法 remedia affectuum」もまた、能動的な情動についてのものではなく、もっぱら受動的な情動すなわち情念をめぐっての治療である。受動的な情動をいかにして克服することができるかが、そこできわめて簡略なかたちで示されていることがらである。理性はいかに無力であるか、そしてまた理性は何を命じるのかが示された後に、理性はいかに情念に対して力をもつのかが論じられる。(もちろん、ドゥルーズが共通概念の実践的機能が示されていると述べているのも、この情念の療法についてである。)

情念の療法は、スピノザは五つに分けている(E5P20S)。大別するならば、三つにまとめることができる。第一に、情念そのものの知解によって、そして外部の事物の思惟からの分離によって。第二に、理性的な情動のもつもろもろの特徴によって。これは、理性的な情動のほうが受動的な情動よりも強力であるということによる療法である。また第三に、喜びにあるかぎり、われわれは情念を組織し、秩序立てることができるということによって、つまり、理性的な秩序に沿って秩序立てることができるということによって。いうまでもなく、この第三のものこそが、情念の療法のなかでももっとも中心的なものとなっている。

理性的な秩序にしたがわないような情念は、われわれの無力を示している。たとえば、運命を呪うことは、苛酷な運命のなかにあることだけにもとづくわけではない。それはあくまでも、無力なたましいのなせるわざである。したがって、「自由への愛のみによって情動と衝動を制御しようと勉めるものは、徳および徳の原因をできるだけ知り、またたましいをそれらの真の認識から生じる歓喜で満たすようにするであろう」(E5P10S)。この努力は、われわれの知性の力能を示しており、そのような力能をもたないような無力なたましいにとっては不可能なものである。

このような無力からいかにして脱出することができるのか。スピノザはいかに実践的な問題について論じるとしても、神にうったえることはしない。たとえばスピノザはこう述べている。

自然が何ら無駄なこと(言いかえれば人間の役には立たぬことを)をしないことを示そうと試みながら、彼らは自然と神々とが人間と同等に狂っていることを示しただけにすぎないように思われる。見るがいい、事態がついにいかなる結末になったかを！自然におけるかくも多くの有用物の間にまじって少なからぬ有害物を、たとえば暴風雨・地震・病気などなどを彼らは発見しなければならなかった。…そして日常の経験は、有用物ならびに有害物が敬虔者にも不敬虔写にも差別なく起こることを、無数の例をもって示すのであるけれども、彼らはそのゆえに昔ながらの偏見から脱することをしなかった(E1Appendix)。

摂理などというものは無知から起こることにすぎない。自然には何らの目的もない。カント的に考えるなら、スピノザにおいて最高善は不可能である、なぜならスピノザは、善をなすことと幸福とのあいだに、なんらの要請をも置くことを拒否するからである。

もし無力と隷属状態から脱出することができるとすれば、それは人間精神がもつ相対的な優秀さにもとづくことによってであろう。人間精神がもつ相対的な優秀さとは、身体的な優秀さでもあった。それは種としての人間にとって言えるだけでなく、個々人の違いについても、あるいは個人の人生のなかでの変化についても言える。「きわめて少しのことにしか有能でなく、きわめて外部の原因に依存する身体をもつもの、たとえば幼児や少年」について、その知性的な無能力性について述べられる（E5P39）。もっとも、身体的な優秀さとは、身体が鍛えられて健康であるというようなことではなくて、あくまでも精神が身体の観念であるということから言われているにすぎないことは言うまでもない。

では、理性的な秩序にしたがって秩序立てるということが、どのようにして可能なのであろうか。それを示しているのがつぎの定理である。

【第五部定理一〇】

われわれは、われわれの本性に対立した情動に捉えられないあいだは、知性と一致した秩序にしたがって身体の触発を秩序づけまた連結する権能をもっている。

この定理において対立ということが大きな役割を果たしているように、事態は対立と一致の力学のなかで語られている。われわれに対立した情動、つまり悪しき情念に悩まされないかぎり、われわれは知性の力を保有しており、思惟する力を働かせることができる。これがこの命題が述べていることである。

では、われわれの本性に対立した情動にとらわれないということは、いかにして可能なのであろうか。たしかにドゥルーズが言うように、偶然の喜びでこころを満たすことは、知性の発動を補助することにはなるかもしれない。受動的な喜びも、われわれを受動状態から脱出させるために役に立つと言うことはできる。だが喜びとはそもそも精神の活動能力の増大である。喜びの情動はあくまでも精神の思惟する能力の増大を基準にして考えられねばならない。先に見たように、喜び・悲しみがもっぱら知性について言われていることは忘れられてはならない。すでに触れたように、スピノザは喜びや悲しみを、また身体の活動能力の増減を基準にして述べてもいるが、力点はそこにはおかれていない（E4P41D）。たとえ受動的である喜びであっても、それはわれわれの思惟する力能を増大させることなしには、そもそも喜びの名に値しない。

スピノザが述べているのは、真の認識から生じる喜びでこころを満たすことであって、偶然の喜ばしい出来事を増やすようなことではない。「自由への愛のみによって情動と衝動を制御しようと勉めるものは、徳および徳の原因をできるだけ知り、また霊魂をそれらの真の認識から生じる歓喜で満たすようにするであろう」（E5P10S）。喜びとは偶然によってもたらされるものではなく、あくまでも認識から生じるものでなければならない。もし偶然によってもたらされるとしても、それは精神の活動能力の増大という観点からのみ評価されねばならず、喜びがそもそも思考能力の増大であるとすれば、それによって思考がおこなわれるかぎり、われわれはすでに能動的となるのである。そしてこの能動性には、そのままで喜びの情動と結びついている。「受動である喜びおよび欲動のほかに、能動するかぎりにおけるわれわれに関する他の喜びおよび欲動の情動がある」(E3P58)。

そして理性は、まさにこの能動的な喜び、理性的・道徳的な喜びへとわれわれを導く。それは「理性から生じあるいは理性によって喚起される情動」である(E5P7)。この能動的な喜びの情動は、つねにいまここで生じる。対立した情動にさえぎられないかぎり、われわれはいつでも理性の力を発揮することができるのである。

自己の利益を求めて

したがってスピノザは理性を、「われわれ自身のよりよき部分 pars melior nostri」と呼んでいる(E4A32)。そして、「人間は理性の導きに従って生活する時に真に自己の本性の法則に従って行動して」いると言う(E4P35D)。理性は、『エチカ』第二部における人間の諸規定、および第三部で人間の欲動・衝動として規定された「人間の本質ないし本性」と並んで、人間本性を規定するものとして理解されうる。理性とは人間の真の本性を実現している状態なのである。

ではスピノザが言う「自己の利益 suum utile」は何を意味しているのか、あるいはそもそも「自己」とは何を意味しているのか。スピノザはすべての利他的な道徳に反して、自己愛あるいは自己の利益にこそ道徳の基礎を置こうとする。スピノザが「自己の利益」ということを述べるとき、かれは利他性を重視するような道徳に明確に反対していると考えることができるだろう。スピノザは「善」を、第四部の定義において「われわれに有益であることをわれわれが確知するもの」と規定し、また「各人は自己の利益を求めるべきである」という原則が「不道義 impietas の基礎であると信ずる人々」に対しては、むしろこの原則こそが道徳の基礎であると主張している(E4P18S)。

明らかにこの「自己」は、受動状態に置かれたかぎりでの人間のことではない。「真に利益であるところの自己の利益」とは、受動状態に置かれたかぎりでの人間が求めるような意味での利益ではない (E4P18S)。ここで言われている「自己」とは、いわば感性的な存在者というような意味での人間ではなくて、あくまでも理性によって規定される人間を指し示している。

したがってスピノザが謂う所の自己愛は、通常の意味での自愛とはまったく逆のものであり、たとえばカントが実践理性と対比させるような意味においての「自愛」とは異なっている。第四部の序言には、「善とはわれわれの形成する人間本性の型にますます近づく手段になることをわれわれが確知するものである」とある。つまり本当に「有益である」のは一致する限りでの人間、つまり理性によって規定される人間になることなのである。それはあくまでもスピノザが言うところの「理性」によって規定される人間のみが求めうるところの利益である。

同じことは「自己充足 Acquiescentia in se ipso」についても言える。自己充足とは「自己の活動能力を観想することから生ずる喜び」であるが、そもそも「人間の真の活動能力ないし徳は理性そのものである」(E4P52D)。したがって理性から生じる自己充足こそが真の自己充足あるいは最高の満足なのだ。それは実践的に到達される満足感以外の何ものも指してはいない。後にカントが実践理性への従属に「義務」という消極的な語の他にふさわしい表現を探すとき、自己満足Selbst-zufriedenheitという語に行き着くのと相同である[32]。さらに、このような満足こそが「われわれの望みうる最高のもの」と言われることに注意しなければならない (E4P52S)[33]。自己への充足とは感性的・受動的なものではなくてあくまでも理性的あるいは知性的なものなのだ。

このように、理性によって人間を規定することは、人間の定義あるいは人間の本質が『エチカ』においてはっきりと示されていないという批判に対する答えを提供する。『エチカ』において人間の定義がはたしてどのように与えられているのかということにたいしては、諸説があって一定しない34。われわれはすでに前の章において、精神が身体の観念であること、つまり人間精神の本性はその対象としての人間身体の特質において理解されることについて論じた。また人間身体の特質が比較的な優秀さにおいて示されていることの意味について説明した。そして本章において、人間本性の機械論的な理論のほかに、力動論的なコナトゥスの理論が組み合わされること、そしてスピノザが「人間の本質そのもの」(E3P9S)と呼ぶものが、個々の人間の欲動・衝動であるとしてとらえられることについて述べた。しかしこれは決して人間の定義(種別的な本質)から導き出されるのではなくて、「おのおの物の現実的本質」(E3P9)が個々の人間においても言われるということにすぎず、この点で人間精神がまさに人間身体の特質から理解されねばならないのと同じように、人間の現実的本質もまた人間身体がもつ人間的欲動によって理解されねばならないだろう。

「理性」概念によってもたらされる人間本性の規定は、以上のような理解に対してさらに人間本性の実現の可能性を付け加える。理性によって示される人間の本質ないし本性とは、また「徳 virtus」あるいは「力能 potentia」と呼ばれる(E4Def8)。第三部において欲望・衝動が「人間の本質そのもの」であることが示された後、第四部において新たに考察されるのは、理性的な欲望・衝動である。そこで明らかにされるのは、人間にとって本来的な衝動・欲望とはまずもって理性的なものであるということだ。スピノザはこう述べている。

欲動は、一般的に見れば、人間の本質が何らかの仕方であることをなすように決定されると考えられる限りにおいて、人間の本質そのものである。ゆえに理性から生ずる欲動、言いかえれば働きをなす限りにおいてわれわれの中に生ずる欲動は、人間の本質が単に人間の本質のみから妥当に考えられる事柄をなすように決定されると考えられる限りにおいて人間の本質ないし本性そのものである(E4P61D)。

とはいえ、理性によって規定される人間の本質とは一体いかなるものであろうか。理性というものの内実は十全なる認識である。理性の性格つまりそれが何を命ずるかということは第四部の諸定理によって明らかにされているのだが、それは種別的本質をもつ人間というものから単に形式的に(無内容に)導き出されたにすぎなかった。欲望という個々の人間の個別的本質もまた、人間の種別的な特徴とは無関係に単に形式的な観点から導き出されたものでしかない。とすると、理性的な欲望とは、形式的な上にも形式的なものに思えてしまうのだ。

しかしたしかにこの理性的な意味での人間本性というものは、「人の人たる所以」という道徳的な意味をもっている。人間身体に関する諸要請もまた種としての「ヒト」を規定してはいるが、それは単なる動物の一種としての存在に過ぎず、まだ「人の人たる所以」をとらえられてはいなかった。このような身体的機構による人間の理解によっては、「人」という概念がもつ力動的な側面は理解されない。それに対し、「人間の本質ないし本性そのもの」があくまでも理性的欲動にあるという理解は、理性的欲動の発露において「人の人たる所以」としての人間の本質を内側から掴むということを意味する。そして人間は他の人間と力を合わせることで、より自分の力を発揮することができるようになる。

すでに指摘したように、共通概念における「共通なもの」は形式的にしか見出されない。それの具体例をあげることは困難であるばかりか、不可能でさえある。それに対して、本性の一致はわれわれの身において発生する事態であり、どの点で一致するかをあえて考えなくてもよい。一致していることということは、あくまで動態的に発生するのであって、具体的な出来事であるからだ。一致するということは、協力関係に入るということであり、共通なものがあるというのは協働するということである。スピノザの言い方でいえば、「力を合わせる vires jungare」ということである（TP2-13）。あるいはドゥルーズがいうように、「協働関係を形成する former l'association」というふうに言い換えてもいいだろう[35]。一致するとは『エチカ』第四部において個体間に成立する社会性が扱われるとき、そのメカニズムを動かしているアソシエーションの力学である。それは「互いの構成関係がひとつに組み合わさる les rapports se composent」ことである[36]。もちろん、この力を合わせるということは、身体のレベルでのみ考えられてはならず、むしろわれわれの知力が最大限に発揮されることにおいて実現される事態であることは忘れられてはならない。いずれにせよ、共通なものについて語るのではなく、その動態的な結果である一致について語ることによって、「この自然のうちに現に存在する具体的実在的な個々の存在を関連づける幾何学」は完成されるのである[37]。

ところで、理性が実際にわたしによって個人的な体験として生きられる時、もはやわたしは人間の本質を外から形式的に扱う観点にではなく、わたしの個別的な本質を内側から実質的に把握する場所に立っている。ここで、そもそも物の本質には二つの側面を区別することができるということに注目しよう。物にその種別的側面とその個別的側面とを区別するとき、物の本質にもまた種別的な本質と個別的な本質とが区別されるのである。われわれは人間（「ヒト」）でもあるが、またあくまでも「わたし」という唯一性における存在でもある。そして、人間身体に関する諸要請における人間の定義は、一般的な意味での人間身体の種別的な本質を明らかにする。しかしこのわたしという唯一性においての身体の個別的な本質（「このまたはかの人間身体の本質」E5P22）は、他の人間身体と共通なものによっては構成されない。

まとめてみよう。理性から情動が生じ、また欲動が生じる。理性的な欲動とは、能動的であるかぎりでの欲動であり、それは人間の特質として機械論的に示されたものの力動論的な呈示である。それはもはや人間の種的な共通性において理解される人間のすがたではなく、対立の一致の力学のなかで個々のわれわれの身において力強く経験されることがらである。それはもはや何か共通的なものを形式的に想定するような視点によって理解されることではなくて、われわれの実際の振る舞いや感得によって試されねばならない、具体的で個別的な出来事として発生する。そして、このように理性が実現されているとき、そこにいったい何が起こっているのか、そして何がもたらされているのか、それが明らかにされねばならない。

問題の最終的整理――人間の理論から自己の省察へ

人間の行動と衝動とを、線や面や立体についてと同じように考察するというスピノザの約束は、どのように成し遂げられただろうか。少なくとも理性の可能性とその実現性とを明確にすると言う課題が、『エチカ』の理論が十分な堅固さにおいて成立するには重要である。理性的な概念より論証するだけでなく、その理性の根拠付けをみずからなすことによって、『エチカ』は何ものにも依存しない完備した書物となる。そのために理性は、異なった二つの側面において論じられる。それは知識論的な側面と、実践論的な側面である。

スピノザ哲学において理性知と理性の実践的機能として別々に論じられているとはいえ、実はこれら二つの側面は連結されており、理性は理性としてあくまで統一性をもっている。これら二つの側面は、『エチカ』において自然が論じられる二つの場面、デカルト的な機械論的な場面と、それにとどまらない力動論的な場面とにおいて、それぞれ論じられている。

機械論的な場面において理性の知識論的側面は明らかにされるのだが、それがいわゆる共通概念の理論であって、われわれはそれがスピノザ独自の理論であることを強調してきた。共通概念とは共通なものの概念であり、それのみが概念のなかで十全性をもちうるのだが、だからといって、この「共通なもの」が何かを具体的に示すことはきわめて困難である。実はそれは、あくまでも形式的に示されるにすぎず、それはすでに複数の個体がお互いに合致するという事態を指し示している。つまりそれは、現代の生命科学によって想像されうるような理論ではなく、それ自体が共通概念によって論証されるところの、きわめて一般的なる理論であり、いわば関係性の一般理論のなかでのみ理解されるのである。

　理性の実践的側面は、本性の一致にもとづくことによって、力動的な場面において明らかにされる。対立と一致の力学はコナトゥスの理論によって解明されるのだが、この力動的な理論は、それ単独で見られた場合には、情動の理論を形成する。しかしこの力動的な理論は、また共通性をめぐる理論と連結することによって、理性の理論となる。なぜなら、一致するということは、共通なものをもつということの力動的な発現であるからだ。

　このように理性は共通なものの概念によって知識論的に基礎付けられるだけでなく、対立と一致の力学によって力動論的にも明らかにされる。人間の情動と理性とを、行動と衝動とを、「線や面や立体についてと同じように」考察するという約束は、このようにして関係性の一般理論のなかで果たされるのである。

　以上からさらに分かることは、理性が可能であるだけでなくまた実現されるものであることの根拠は、理解するという力能がそれに徹することでさらに増大するからである、ということだ。真の認識から生じる喜びとは、精神の理解する力が増大することであり、本性の一致が善であると言われるのもまた、あくまでもそれが精神の力をより発揮せしめんがためである。情念の療法のポイントは、偶然によるよい出会いを組織するということではなく、できるだけ理解する力を増大させることにあるのであって、むしろ理解することじたいが、同時にまたよき出会いそのものであるのだ。そして、精神の力を増大させること、理解すること、それはわが身においていつでも実現されうることなのである。

スピノザの「概念」説は、このようにしてわれわれの情動についての理論として『エチカ』のなかで展開を見せる。思念・観念・概念といった語の区別の問題から観念相互のあいだの関係の理論、そして「精神は身体の観念である」というテーゼによる人間(ないし生物一般)の理論の構築へと、さらには諸々の事物のあいだの関係性の一般理論における機械論的な「概念」の身分の確定、そして対立と一致の力動論による「概念」形成の理論の成立へとわれわれは検討を続けてきたのであるが、これでなるほど、理論的にはすでに整合性が獲得されたようにも思われる。

だがいったい、これらの理論によって何がなされてきたのか。われわれは立ち止まって、こう問わねばならない、いったいスピノザはどこに向かっているのか、と。スピノザが、形而上学的諸概念の批判を通じて『エチカ』という書物において企てている「哲学」とは、どのようなものであるのか。もちろん、『エチカ』をつらぬく筋道が、人間精神とその最高の幸福との認識へ向けて必要な事柄を示すというものであることはたしかだ。だが、そもそもそのような事柄を示すということがいったい何をしていることなのであり、それがどのように可能となっているのかは、まだ十分には説明されていない。一般的なものの認識が個々の人間において実現される可能性は示されたが、それがいったいわれわれが生きていることとどうつながっているのかが、まだ説明されていない。つまり、概念的な認識がいかにして個別性に届いているのかが理解されていないのである。

注

1 知識論と実践論とを分けて論が組まれることに起因するこの区別において問題となるのは、スピノザの「理性」概念を解釈するさいに、一方へと偏ることによってスピノザの理性論の意味を見失ってしまうことである。これまでの解釈は、知識論的な側面か、実践論的な側面かのどちらかに偏る傾向が見られた。古典的なスピノザ解釈の多くには前者が見られるが、近年でもこの傾向は健在である。Cf. Filippo Minini, "The Potency of Reason and the Power of Furtune," in *Spinoza on Knowledge and the Human Mind*, edited by Yovel (Leiden: Brill, 1994)；Salomon Ofman, *Pensée et rationnel: Spinoza* (Paris: L'Harmattan, 2003)．近年のスピノザ解釈には後者のタイプが増えてきているが、典型的な例のみを挙げよう。Matheron, *Individu et Communauté chez Spinoza*; Laurent Bove, *La Stratégie du Conatus* (Paris: Vrin, 1996)．以下で述べるように、ドゥルーズは両者を統一的に把握しようとしているが、それにもかかわらず、やはり両者の理論的関係を明確にはしていないように思われる。

2 両者は、たとえば木島がデラ・ロッカを批判する文脈で述べている、精神の認知的cognitiveな働きと動機的conativeな働きの区別よりも、より大きな区別であると思われる。木島泰三「スピノザにおける人間精神の認知的働きと動機的働きの統一」、『法政大学文学部紀要』第四七号(二〇〇二年)を参照。

3 Deleuze, *Le problème de l'expression*, 207. このようなデカルト後の哲学的課題は、一方では生命についての理解というテーマに即して明らかにされうるし、他方では、自然に対する観点としてバロックの他の思想家たちとの関係において思想史的にも論じられうる。François Duschesneau, "Modèle cartésien et modèle spinoziste de l'être vivant," *Cahiers Spinoza* 2 (1978)；Saverio Ansaldi, *Spinoza et le baroque Infini, Désir, Multitude* (Paris: Kime, 2001); Ansaldi, Nature et puissance Giordano Bruno et Spinoza (Paris: Kime, 2006)．いずれにせよ、機械論mechanicaの役割ほどに「力学」的側面を重視しない解釈はここでは取ることができない。Cf. Adrien Klajnman, *Méthode et Art de Pensée chez Spinoza* (Paris: Kimé, 2006), 69-90.

4 桂寿一「近世における実体と主体」、哲学会編『哲学雑誌』七二五号(一九五六年)、二三九頁。

5 ドゥルーズはこのような要素をほとんど省いて解釈している。また、このスピノザによる証明を仔細に検討しているゲルーでさえ、この点にほとんど力点を置いてはいないということも、ここで指摘されねばならない。Gueroult, *Spinoza II*, 335-338. ただしゲルーはこの共通なる特質をめぐってきわめて興味深い議論をおこなっており、この点は次章で検討する。

6 Deleuze, *Le problème de l'expression*, 257.

7 たとえばカントは『純粋理性批判』の序文において、ロックが人間知性についての「生理学」を打ち立てたと述べている（A ix）。だがその言葉はスピノザにこそふさわしい。

8 Henri Bergson, "L'âme et le corps," in *L'énergie spirituelle*.

9 Antonio Damasio, *Looking for Spinoza* (New York: Harcourt, 2003). および、木島泰三によるその書評、『スピノザーナ』六号（二〇〇五年）を参照。ドゥルーズもまた、「共通概念」の理論について、「数学的というよりむしろ生物学的なもの」あるいは「幾何学的というよりは物理化学的ないし生物学的な概念」と述べている。Deleuze, *Le problème de l'expression*, 257; Deleuze, *Philosophie pratique*, 127, 156.

10 Cf. 桜井直文、「身体がなければ精神もない―ダマシオとスピノザ」、『現代思想』三三号、二〇〇五年。

11 Deleuze, *Philosophie pratique*, 168.

12 Deleuze, *Le problème de l'expression*, 260.

13 Deleuze, *Ibid*, 257; Deleuze, *Philosophie pratique*, 130.

14 Deleuze, *Le problème de l'expression*, 265.

15 Cf. Matheron, *Individu et Communauté chez Spinoza*.

16 Ariel Suhamy "Comment définir l'homme?" in *Fortitude et Servitude* (Paris: Kimé, 2003), 94. 彼は定理三一をめぐって共通性と一致との違いに注目しており、それによってこの違いを重視しないマトゥロンの解釈を批判している。これはきわめて正当な批判である。他方、彼は一致と共通性との違いを「功利主義と主知主義の相違」であると述べているが、それは正確ではない。以下で、この相違について論じることにしたい。

17 なお原文ではここに「この部の公理三より」とあり、この不在の公理への言及が何を意味するのかについては諸説がある。第四部定義一を指す、第一部公理三を指す、最終的に削除された第四部の三つめの公理を指す、との三つの解釈があり、近年でもポトラは二つめの、ジャンコッティは三つめの解釈をとるなど一定していないが、解釈には関係しないのでここでは検討しない。Giancotti, *Etica*; Pautrat, *Ethique*.

18 第四部定理二九、「その本性がわれわれの本性とまったく異なる個別的な事物は、われわれの活動能力を促進することも阻害することもできない。また一般に、いかなる事物も、もしそれがわれわれとある共通なものを有しなければ、われわれにとって善でも悪でもありえない。」および定理三〇「いかなる事物も、それがわれわれの本性と共通に有するものによって悪であることはできない。それがわれわれにとって悪である限り、その限りにおいてそれはわれわれと対立的である」。

19 『エチカ』第二部には、触発の語が多く使われているが、情動の語もまた第二部でもすでに使われており、それらの区別には疑問が残る(E2P17)。他の箇所でも、情動とあるべきところが触発となっている場合がある(E5P20S)。

20 Jean-Marie Beyssade, "Can an Affect in Spinoza be 'of the body'?" in *Desire and Affect, Spinoza as Psychologist*, edited by Yovel (New York: Fordham University Press), 1999.

21 ベイサードはさらにつぎの点を指摘する。第三部の末尾に置かれた「情動の一般的定義」においては、「情動」の語が、上記の情動の定義よりもさらに狭義の用法において使用されている。だがそれは、情動一般についてというよりはむしろ「霊魂の情念」animi pathemaについて述べていると考えられねばならない。この新たな定義は、定義と言うよりはむしろ、後続する第四部のために議論の方向性をもっぱら精神の受動性へと向けるための解説にすぎず、第三部冒頭の情動の定義と同列に並べることはできないのである。このような用法はたしかにスピノザに見られるところのものである。

22 ドゥルーズは、触発と情動とのあいだの区別は、通常述べられるように身体的と精神的との区別ではないと指摘している。ベイサードはここで、アルキエの説が批判されていると指摘し、後者はそのような見解をとっていないと擁護している(128)。だがドゥルーズの力点は、たんに身体的・精神的の区別とは異なるという点にあるのではない。そうではなく、両者の「本性上の差異」が、たんなる表象的な性格と、移行的で動態的な性格との違いにあるという点にある。Deleuze, *Philosophie pratique*, 69-70.

23 これは特にドゥルーズの解釈において強調されていることであり、意識されているのは先行するデルボスらによるカントに引きつけた解釈との違いであるとともに、現代哲学の背景としてのニーチェによる道徳解釈であることは言うまでもない。朝倉友海、「ドゥルーズと「人間の死」」、『流砂』四号(二〇一一年)。

24 「実際もしかれらが、人間はあとで後悔するような多くのことをなすものであり、また相反する感情に捉われる時は往々にしてより善きものを見ながらより悪しきものにしたがうものであるということを経験し experiri なかったとしたら、かれらは人間が何もかも自由に行なうと信ずるのに躊躇しなかったであろう」(E2P32S)。

25 特に『道徳の形而上学の基礎づけ』における、普遍的な法則の自己矛盾に注目した道徳性の議論は、ここでのスピノザの議論ときわめてよく似ている。違いがあるとすれば、スピノザはあくまでも、もし完全に自由な人間、すなわち隅から隅まで理性によってのみ導かれた人間がいるとするならば、このように行動するであろうと述べているに過ぎない、という点である。

26 マトゥロンはこのような「無条件的一致の必然性」は「最高善への欲求から生まれるのであるのだから、いささかも形式的なものではない」と述べている。Matheron, *Individu et Communauté chez Spinoza*, 537 note 87. 二つの点で、この議論を受け入れることはできない。第一に、この理性の命令は、最高善への欲求から生まれるわけではない。この個所でのスピノザの論証は、最高善とは無関係になされている。第二に、形式的かどうかというのは、この論証が「詐り」という内容に依存しているかどうかによって判定されるべきであろうが、スピノザはたんに「そうしたことを教える」ということが普遍性をもつかいなかに注目しているにすぎず、これはまさに形式的であると言わなければならない。

27 E2P39. ただし強調は筆者。

28 ただし、スピノザにおいて実践理性が形式的に示される理由は、カントのようにその本性にあるのではなくて、人間存在そのものがきわめて形式的にしか示しえないからである。

29 Deleuze, *Spinoza et le problème de l'expression*, 261.

30 Deleuze, *Philosophie pratique*, 111, 161. なお、この書の第四章には致命的な誤植が何箇所かある。邦訳『スピノザ—実践の哲学』鈴木雅大訳(平凡社、一九九四年)二四六頁にはその訂正表が記載されており、ここでもそれに従った。

31 セヴェラックは、受動的な喜びからいかにして能動的な喜びへの移行を望むようになるかを問いとして立て論じている。そしてボーヴェとともに、快活 hilaritas にそのような自己触発 auto-affection への契機を見て取っている。Sévérac, Pascal. "Passivité et désir d'activité chez Spinoza," in *Spinoza et les affects* (Paris: Presse de l'Université de Paris-Sorbonne, 1998), 53-54; Bove, *La Stratégie du Conatus*, 107-125.

32 カント『実践理性批判』(Ak, V, 117)。

33 同じ個所でスピノザは、われわれは「恥辱probrumの生活はほとんど耐えることができない」と述べているが、これも「自己の有をできる限り維持するように努めること」という原則において「自己」がすでに道徳的な意味合いを持っていることを考慮しなければ意味をなさないだろう。なお、probrumという語は『エチカ』ではここでのみ使用されており、恥辱pudorの感情とは区別される。

34 Suhamy, "Comment définir l'homme?," 86.

35 Deleuze, *Spinoza et le problème de l'expression*, 240.

36 Deleuze, *Philosophie pratique*, 126.

37 Deleuze, *Ibid.*, 156.

第四章　至上の喜びのありか──『エチカ』の到達点の解明

スピノザが目指すもの

『エチカ』の記述がどこに向かっているかは、スピノザ自身が述べてくれている。第二部の冒頭で述べられているその言葉は、よく知られている。神の本質からは、無限に多くのものが無限に多くのしかたで生起するがために、そのすべてについて説明することなどできるわけがないし、その必要もない。以下で説明するのは、ただ人間精神とその至高の幸福 summa beatitudo の認識へわれわれをいわば手を執って導いてくれることどもだけにとどめるのだ、と。

だが、何のために、と問われるならば、これまた『知性改善論』の高名なる冒頭を挙げればいいだろう。何かがあるかどうか、ひとたびそれを発見し獲得したからには、連続した至高の喜び continua et summa laetitia を永遠に享受できるような何かが、はたしてあるのかどうかを、探究することを「ついに決心した」とスピノザは宣言している(E2Praef; TIE1)。

ならば、スピノザの「哲学」とは、至高の喜びを、至高の幸福を手に入れようとする企てであると言うことができるだろう。それはたしかに途方もない企てである。そして『エチカ』と題された書物において示されるその内容は、形而上学批判を通じて形成され、共通概念によって示される人間の理論にほかならない。すでに述べたように、そこには情念の治療といったことや、理性から生まれる喜びといったものがどのような基礎のもとにあるか、またそれらはどのようにして獲得されうるのかが、示されている。

ところが、まだ何か肝心なことが抜け落ちているという思いを、読者は避けることができない。というのも、そこには個別的なものが、個別的なものとしては、関係していないように思われるからである。たとえば、共通概念による人間が、この理論における登場人物なのであって、それはたしかにきわめて緩い意味ではわたしたち自身と重なることは否定しようもないが、それは本当に「わたし」というものの個別性に、到達しえているのだろうか。このような疑念を、完全に払拭することは難しいように思われるのだ。

もちろん、このような疑念を払いのけるために、こう答えることもできるだろう。スピノザがそれを深化させた「観念」説がわれわれの思いから出発することであったことの他に、スピノザはたしかに一般性に対する批判として形而上学的諸概念の批判を試みていたし、その意味でスピノザ哲学は終始一貫して個別性に立脚していたのではないか、と。「思念・観念・概念」の三語の区別について述べたときも、「観念」の語には個別性が濃厚に与えられていることを、それは神のなかにある個別的なものの思念をおもに指し示すために、概念の語とは混同されてはならぬものとして位置づけられることを確認した。そもそも、「精神は身体の観念である」というテーゼは、『エチカ』という書物のなかにわれわれ読者が人間として書き込まれていることを示すのではないか。

そこで問題を、こう整理しなければならない。スピノザがいくら神のなかにある個別的なものの観念を通じて関係性の一般理論を構築していると言っても、われわれはそれを共通概念によって理解せねばならないことについてはすでに確認したとおりである。とすれば、やはり『エチカ』においては、終始一貫して一般性が支配するのであり、そこには個別性が入り込む余地はないのではないのか。もちろん、そうであったとしても理論的にはやはり何の問題もないと開き直ることもできるのかもしれない。だが、つぎの問いはもはや避けることができないであろう。個別的なものについて論証することが(そして実際に、『エチカ』は個別的な事物について語っている)、はたして有効であるのかどうか。

一　直観知をめぐって

二つの解釈の検討

たしかに、これまでわれわれは理性知の立場において、そしてもっぱら理性知をめぐってスピノザ哲学を解釈してきた。理性は事物の共通なる特質の認識であると言われる。それに対して、スピノザが認識の三種の区別において用意するところの最後のものは、直観知 scientia intuitiva であり、それは事物の本質の認識 cognitio essentiae rerum である(E2P40S2)。それのみが事物の本質の認識であると言われ、概念的認識とは異なった、あるいはそれを超えた認識であるとされる。それだけではない。直観知は個別的な事物の本質の認識であり、それのみが個別的なるものの認識であるとされる。そこで、直観知が認識するとされるこの事物の本質とは何であるか、またそれはどのような事物の本質であるのか、明らかにせねばならない。

まずは事物の本質とは何かと問い始めることにしよう。これは下手をすると、まさに形而上学的な概念として無用な問題を引き起こすことになりかねないものである。すでに実在しない事物の観念について触れたが(第二章)、ここではそことは異なった観点から問うてみたい。つまり、直観知と結びついて提示されてきた、事物の本質をめぐる異なった解釈を手がかりにして、考察を進めることにしたい。

直観知がとらえるとされる本質をめぐって、以下の二つの異なった解釈がある。ひとつは本質を個別的な本質とみなす立場である。つまり事物の本質を、個別的な事物のあくまで個別的なる本質を指すと考えるのである。これはスピノザのテキストに沿った自然な解釈であるが、その解釈を推し進めた典型としてドゥルーズが挙げられる。それに対して、もうひとつの立場においては、それを普遍的な、あるいは種的な本質とみなすものである。これは、事物の本質が個別的な事物の本質であることは認めるものの、その本質とは個別的な本質ではなく、個別的な事物がもつ種的な本質を指していると考えるのである。ゲルーがこのような解釈を提出している[1]。「個別的な事物の本質の認識」であるとされる直観知が、本質をとらえる認識であることを否定することはできないが、直観知がとらえるとされる「個別的な事物の本質」をめぐって、それを事物の個別的本質 essence singulière と解するか、それとも事物における普遍的・種的本質 essence universelle ou spécifique と解するかによって、解釈が分かれるのである[2]。

これら二つの解釈は、真っ向から対立している。そのため、二つの解釈のあいだの違いが、これまで特に重要なものとは見なされてこなかったことは、たいへん奇妙なことであると言わねばならない。事物の本質という基本的な概念につき、二つの解釈のうちどちらをとるかについてスピノザ解釈においてそれほど大きな注意が払われてこなかった理由として考えられるのは、おそらくは、この違いが直観知の解釈にのみ限定された対立であったからであろう。たしかに、もともとこのふたつの解釈はスピノザ哲学における本質概念そのものの解釈として提出されたものではない。

だが、これをたんに直観知をめぐる小さな解釈上の対立として済ましてしまうことはできない。なぜなら、これは直観知がとらえる本質についてだけでなく、『エチカ』において使用されている「本質」概念そのものがどのような身分をもつかという問題に、必然的に波及するからである。本質といういわば形而上学を代表する概念をめぐって、まったく異なった解釈がスピノザ哲学においては提示されてきたという事実は、スピノザによるこの概念の使用を、従来の形而上学から受け継いだものとしてのみ考えることがいかに問題含みであるかということを、象徴的に示していると言えるかもしれない。

争点は、スピノザが「本質」という語を用いることで事物の個別的な本質を指しているのか、それとも事物がもつ普遍的・種的な本質を指しているのか、にある。つまり、「本質」概念が事物の本質だけを狙ったものであるのか、あるいは類的ないし種的な本質のうちに事物の本質を包摂するような概念であるのかが争われている。このように整理するならば、これはスピノザ哲学の根幹にかかわるきわめて大きな解釈上の対立であると言わなければならない。のみならずこれは、一方で普遍的なものは実体としての資格を欠き、他方では普遍的でなければ知の対象とはならないということをアリストテレスが述べたときから、形而上学の基本的な問題であり続けたとも言いうるだろう[3]。

この大きな解釈上の対立をどう解決すべきかを示さねばならない。あるいは対立は見かけ上のことであるかもしれないし、何がしか対立を超えた見地が提示されうるのかもしれない。いずれにせよ、そのためにはやはりまず、そもそもなぜゲルーがスピノザ哲学における「本質」概念についての以上の解釈を提起しなければならなかったのかを検討するところからはじめなければならない。そしてその際に、議論をできるだけ直観知の解釈という文脈から切り離して、スピノザ哲学の全体像のなかで考えることにしたい。

ゲルーは、直観知においてとらえられるのは個別的本質ではなくて普遍的・類種的な本質であるという解釈をおこなった。このような解釈はけっして広く受け入れられたものとは言えず、ほかならぬゲルー自身が、それが従来の直観知の解釈とはことなっており、強い反論にあうであろうことを意識している[4]。直観知が「個別的なもの」の把握であるという点においては、スピノザのテキストが述べているとおりである。スピノザ自身が、事物の「本質」の把握であるところの直観知にたいして、事物の共通な「特質」の把握にもとづく理性的認識を対比させている。とするならば、本質とはやはり個別的な本質であると考えるのが自然であるのだが、ゲルーはこのように一見すると無理のない解釈に対して異議をとなえる。

本質をめぐるゲルーの中心的な論点をまとめると、以下のようになる。ゲルーは直観知をめぐる議論に至る前に、『エチカ』において度々あつかわれてきている「本質」概念に注目する。それらの箇所において、「本質」概念はすべて普遍的・類種的な本質であると考えられなければならない。なぜならそれらは、個別的なものに関係しているとは考えられないからである。たとえば人間の本質についてスピノザが語るとき、それはあくまでも種的な意味での人間についてであり、個々の人間の本質についてではない。これらの本質は、現実に実在する個別的な事物が分有するところの普遍的・類種的な本質ではあるが、決して個別的な事物がもつ個別的な本質そのものではありえない。個別的な本質とは、個々の事物にとってそれぞれ違うものでなければならないが、『エチカ』があつかう諸事物はそのような個別性においてあつかわれているわけではない。事物の本質一般について述べられるときも、人間の本質が語られるときも、それは個々の事物の個別的な本質にかかわるわけではなく、あくまでも類種的な意味での本質が語られているとしか理解できない。このようにゲルーは『エチカ』における「本質」概念の使われ方を整理してみせる[5]。

その上でさらにゲルーは、『エチカ』において直観知が把握すると言われる「個別的事物の本質」を解釈しようとする。たとえ「本質」概念が事物の類種的な本質を指していると考えねばならないとしても、直観知が認識するといわれるのはあくまでも個別的な事物の本質である。だが「個別的な事物の本質」とは「事物の個別的な本質」のことではなくて、あくまでも「個別的な事物の本質」でしかないとゲルーは述べる[6]。つまり、それは個別的な事物における個別的な本質ではなくて、個別的な事物における普遍的・種的な本質であると言うのである。したがって直観知は以下のように解釈される。普遍的・種的な本質は、個別的な事物の外にはけっしてそれ自体で実在するわけではない。それは個別的な事物の本質のなかにおいてしか実在性をもたないのである[7]。つまり、個別的事物において普遍的本質を把握することこそが直観知なのだということになる。このように解釈することによって、スピノザの「本質」概念は、矛盾なく解釈されるであろう。以上がゲルーによる本質概念の解釈の大要である。

たしかに、直観知を離れてみた場合に、『エチカ』においてあつかわれている事物の本質は普遍的・種的本質であるという指摘は重要である。直観知がとらえる本質についていかに解釈するにせよ、この点に関しては、誰しもが認めざるをえない。なぜなら、理性知の立場で書かれている『エチカ』において諸事物は、あくまでもその普遍的・種的な本質においてしかあつかわれていないからである。単純に言ってしまえば、『エチカ』における論述は、けっして個別的なものには触れていないと言っても、決して間違いではないのだ。少なくともそれは、「このまたはかの」といった個々の事物の実在に直にふれているわけではない[8]。直観知がとらえる本質に関してどのように考えようとも、この点を認めることに、解釈者たちは躊躇すべきではないだろう。この点を明確に認めて、「本質」概念を整合的に解釈しようとした点において、ゲルーの指摘には大きな意味がある。

さらにゲルーの直観知の解釈は、いわゆる理論と現実との関係について触れている点でも特筆されるべきものである。本質からその実在が帰結する神とは異なり、諸事物においてはたんに本質からだけではその実在を帰結することはできない。理論的にはこれらの諸事物の現実世界における実在をいかなるしかたでも立証することはできない。単に理論的に諸事物の実在を立証できないだけではなく、カント流に言えば感性的直観によって事物の現実性が与えられるというようなしかたで実在を処理するわけにもいかない。もちろん、いかに実在から切り離されていても、『エチカ』の世界はそれ自体で確固として動かしがたい、リアルな世界を構成している。実在しない事物の観念は決して単なる想像物ではない。幾何学的方法によって取り扱われる世界は、たとえ現実世界とは切り離されていたとしても、われわれの頭のなかの単なる空想の世界とは異なっている。スピノザが繰り返し述べているように、実在しない様態についてもわれわれは真の観念をもつことができるのである。だが一般的なものと個別的なものは、まったく同じ意味でリアルであると言うわけにはいかない。やはり個別的なものに触れてこそ、われわれは現実世界に接近するように思われる。この理論と現実との関係を埋めるものとして直観知の意味を見出すことができる。よって、普遍的・種的な本質が個別的な事物のなかに直観知において見出されるとしても、いいではないか。

ゲルーの解釈における「本質」概念をまとめてみよう。『エチカ』においてあつかわれている事物の本質は、個別的な本質であるということはありえない。それは普遍的・種的本質であるにすぎない。しかしそれはそれだけでは現実世界には実在しないものであり、個別的なものこそが実在するものである。普遍的・種的本質はあくまでも個別的な事物においてのみ現実に実在する。直観知が実現する本質の認識とは、この普遍的・種的な本質を個別的な事物において把握することである。個別的な事物の本質の把握とは、個別的な事物において実現されている普遍的本質を把握することなのだ。このようになるだろうが、はたしてこの解釈は正しいのだろうか。

共通なものの本質

すでに、『エチカ』における諸概念が共通概念においてとらえられねばならないことを何度も強調してきたが、ここでこのことを繰り返さねばならない。追及すべきことは、『エチカ』において諸事物が理論的にあつかわれるとき、そこでは実際にどういうことが行われているかということである。それは、「概念」というものがもつ特色について問うことにほかならない。一般的に言って哲学的認識とは、諸事物をあくまでも普遍的な観点からあつかうのであり、けっして個別的な事物そのものを直接にとりあつかうわけではないと言えるだろう。それが拠って立っているところの論証は、概念によって展開された理性的認識に他ならない。『エチカ』は共通概念 notiones cummunes にもとづいた十全なる認識としての理性知 ratio ないし第二種認識によって構築されている。つまり、その論証の基礎となっているのは「概念」なのである[9]。それがゆえに、そこであつかわれる事物は普遍的・種的なものとならざるをえない。スピノザの「本質」概念をいかに解釈するにせよ、少なくとも『エチカ』の論述に登場する事物の本質が、ゲルーが指摘しているとおり、普遍的・種的本質であるということは認めなければならない。なぜなら、論述において登場するさまざまな事物の概念は、あくまでも共通概念として扱われねばならないからであり、しかも共通概念はいかなる個別的な事物の本質にも届かないからである。

だがこのことはけっして、直観知でとらえられるのがゲルーの言うように普遍的・種的な本質であるということを認めなければならないということを意味しない。論述における「本質」概念と、直観知にかかわるような「本質」概念が、かならずしも同一であると考える必要はないのである。たしかに『エチカ』で諸事物を理論的にあつかうことと、その具体的な本質を内容的に把握することとのあいだには位相のずれのようなものが見られる。そこにおいてこそ直観知というものがもつ意味が見出されるであろう。しかしそれがはたして、「種としての人間の本質」を自己において理解するといったことなのかどうかは、まだ検討の余地がある。

ところで概念（共通概念）においてとらえることができるのは特質 proprietas にすぎないとするのが解釈者たちの一致するところである。概念が本質をとらえることができるとは、『エチカ』においてはどこにも述べられてはいない。概念的認識つまり理性的認識においてとらえられるのは特質にすぎず、本質ではないという点に関しては、直観知で認識されるのが普遍的・種的本質であるとしたゲルーも同意するところである。

しかしわれわれはここに、ひとつの矛盾を見出すことができる。本質をとらえることこそが直観知に与えられた固有の役割であったはずだ。しかし『エチカ』は理性的認識においてこそ成立している。そこにおいてすでに諸事物の本質が堂々と扱われていることは、矛盾であると考えざるをえないだろう。もし『エチカ』が理性的認識において書かれているとするならば、そこで言われている「事物の本質」とは、いったいどういう権利において語られているのだろうか。これはもはや直観知がとらえるのは個別的本質であるかそれとも普遍的・種的本質であるかという対立からは離れて、さらなる別の大きな問題となっているように思える。

この矛盾を解消するためには、はたして本当に概念が本質をとらえることができないのかどうかについて考えるほかはないだろう。しかしこれは字句の解釈に拘泥していては見出せない。というのも、実のところたしかに『エチカ』においては、概念がとらえるのはあくまでも「共通な特質」であると言われ、決して「本質」であるとは言われていないことが確認されるからだ。

そのためにわれわれはここで補助線となるものを考えなければならない。この補助線となるのは、「共通なものの本質」というものが果たしてあるのかどうかということの検討である。少なくともスピノザ解釈においてはこれまで、「共通なものの本質」というものの有無について問題とされることは、なかったように思われる。というのも、スピノザはこのような「共通なものの本質」については、何ら理論的な検討を行ってはいないからである。そのため、そのようなものが解釈のなかで取りざたされることはなく、そのようなものは問題とすらならないように考えられてきた。

しかし、理論的な帰結を追及するならば、当然のことながら「共通なものの本質」の有無が問題とされてもよいであろう。そして、「共通なもの」をそれ自体でみた場合、もしそれをひとつの事物として捉えることが可能であるとするならば、そのときにわれわれはこのひとつの事物としての「共通なもの」がもつ本質というものを考えることができるであろう。「共通なもの」をそれ自体でひとつの事物としてみることができる場合には、概念がとらえる「共通なもの」においても、その本質があると考えられなくてはならないであろう。そこで問題は、「共通なもの」がひとつの事物として考えることができるかどうかということである。

　ところで、これまで見てきたように、『エチカ』においては普遍的・種的本質もまた与えられている。しかしこれはまさに、概念がとらえる「共通なもの」をひとつの事物としてみた場合の本質、つまり「共通なものの本質」に他ならないであろう。なぜならそれはひとつの事物として考えられているにもかかわらず、「個別的な事物」ではなくあくまでも種的なものであり、個別的な事物のあいだに共有される「共通なもの」であるからである。普遍的・種的本質は個々の事物の本質ではなく、複数の個別的な事物が共通にもつところの本質である。そのため、ゲルーのように普遍的・種的本質を『エチカ』のなかに認めるかぎり、われわれは「共通なものの本質」を認めざるをえないことになる。たとえ語句として『エチカ』のなかに登場しないとしても、そこに普遍的・種的本質を認めるかぎりにおいて、われわれはそこに「共通なものの本質」が与えられていることを承認しなければならない。

　さらに、概念が十全にとらえる「共通な特質」こそが、普遍的・種的本質についてあつかう『エチカ』の理論を支えているとすれば、ここでいう「共通なものの本質」は、共通概念がとらえる「共通な特質」と異なるものではありえない。そのため、共通概念においてとらえられる「共通な特質」こそは、普遍的・種的本質と同一のものであると考えざるをえないことになる。

　このように考えることで、概念によって組み立てられた『エチカ』の世界において、事物の本質があつかわれていることが矛盾なく解釈できるはずである。つまり、概念においてとらえられる「共通な特質」はまた「共通なものの本質」

でもあり、それこそが普遍的・種的な意味での本質にほかならないのである。『エチカ』のなかに普遍的・種的本質を認めるかぎり、これは避けては通れない理論的な帰結である。普遍的・種的本質に注目したゲルーもまた、理論的な整合性を追求するなかで同様の結論に導かれざるをえなかったことを、われわれは見落すわけにはいかない[10]。

しかしなお問題が残る。それは、なぜそれはわざわざ「特質」と呼ばれ、「本質」とは呼ばれていないのかということである。ゲルーはこの問題を意識しており、この二つの呼称の違いを、理性的認識と直観知の相違から生まれるものとして理解しようとした。「特質」とは理性的認識の観点から「外から」見られた場合の本質であり、「同じひとつのもの」が今度は直観知の観点から「本質的な内面」がとらえられた場合に「本質」と呼ばれる。特質と本質は同じ一つのものであるが、観点の違いによって「違うしかたでとらえられている」とゲルーは言うのだ[11]。

概念がとらえるものについては「特質」という語しか使われないのは、このような観点の違いによるのだろうか。だが、理性的認識において展開されているはずの『エチカ』において、本質という語が頻出するという事実をもってこのような解釈に異議を唱えることができる。それらは決して直観知によってとらえられたものではないはずであるし、もしゲルーが言うように特質と本質がそれぞれ理性的認識と直観知がとらえるものとして区別されているとすれば、『エチカ』において使用されている本質という語の大部分は「特質」という語に置き換えられなければならないことになってしまうであろう。

もちろん、『エチカ』が全面的に直観知において書かれているとするならば、そこで本質という語が頻出することには問題がないということになろう。実際にゲルーは、『エチカ』は直観知の立場において書かれていると解釈しようとした[12]。このような立場を取れば、整合的に解釈が成立するようにも思われる。しかし、スピノザが繰り返し述べているように、やはり『エチカ』の基礎となっているのは概念である（E2P40S1, E5P36S）。『エチカ』という書物が概念によって構築されている以上、われわれはそれを直観知と混同することはできない。つまり、ゲルーが言うように、特質と本質との違いは概念的認識と直観知との違いであるとするならば、概念で書かれた『エチカ』の立場が危うくなりかねないのである。

例としてふたたび「人間の本質」について考えてみよう。『エチカ』が「人間の本質」について一般的な議論を展開するとき、そこでは個別的な本質ではなくてあくまでも種的な本質が言われていると考えなければ意味が通らない。たとえ例としてペテロやパウロが名指されたとしても、決してそれぞれもつ個別性において問題とされているわけではない(E2P17S, P44S)。述べられるのは「人間の本質」についての一般的な事柄だけである。内容的には、せいぜいのところ人間は他の動物に比べて複雑で精緻な身体(有能な身体)をもっているということくらいでしかない。それ以上の詳細な「内容」は、理論的に規定することはできない。そのため、われわれは「人間」を事物のひとつの種類として一般的なかたちで理論的に扱うことはできても、それではそれを内容的に把握したことにはならない。その「内容」はむしろわれわれ自身がわれわれの個別的本質において把握するほかない(「本質そのものから帰結される場合」E5P36S)。しかし、それは自己に固有な個別的本質そのものの把握ではない。そこで知られるべきものは、一人の人間としての自己を通じて知られる人間一般の普遍的・種的本質である。

このようにして『エチカ』の世界は実在の世界と関係を結ぶ。このような把握こそが直観知である。ゲルーによる直観知の解釈の含意を敷衍するならば、このようにして個別的なものにおいて普遍的なものを知るということになる。

二つの「本質」概念

以上で、概念においてとらえられる「共通な特質」が、「共通なものの本質」つまり普遍的・種的本質であるということを示した。未解決のまま残されているのは、なぜスピノザは概念がとらえるものを本質ではなく「特質」だと言っているのか、ということである。問題をここにまで追い詰めてはじめて、ゲルーの解釈にしたがうわけにはいかないということが明らかとなった。そして「共通なもの」に「本質」という語を使おうとはしなかったスピノザの意図を、新たに考え直さなければならなくなった。

概念がとらえるものについて、本質ではなく特質と言われているのは、概念的認識を直観知と区別するためである。われわれが見てきたように、『エチカ』の冒頭から未規定のままずっと使用されてきているこの「本質」という語は、普遍的・種的本質を意味すると解釈しなければならない。それは概念において十全にとらえられる共通なものの特質＝本質のことを指している。しかし、『エチカ』第二部において概念的認識の十全性の根拠が問われる場面になると、概念がとらえるものは「特質」にすぎないということが急に強調される。スピノザは概念的認識と直観知との区別を際立たせるために、概念においてとらえられる本質を特質と言い換えている。

これは、概念的認識と直観知とを区別しようとする段階になって、初めて本質という語の本来的な意味が注意されるということを意味している。たしかに概念においても本質がとらえられている。しかし概念がとらえるような普遍的・種的なものを、スピノザは本来的な意味では「本質」とは呼びたがらなかった。

つまり、概念でとらえられるような本質は、スピノザにとっては本来的なものではないのである。ここに、用語上の揺らぎが見られることになったのだ。本質という語はきわめて伝統的な哲学用語であり、スピノザ自身の意図に反してでも、論証において頻繁に使用せざるをえないからである。

『エチカ』において事物の本質について語られるとき、この「本質」概念はスピノザにとっては非本来的なものである。この非本来的な意味における本質概念こそが、普遍的・種的な本質なのである。それに対して、新たに直観知においてしかとらえられないような本質が、本来的な意味での本質として規定されるのである。それは『エチカ』冒頭から使用されてきた普遍的・種的な意味での本質＝特質とは新たに区別された意味での本質である。それこそは、概念による『エチカ』の叙述においては直接に指し示すことはできないにも拘らず、直観知において捉えることができると言われるような、ある新たな意味での「本質」なのである。

したがって、スピノザにおける「本質」概念は、すべて個別的な本質を指していると言うことはできない。たとえばドゥルーズのように、『短論文』以来つねにスピノザは本質を個別的なものとしてとらえていたと言うことはできない[13]。繰り返し述べてきたように、『エチカ』の論述において登場する「本質」概念の多くは、ゲルーが指摘したとおり、あくまでも一般的な本質であり、類種的な本質に他ならないからである。

だが直観知が理解するのは、やはり個別的な本質でなければならないことは、スピノザのテキストから明らかである。この点では、ゲルーの解釈はやはり無理がある。もしゲルーのように直観知においてとらえられるのが普遍的・種的な本質であると解釈するならば、われわれは理性的認識と直観知との区別に関してさまざまな問題に直面することになろう。われわれがすでに示したように、一般的・種的な本質は、すでに理性的認識においてもとらえられなければならなかったからである。共通なものもまた本質をもつが、それは理性的な認識においてすでにとらえられているる。たしかにスピノザはそのような共通なものの本質を認めていないようにも見えるが、少なくとももし一般的・種的な本質を認めるのであれば、それはかならず理性知においてとらえられるものでなければならない。それに対して、直観知はやはり個別的な本質をとらえるのでなければならない。理性がとらえるのは共通的なものの本質である、と解釈するならば、直観知がとらえるとされる本質とは、それとは異なるものの本質でなければならず、それは個別的なものの本質以外にはありえない。

このように、われわれはやはり『エチカ』において、特に直観知のためにとっておかれるところの本来的な意味での「本質」という語を、個別的本質と解釈しなければならないだろう。つまり、直観知でとらえられる本質は、普遍的・種的な本質ではなくて、やはり個別的な本質であると結論しなければならないのだ。それこそが本来的な意味での本質なのである。

実際にスピノザは、直観知のことを「個別的な事物の認識 rerum singularium cognitio」と述べ、それを普遍的な認識 cognitio universalis と対比させたうえで、その効用について以下のように述べている。

第一部においてすべてが(したがって人間精神もまた)本質と実在とにおいて神に依存していることを、一般的に generaliter 示したとはいえ、その証明は、正当なものではあり疑いの余地はないにしても、以下の場合のように我々の精神を触発しはしない、つまり、神に依存していると我々が言うそれぞれの個別的な事物の本質そのものからそのことを帰結したときのようには(E5P36S)。

このような言葉は、直観知が我々自身という個別的な事物の本質について述べていることを示している。そして、直観知はまさにこのように個別的な事物の本質そのものについての認識なのである。ここでは二つのことが言われている。ひとつは、このような認識は、本質に関係しているということであり、もうひとつは、それが個別的な事物の本質に関係しているということである。

以上で述べたことをまとめてみよう。『エチカ』において二つの本質を区別しなければならない。それは普遍的・種的本質と個別的本質である。この両方を認めなければならないということをわれわれは示した。両者は「本質」概念の二つの用法を示しており、どちらもスピノザが使用するところのものである。だが、スピノザがそれを強い意味を込めて使うときは、それはあくまでも個別的本質のことを指していると解釈されねばならない。

したがって、本章の最初に示した従来の二つの解釈の中間の道が選択されねばならない。つまり、『エチカ』の議論を支える本質概念の大部分は、普遍的・類的本質であるという点において、ゲルーの立場は支持されなければならない。それこそが、概念が十全にとらえるところの「共通な特質」なのである。だがその上で、直観知がとらえるのは普遍的・種的本質のほうであるとするゲルーの解釈は明らかに斥けられなければならない。なぜなら、普遍的・種的本質は理性的認識がとらえるものとして解釈しなければならないからだ。そして、直観知がとらえるものとして残されたものこそが、個別的本質でなければならず、これこそがスピノザが本来的な意味で用いる本質概念なのである。

個別性と「自己」

つぎに、個別的な事物に目を移して、それが何を指すのかを考えることにしたい。ところで、スピノザの場合、個別的な事物は、驚くべきことに、けっして不可分なものとは見なされていない。たしかにスピノザもまた個体Individuum について述べている。だが個別的な事物 res singularis は、個体と呼ばれているものと決して同一視することができない。なぜなら、個別的な事物(ないし「個物」)は、個体ではなく、多数の個体の集合体であるからだ(E2Def7)。個別的なものはそれ自体で不可分なわけではない。あくまでも、不可分のものが集合して個別的なものができるのである。したがって不可分であるということと、個別的であるということは別なのだ。

では、個体と個別的事物とは、どのように違うのだろうか。個別的な事物を構成する、個体はそれ自身では不可分のものなのであろうか。だが個体もまた、複合していると言われる(P13S Def)。したがってすべてのものは複合したものである。単純な要素はそこにはないのだ。逆に、すべては合一しているとも言われ、全自然はまとめてひとつの個体であるとも言われる(P13S L7S)。この観点から言えば、個体もまた個別的事物と大してかわらないことになろう。スピノザはどこにも不可分なものの不可分たる所以を示していないように見える。

このように見ると、個体と個別的な事物との違いはどこにもない。したがって、ある意味ではすべては複合的である、ということになる。個体と呼ばれるものもまた複合的である。それらが個体(分割不可能なもの)と呼ばれるにしても、それはただ、延長属性においてあるまとまりをもっているものにこの言葉がいわば慣習にのっとって割り振られただけである、ということになる。何が個体であるかは、定まってはいない。それはさまざまな程度によって言われる。複合的なものの協同として、いわばさまざまな度合いでの不可分性がある。不可分性と複合性は対立する二つの原理なのではなく、どこまで大きな複合性を見ても不可分なのであり、どこまで小さな不可分性を見てもそこには複合性が見られるのだ。これがスピノザが述べている、複合体としてとらえられた個体であり、個別的な事物なのである。

実に、人間精神さえも、複合体としてとらえられる。というより、人間精神こそまさに、すぐれて複合的なものである。このことは、身体の観念というスピノザの考えかたからストレートに帰結する。なぜなら人間身体もまた、多数の個体の集合体であるからだ。人間身体は単純なものではなく、さまざまな個体からなる複合体である。そしてこのような人間身体の観念が人間精神なのである。したがって身体の観念は単純 simplex なものではなく、複合的なものである(E2P15)。

人間精神は決して単純なものではなく複合的である、というこの観点は、ライプニッツのそれと著しい対照をなしている。これが、身体の観念という精神のとらえ方にもとづいていることは、特筆に価する。スピノザの場合、単純なものの原理はどこにも語られていないように思われる。しかし、ライプニッツが言うように、複合的なものはやはり単純なものを前提にしているのではないのか[14]。それを措いて、どこに個別的なものの原理が見出されるのか。スピノザは、個別の人間の自己同一性のようなものを否定していたのだろうか。そのように解釈したい誘惑に駆られることは理解できる。スピノザが「スペインの詩人」について述べていることは、そのように解釈されえないだろうか（E4 P39S）。それともスピノザは、われわれが個別的なものであることを自明のこととして、とりたてて取り上げなかっただけだろうか。

だが忘れてはならないことは、たしかに人間身体は個別的な事物と呼ばれているということである。「人間の本質の演繹」についてはすでに詳論したが、そこで精神が観念であるのは、それが実在する個別的な事物についての観念であるということ、そしてその実在する個別的な事物とは人間身体に他ならないことが示されたのであった（E2 P11;13）。人間身体が個別的なものであるからには、もちろん人間精神もまた個別的なものであると考えざるをえない。

つまり、スピノザにおいても、おのおのの人間はやはり個別的な事物なのである。たしかにわれわれは複合的なものではある。われわれの精神も、身体も、複合的なものでしかない。だが、それでもやはり、われわれが個別的なものであることを、スピノザが否定することは決してないのである。いやむしろ、われわれはすぐれて個別的なものなのである。というのも、『エチカ』のなかで具体的に示される個別的な事物は、われわれ自身がそうであるところの人間をおいて、他にはないのである。

ここで三つのことが指摘されねばならない。第一に、われわれが個別的であるのは、けっして複合体を形成するためにそうであるというわけではなく、事実性においてそうであるということだ。このことは、スピノザがそれを公理のかたちで保証しており、つまりはそれが論証の対象とはなっていないことに如実に示されている。この姿勢は理論的に不徹底なものと見なされうるであろうか。だが、われわれが自らを個別的なものとして感じ、そのようなものとして自己を見出すことは、端的なる事実なのではないだろうか。これは理論的な問題ではなく、事実の問題なのであって、個別的なものというのがどういうものであるのかと問われれば、個別性はあくまでもそのようなものなのであると答えるしかないのだ。

第二に、わたしたちがまさに自己を振り返ってそこにある個別的なものを見出すことこそが、まさに個別性についての思考の故郷であるということだ。少なくとも、個別的な事物とは何かと問うならば、その具体的な例としては、やはりわれわれが自身において見出すところの個別性しかないのである。したがって、個別的な事物という言葉は二様に解釈されうる。ひとつは、集合体を形成するような個別的なものであり、もうひとつは、われわれ自身をモデルとするような、そのような個別的なものである。

そして第三に、おそらくはここにおいてこそ、つまりわれわれの自己にこそ、本来的な意味における本質が、つまりは個別的本質が認められねばならないということだ。しかしこのことを明らかにするためには、自己をめぐる考察がどのように直観知と関係するかを示さねばならない。

われわれは少し結論を急ぎすぎたようである。直観知と自己との関係を示すためには、ここでふたたび理性知に戻って、認識をめぐって考察をこれまでとは別の側面から進める必要があるだろう。少なくとも、より知られた理性知におけるこの事態が明らかにされないかぎり、「個別的なものの本質」をとらえる直観知についてもまた明確にすることができないことは、容易に理解されるであろう。われわれは、理性知が共通な事物の特質を、いわば「共通なものの本質」とでも呼びうるものをとらえるならば、そのときどのようなことが起こっているかということについて、もう一歩踏み込んで検討しなければならない。

二　身体と理性

永遠性の経験

理性知も直観知も永遠の相のもとにおける認識である、と言われる。これは、共通な事物の特質と、事物の本質とが、ともに永遠なるものであることにもとづいている。普遍的・種的本質であれ、個別的な本質であれ、それが永遠なるものとして認識されることには変わりがない。とはいえわれわれはまだ直観知がいかなるものであるかを検討しきれていない。もし、共通な事物の特質と、事物の本質との区別が、それぞれ理性知がとらえるものと直観知がとらえるものとの区別なのならば、われわれはまず理性知がとらえるものがいかなるものであるのかをさらに検討することで、直観知とは何かを明らかにすることができるであろう。そもそも理性知が成立するときに、そこには何が起こっているのか、あるいは何がもたらされるのかを、まずは理解しなければならない。

スピノザが『エチカ』において、それを論じることを第五部まで先延ばしにしている、理性をめぐるある一つの問いがある。それは、理性的な認識は、われわれの精神が身体の観念であるということからいかにして理解されるか、ということである。というのも、われわれは理性的認識をもつことによって、自らの身体的な制限を超えていくように思われるからである。理性的な認識は、身体の観念としての精神の、ある別の側面を示してはいないのかが、論じられねばならないのである。これはいかなる問いであるかをもう少し詳しく説明しよう。

理性的認識は、精神が身体の観念であることによって可能となる。なぜならそれは、共通なものの概念にその基礎をもっているからだ。理性のメカニズムは、身体が外部の物体と共通なものをもっていることによって解明される。この点では、理性知は何ら我々の身体を超えるものではない。まったく逆である。むしろ我々は身体から切り離されれないからこそ、理性知をもつことができるのだ。我々は身体的であるからこそ、理性知をもつことができる。共通なものは、人間にも共通なものでなければ、共通概念の対象とはならない。身体が他の物体と共通のものをより多くもつに従って、その精神はそれだけ多くものを十全に知得することができるのである（E2P39C）。この意味では、そもそも身体をもたなければ、理性知をもつことはできない。

それにもかかわらず理性的認識は、すくなくとも時間的な観点から見れば、われわれの身体がもつ持続の制限を超えていく。理性的に認識されたものは、われわれの身体的な特徴である時間的な制限性をもたないのだ。まさにスピノザがユークリッドの幾何学的方法について述べているように、理性的認識は時空を超えて普遍的に妥当する。われわれは身体をもたなければ理性知を得ることはできないが、理性知はわれわれの存在を超えて時間的に無限の彼方にまで到達するのである。理性知がもつこのような時間的な無制約性のことを指して、スピノザは永遠性あるいは「ある永遠性」という言葉を用いている。それはまずもって理性について言われていることは注意されねばならない。この永遠性の観点ということは、『エチカ』の第五部の後半で主に扱われていることではあるが、永遠性はつねに理性を念頭において考えられている。そしてこのような永遠性についての基本的な考え方は、次の命題に集約されている。

事物をある永遠性の相において sub quadam aeternitatis specie 知得することは理性の本性である（E2P44C2）。

「ある永遠性の種」とは、永遠性のあるひとつの種ということであるが、それはある種の永遠性と言い換えても同じである。事物をある種の永遠性においてとらえること、それはまさしく理性の本性に関することがらなのだ、ということである15。

このように永遠性を獲得する認識もまた、人間精神が身体の観念である、というスピノザの中心的なテーゼと無関係ではありえないとすれば、これはいかにして理解されるのだろうか。この問題があつかわれる第五部の論述に取りかかる前に、ここで言われている永遠性についてもう少し詳しく見る必要がある。

この命題の証明は二つの部分からなっている。一つめに述べられているのは、理性が事物を真に知得するということが、永遠性と結びついているということである。理性知において事物は真に、つまり必然的なものとして知得される。ところで事物の必然性は、まさに神の永遠なる本性の必然性にほかならない。したがって、理性は「この永遠性の相において」事物を観想するのだ、というのがここで言われていることの要旨である。

また二つめに述べられているのは、概念的認識としての理性の本性が、永遠性と結びついているということである。理性の基礎となるのは共通概念であるが、共通なものは個別的な事物の本質を展開しないので、それは個別的なものがもついかなる時間の関係からも離れている ab ulla temporis relatione。したがってそれは、ある種の永遠性の観点において思念されなければならない、ということである。

これら二つの証明は、以下のような関係にある。一つめに語られていることが神の本性の必然性に言及することで永遠性について直接示しているのに対して、二つめのものはただ時間的な観点から離れているということについて述べているにすぎず、無時間性を示してはいても永遠性を直接は示していない。したがって後者は前者に対する補足的な説明となっている。重要なことは、この証明において、ここで言われている「永遠性」の概念の規定がおこなわれているということである。証明の前半では永遠性がいかなる永遠性であるかが規定されている。つまり、神の永遠なる本性の必然性にもとづいているという意味における永遠性である。また後半では、それが無時間性の観点から補足的に説明される。

もっとも、無時間性がそのままで永遠性であると言えるかどうか、そしてより重要なこととして、永遠性はそのままで無時間的であるのかどうか、このことはさらに考察されねばならない。

ここで、「ある永遠性の相において」と述べられていることは、そこに二つの異なった証明が与えられていることとの関係で、関心をひく。周知のように、この句は「永遠の相のもとに」とも「永遠の一種として」とも訳されうる。ゲルーは、上記の証明において、前者が「永遠の相」を示しているのに対して、後者は「ある種の quaedam 永遠性の相」を近似的に示しているにすぎない、ということに注目して、以下のような結論を導き出す16。後者は無時間性について述べているにすぎず、そのためそれは前者に比べれば近似的である。そのためスピノザが後者に「ある種の」という制限を加えて、前者に加えなかったと解釈されうる。ゲルーはここから、永遠性は一つしかないのでそれに種を考えるのは間違っているという断定をおこなうのである。

だがこの解釈には問題がある。なぜなら、前者においても、スピノザは「この永遠性の種」という限定をつけているからである。「この永遠性の種において」とは、神の永遠なる本性から生じてくるというまさにその永遠性において、ということであって、それこそがこの「ある永遠の種」と呼ばれるもののことを指している。もし永遠性が一つしかないというならば、そもそもスピノザは「この永遠性の観点」とあえて言う必要はなかったであろう。この種の永遠性に与るものとして事物を観想するということこそが、持続において sub duratione 思念することと対比させられるのである（E5P23S）。永遠性にはある限定がつけられることがどうしても必要なのである。これこそがこの証明でなされているということなのである。

くり返しになるが、重要なことは、この証明において、ここで言われている「永遠性」の概念の規定がおこなわれているということである。そして、このような永遠性の規定、あるいは時間的観点との対比を、スピノザはさらに別のかたちで繰り返していく。たとえば、われわれが諸事物を「現実的 actuales」と思念するのに二つのしかたがある、とスピノザは述べている（E5P29S）。ひとつは、「一定の時間と場所への関係において cum relatione ad certum tempus et locum」実在すると考えられる場合である。そしてもうひとつは、「神のなかに包含されると、また神的本性から必然的に生じると」考えられる場合である。それは真なるものとして、あるいは事象的なるものとして verae seu reales 思念するということである。後者が永遠性について述べられていることは明らかであり、それが上記の証明と異なるものでないことも明らかである。それと対比させられている前者が、持続においてという言葉で、あるいは現実的に実在すると述べられてきたことであることもまた明らかである。

またこれと同様のことは、少し異なったふうにではあるが、実在 existentia を二つのしかで考えられる、というふうに述べられてもいる（E2P45S）。ひとつは持続することとしてである。このことをスピノザは「あたかもある量の種として、抽象的に思念される abstracte concipitur et tanquam quaedam quantitatis species」ことと述べている。この場合の「量」とは基本的に延長と区別されない概念である（PPC 2Def1）。もうひとつは、実在の本性そのものについて語る場合である。これは、神の本性の永遠なる必然性から無限に多くのことが無限なしかたで生じるということに注目するのである。後者が永遠性の観点からの実在の理解であることは明らかであろう。

これについては少し説明を要する。スピノザは書簡一二において、量を二つのしかたで考えうると述べており、ひとつは皮相的にすなわち抽象的に、もうひとつは実体として、と述べている[17]。また同書簡においてスピノザは、持続と量を任意に限定するところから時間 tempus と大きさ mensura を想像力の様態としてもつと述べている。だが『エチカ』の備考における上述の箇所で、これらの区別が同様に厳密に用いられているわけではない。ましてやそこで、抽象的と言われていることを、想像知として理解してはならない。なぜなら、持続する、つまり現実的に実在するというのは、まさに個別的な事物のあり方であって、決して想像知に依存するわけではないからである。

これらの論述においてスピノザが述べようとしていることはただひとつである。それは、現実に実在するということと、神の永遠性から生じるという意味での永遠性とが、対比をなしているということである。そしてこのような永遠性の観点における認識が、理性によってもたらされるということが、上記の命題において言われていることであった。このことが、「身体の観念としての精神」というすでに第二章において詳しく検討した『エチカ』の主要なテーゼのもとで、いかに理解されるのかを問わねばならない。

理性知と永遠性

理性がこのように永遠の観点から事物を知解するとき、身体の観念たる人間精神においてどのようなことが起こっているのだろうか。理性的認識がもつ永遠性は、現実的に実在する身体的な存在であるところのわれわれがたしかに感得することができるところのものである。スピノザが「それにもかかわらずわれわれは、われわれが永遠であると感得し、また経験する」と述べるとき、それはまさに理性的認識においてわれわれが永遠性を経験するということが考えられている（E5P23S）。だがこのように永遠性を獲得する認識もまた、人間精神が身体の観念である、というスピノザの中心的なテーゼと無関係ではありえない。実際にわれわれの精神は、現実的に実在する個別的な事物としての身体を対象としているのであり、そのかぎりでは、永遠の観点から事物を知解することはないように思われる（E5P29D）。それでは、どのように理性知はわれわれにとって永遠的なるものでありうるのだろうか。

精神について解明した第二部においてスピノザは、この問いに対する答えを与えていない。それどころか、このような問いさえ提起されることはない。理性の可能性が示されるにもかかわらず、そこにおいてこのような問いについて何も触れられないのは、理論的な欠陥であるようにも思われる。このことが何を意味するかについて考察しなければならないが、その前に、まずは『エチカ』の第五部において与えられる、この問いに対する答えを見ることにしたい。それは次の定理において示されている。

精神が永遠性の観点から知解することはなんであろうと、身体の現在の現実的な実在を思念することによって知解するのではない。そうではなく、身体の本質を永遠性の観点から思念することによってなのである(E5P29)。

この命題には、二つのことが述べられている。「精神が永遠性の観点から知解することはなんであろうと、身体の現在の現実的な実在を思念することによって知解するのではない」というその前半においては、精神が自身の身体の現在的な実在を思念するかぎり、その限りでは持続しか思念しないのであり、永遠性の観点において知解するような能力をもたないことが述べられている。それに対して、「身体の本質を永遠性の観点から思念することによって精神は永遠性の観点から知解する」ことを述べる後半では、精神が自身の身体の永遠的なる本質を思念するかぎりで、永遠的なる理性知をもつことができることが述べられている。その証明の手続きもちょうどこの二つのことに対応して進められる。これら二つのことがらを通して、全体としてこの命題は、身体の観念としての精神において、理性知が永遠性を獲得するとはどういうことなのかという問いに対する答えになっている。

この命題の中心はその後半部にある。この後半部の証明は、次の三つの手順を踏んでいる。まず、理性が永遠性の観点において事物を思念することが述べられる。そして次に、身体の本質を永遠性の観点において思念することも精神の本性に含まれ、これと前半に述べられたような、身体の現実的な実在を思念することとの二つの他には、精神の本質には何も属さないことが述べられる。したがって理性は、このように身体の本質を永遠性の観点において思考することによってしか可能ではない、ということが示される。この証明はスムーズに理解されるだろう。

問題はこの命題やその証明にではなく、この命題がおかれているその位置にある。つまり、なぜこのことは第二部ではなく第五部においてはじめて述べられねばならなかったのかが、問題である。そもそもこの命題で述べられているることは、理性知の成立の根幹にかかわっているように思える。この命題で述べられていることが証明されないならば、そもそも理性知が成立しないということになるはずだからである。ならば、このような命題が、第二部においてどうして取り扱われていなかったのか。第二部において述べられないどころか、このような事態が第五部にいたるまでまったく提起されないということは何を意味しているのだろうか。

この問題を解くためには、さらに次のことの意味が考えられねばならない。それは、ここで「精神が永遠性の観点から知解することはなんであろうと」と述べられているのは、いったい何なのかということだ。言うまでもなく、スピノザはそれをまずもって理性知であると考えている。これは、その証明においてもっぱら理性について言及されていることから明らかである。そしてこの第五部の命題においては、理性知に対してあきらかに無時間性が前提とされている。それは、その証明の前半において、身体の現実的な実在を思念することなしには決して事物を時間と関係して考察することができないということが述べられていることからも明らかである。しかし問題的であるのは、第二部で理性知について述べられていたとき、理性がとらえるものすべてが無時間的であると考えられていたわけではないということである。少なくとも第二部の段階では、すべての理性知が無時間的であると考えられてきたわけではない。理性知は、たしかに永遠性の観点をもち得るという点では身体の持続性を超えていくのではあるが、理性知の獲得の現場においては、そのような無時間性は視野には入ってこないのである。たしかに「すべてのものに共通なもの」に関するかぎりでは、理性知は無時間的なものであるということができる。それはすべてのものにおいて共通であるかぎり、時間的にも空間的にも偏在するのであり、いかなる時間的な関係とも無関係に成立するであろう。しかし、それはあくまでも「すべてのものに共通なもの」に関するかぎりでしかない。

解決の鍵は、永遠的であることと、無時間的であることとが、ここで同一視されうるのかどうかという点にある。これに関連して、先にあつかった第二部定理四四系二の証明において、考察を先延ばしにしておいた問題をとりあげなければならない。この証明は、前半と後半との二つの証明によってなりたっていた。前半では、理性が示す必然性が神的で永遠なる必然性であることが示されたのであった。これは十全なる認識であればすべてがそれに与るような、きわめて普遍的に妥当する証明であろう。それに対して後半では、共通概念がすべてのものに共通であることにもとづいて、その無時間性が示されたのであった。そしてこの無時間性が、前半で示された永遠性と同一視されるのである。この後半の証明は、すべてのものに共通なもの、に依拠して証明されている。それはもう一方の共通概念、つまり、いくつかのものに共通で固有なもの、を認識する一般化された共通概念の理論にはふれていないのだ。

このことは、スピノザが共通なものの本質を、少なくとも表面的には、決して了承していないということと関係している。たしかに、すべてのものに共通なものは、たとえそれがいかなるものの本質とならなくとも、偏在することは明らかであろう。これに対して、いくつかのものに共通で固有なものは、これらいくつかのものがすべて実在しないならば、それでもなお成立するとは言えなくなる。スピノザのように、共通なものの本質ということを考慮に入れないならば、いくつかのものに共通であるにすぎないものの無時間性は、示すことができないのだ。したがって第二部定理四四系二の証明の後半は、いくつかのものに共通なものについては、少なくともスピノザの証明の手続きにしたがうならば、成立していないのである。

したがって、少なくとも第二部の段階では、永遠的であることと無時間的であることとは、異なったこととして論じられていることになる。理性知が無時間的であることと、十全なる認識としての理性知の成立とは、ことがらとして相互に関係をもたないということだ。言いかえれば、理性知の十全性は、それが無時間的であることと切り離して考えられるのだ。たしかに十全であるかぎり、つまり真であるかぎり、いかなる認識もまた永遠の観点のもとになされる。だがそれは、決して無時間的であることを意味しないのである。つまり、これらの永遠性の観点における認識は、まずは持続のもとに獲得されるのである。永遠的であることは、無時間的であることとは単純には同一視されえないのだ。たしかにスピノザは無時間的であるならば、それは永遠的であるというふうに推論をおこなっているのだが、少なくとも第二部においては、その逆はかならずしも真ではないのである。

以上から、第五部において「精神が永遠性の観点から知解することはなんであろうと」と述べられていることは、次のように解釈されねばならない。つまりそれは、永遠であるような認識全般について、それらがすべて無時間的であるという観点から、新たに考察が加えられている、と。それは、まえもって第二部において無時間的であるということが示されたものだけでなく、永遠的であることが示されたすべてのものについて、言われているのだが、それらはここではすべて無時間的であるという観点に立って、取り扱われているのである。つまりここで無時間性は、すべてのものに共通なものの概念だけではなく、一般化された共通概念の理論にもとづくすべての理性的な認識について述べられているのだ。

そうであるならば、それが第二部では考察されなかったことを、つぎのように考えねばならないことになるだろう。スピノザは第二部では、理性知がすべて永遠なる認識であるだけでなく、また無時間的な認識でもあるということが、考察のなかに入ってこないように理論を組み立てていた、と。たしかにすべての理性知は、十全であるかぎりで神的な永遠性と無関係ではないが、そのすべてが無時間的であるということは、決してそこでは言われていなかったのだ。それに対して、この第五部の考察においては、最初から永遠的であることが無時間的であることと等価であるように、証明が進められるのである。

では、なぜこのような違いが起きるのであろうか。それは、第五部で問われているのが、なぜ身体の観念としての精神が無時間的なものに関係するかという問題であるからだ。第二部においては、永遠性はあくまでも神の必然性に関係付けられて論じられていた。そのかぎりでは、なぜ精神が無時間的なものを把握するかということは問われずにすむ。実際に、そこで無時間的なものとして考えられていたのはすべてのものに共通なる共通概念のみであり、それはたとえ無時間的であっても、むしろ不滅的であるという意味においてそうであるにすぎず、したがって身体の観念としての精神がとらえることとして何ら不都合は起きない。ところが第五部において問われるのは、なぜ可滅的な存在でしかないこの身体の観念としてのわれわれの精神が、無時間的で永遠なるものを把握することができるかということであり、それは第二部においては慎重に避けられていた問題なのである。

第五部においてスピノザが正面から答えようとするのは、なぜ実在する身体の観念に過ぎないわれわれの精神が、それにもかかわらず理性知において永遠性の観点を獲得することができるのかという問題である。そしてその答えは、たとえ精神が身体の観念であるとしても、それは持続する身体の観念であるかぎりにおいてだけでなく、実在しないかぎりでの身体の観念、つまり身体の永遠なる本質の観念としてもあるからだ、というものである。これが、スピノザが「身体への関係を離れた精神の持続に関すること」と述べていることの内実である(E5P20S)。

表現する思念

第五部において新たに注意が向けられるのは、理性知においてわれわれは、持続を超えたあるものを経験する、ということである。理性知が事物の必然性を理解するのは、神的な必然性によってであるということは第二部においてすでに述べられていたことであるが、このように新たな経験の側面に光があてられるのは、やっと第五部になってである。永遠の相のもとにおける理解が、身体の観念としての精神にとっていかに可能であるかが明らかにされるのが第五部であるのは、このためである。

とはいえ、この新たな経験の側面は、けっしてこれまでの『エチカ』の歩みと無関係であるわけではない。われわれはすでに、デカルト的な「観念」説の徹底化としてのスピノザ哲学において、対象的と形相的との区別が組織的に全面化されるだけでなく、さらにそこに新たに表現の次元が見出されるということ、そしてそれによって『エチカ』の存在論が切り開かれるということについて繰り返し述べてきた。身体の観念としてのわれわれの精神は、神の属性を一定のしかたで表現するものとしてこの存在論的な構造のなかにみずからをみいだすのである。このような存在論的な構造は、この新たな経験の側面と密接に関係している。なぜなら、ここで言われている身体の本質もまた、もはや対象ではなく表現されるものであるからだ。だからこそ、スピノザもつぎのように述べている。

神のなかには、このあるいはかの人間身体の本質を永遠性の相において表現している観念が必然的に与えられている(E5P22)。

この定理は、人間身体の実在だけでなく本質もまた神を原因としており、神の本質から思念されねばならないということによって証明される。人間身体の本質を表現する観念こそが、先に述べたように永遠性の相において理性的に理解する精神なのである。

身体の観念から見た永遠的なる認識という事態の考察は、われわれを身体の本質を表現する観念ないし思念へと導く。しかしここで新たに問われねばならないのは、この本質を表現する思念という言い方において、なぜ対象や表象ではなく表現なのかということである。なぜ身体の観念つまり身体を対象とする観念ではなく、身体の本質を表現する思念ないし観念なのか。あるいは、なぜ本質の観念ではなくて、それを表現する観念と言われるのか。

その理由は、本質は事物ではないからということにつきる。本質がけっしてそれとして対象として観念されるということがないのは、対象があくまでもその事物であるからだ。それにたいして本質とは、実在しない事物の、実体の属性に含まれてあるあり方である。それは観念の対象ではなく、観念そのもののあり方と関係してのみ、言われえる[18]。要するに、事物の本質を表現している観念とは、実在していない事物の観念に他ならない。それは対象としては事物をもち、またそれ自体として現実的には実在しないのであり、あくまでも神の観念のなかに含まれているのである。事物の本質を表現している観念とは、実在しない事物を対象とし、それじたい実在するのではなくあくまでも神の観念のなかに含まれた観念のことを指すのである。

本質が事物でないのと同様に、実在もまた事物ではない。実在している事物の観念も、また実在していない事物の観念も、対象としてはその事物そのものをもっている。それが実在しているか、していないかは、その事物の対象ではなくて、あくまでも観念が表現することがらである。したがって、現実的な実在についても、それを表現する観念があると言われる（E5P21D; P23D）。したがってここで問題になっているのは、対象の如何ではなく、このような観念ないし思念そのもののあり方である。それが現実的に実在するというしかたにおいてではなく、つまり他の事物との不断の交渉のなかで制限されつつ形成されるようなあり方ではなく、実体の属性の様態として、属性を表現するものとして思念されるあり方である。

このような実在しないものの観念は、必然的に神の観念のなかに内包されていなければならない[19]。このことは、このような観念が神の観念からしか理解されないということを示している。これはつまり、理性知は神の認識をともなっており、あるいはそこへと向かうということではないだろうか。永遠性とは、神の永遠性なのであって、それ以外にはありえないというのも、この意味においてであろう。したがって、理性的な理解が起こるとき、それは神の観念へとわれわれを導くように思える。

このことは次のことを意味している。スピノザは神の観念がなくても、任意の十全なる観念から出発することができる。しかし、十全なる観念ないし認識は、必然的に神の認識に結びついている。

共通概念に重点を置くドゥルーズもまた、われわれが直観知へ到達するためには理性知を経由しなければならないということを強調している。理性知によって神の認識へと導かれ、そこから直観知が生まれるというのである。この「第二種の認識から第三種の認識へどのようにして移行するか」というテーマは、ドゥルーズが共通概念に見出す重要性のなかの、もっとも大きなポイントの一つとなっている。

> 共通概念は(それら事態はなんの本質もかたちづくらないとはいえ)十全な観念であり、必然的に私たちを神の観念へと導く。ところがこの神の観念は、必然的に共通概念と結びついてはいるが、それそのものは共通概念ではない。…この神の観念こそが、それゆえ私たちが第二種の認識から第三種の認識へ移行する橋渡しをしてくれることだろう[20]。

だがここには少し問題があるように思える。なぜなら、われわれは神の観念へと導かれるというよりは、むしろスピノザが述べているように、「自身が神のなかに存在すること、および神によって思念されることを知る」からだ。われわれが神のなかに存在し、神によって思念されることを知るというのは、はたしてスピノザ哲学が「汎神論的な根源直観」によって形成されているからなのだろうか[21]。

たしかにスピノザは、次のことを繰り返し述べている。永遠であるとは、神に依存しているということである。永遠であるとは、神の永遠なる必然性のなかで生起するということである。つまり永遠性とは、神の永遠性にほかならない。別の言葉で言えば、永遠であるとは、それ自体の現実的な実在からはなれて、あくまでも神のなかに包含されているということにおいてのみ、その存在をもっているということである。そしてこのことは、身体の観念としての精神という存在において、考えられることなのである。持続存在としての身体の観念であるかぎりの精神ではなく、つまり実在する精神においてではなく、永遠であるかぎりの身体において、つまり神のなかに包含されているかぎりでの身体の観念である精神、つまりそのかぎりにおいては実在するとは言われない精神を、われわれは経験するのである。理性知によってわれわれが経験するところの永遠性は、このような意味において、神の認識にもとづいている。

スピノザの次の定理も、このことを述べている。

われわれの精神は、自身と身体を永遠性の種において認識するにしたがって、それだけ神の認識を必然的にもつ。また、自身が神のなかに存在すること、および神によって思念されること、を知る(E5P30)。

この定理の証明には先行する諸定理がほとんど何も援用されていないが、これはそれだけこの考察の重要性を示している。そこで述べられているのは驚くほど単純なことである。それは、何かを永遠性の種において思念するとは、それを神の本質によって実在を含む per Dei essentiam involvunt existentiam ものとして考えるということである(E5P30D)。ところで、すでに論じたように、スピノザが実体や様態といった形而上学的な諸概念を用いるとき、それはけっして眼前的で事物的な存在者をあつかっているのではなく、あくまでもわれわれ自身のあり方を存在論的に開示している。そうだとすれば、神の本質によって実在を含むものとして何かを理解するとは、自身の存在論的な構造に気づくということに他ならないだろう。

つまりわれわれは理性知によって何かに導かれるのではなく、いわゆる「神の観念」へと導かれるわけでもないのだ。理性知の成立はそのままで、自身の存在論的な構造への気づきをもたらす、と言わねばならないのだ。

実際にスピノザは、次のように、直観知を神の観念から生じるものとしてではなく、永遠であるかぎりでの精神から生じるものとして述べている。「第三種の認識は、精神それじたいが永遠であるかぎりで、精神に、その形相的原因として、依存している」(E5P31)。精神が永遠であるかぎりでということは、すなわち神の観念に内包されるかぎりでということではあるが、それは神の観念をもつことと同一ではない。精神がそれじたい永遠であるというのは、自身の身体の本質を永遠性の種において思念するということである(E5P31D)。この言い換えは、重要である。

このように、理性知はけっして「神の観念」を経由することでわれわれを直観知へと導くというわけではないのである。少なくとも、何らかのしかたで理性知が直観知へと転換するというように考えるわけにはいかないのだ。そうではなく、理性知はすでに、直観知と分かちがたく結びついているのである。理性知は直観知をともなわないことには成立しえない。また直観知がもたらされるのは、理性知によってであるとしか、われわれは考えることができない。これら二つの認識様式は、いわば相互に依存しあっていると言わねばならないのだ。一言で言えばこういうことになろう、理性知が成立しているとき、それはそのままですでに直観知を伴っているのである、と。

したがってドゥルーズが、共通概念は十全な観念として表現的expressifなものであり、それが表現するのは神の本質であるというとき、それはかれが別のところで、共通概念が神の観念へ導くと述べている場合よりも、より正確にこの事態をとらえているように思われる[22]。理性知は何か別なものへわれわれを連れて行くのではなくて、それそのものでわれわれが神のなかにあり、また神によって思念されているという存在論的な構造をわれわれに見せてくれる。つまり、共通概念はわれわれ自身のあり方をわれわれに見せてくれるのである。そして、このような存在論的な構造に視線が向けられることこそが直観知と呼ばれるのである。

これまで述べてきたことをまとめよう。理性知は、時間的観点から離れたものをもっている。たしかに理性知はそれじたいは現実的で実在するわれわれによって獲得されるものではある。だがその十全なる認識は、現実的な実在を離れたものをもっている。つまりある永遠性の経験なのである。われわれは理性知において、永遠性を経験するのである (E2P44C2)。理性知がわれわれに与えるこの経験は神の認識を必然的にともなっている。なぜならそのような永遠性は、神の認識と不可分であり、むしろそれこそが神の認識であるからだ。その永遠性とは、すなわち神のものであるのだ。これが理性知という、身体の観念としてのわれわれがもつ認識において、すでに実際におこっていることなのである。

これまで論じてきたように、スピノザにとって、われわれがそれであるところのものは「観念」である。かれはライプニッツとも異なり、われわれ自身の「概念」について語ることなく、もっぱらそれを「観念」として語っている[23]。ところで、スピノザにとって、このわれわれがそれであるところの観念は、決して「神のみぞ知る」ようなものではない。われわれが観念であることは、まずは概念的な論証によって知ることができるし、『エチカ』はこのような論証に基づいて成立している。しかしこのとき事態は、決して理性知の枠内にとどまっているわけではないのだ。実は、概念による認識が成立しているときに、われわれがそれであるところの観念がいかなるものであるのかは、理性知に伴ってすでにもたらされているところの直観知によって気付かれているのである。

ところで、気づくとはどういうことか。われわれの精神は、たとえ身体の観念であったとしても、みずからの身体を十全に把握しているわけではない。われわれが得ることができるのは、あくまでもこの身体の変様の観念にほかならず、この身体に起こることの非十全なる認識に他ならないのである。したがって、そもそも個別的な事物を、完全に知解するというようなことは不可能であるといえよう。だが、そのもっとも大きな、そして根幹なる部分が永遠である maxima seu praecipua pars est aeterna というふうになることはできる（E5P39S）。そしてこれこそが、よりよく知解するということを意味しているのである。個別的な事物の知解とは、「よりよく」というふうにしかなされえない、なぜならそれは、知識の量が増えるということではなく、理解がより強まっていき、より深まっていくというふうにのみ、いわば内包量的な意味においてのみ言われえるからだ。そしてそれは、われわれの身において、実践的に果たされるのである、なぜならわれわれの精神は個別的なる事物としての身体の観念に他ならないからである。

もっとも、理性的に知ることは、それ自体では、けっして個別的な事物を知ることではない。それは、いかなる個別的な事物の本質をも知解するわけではなく、ただ共通なるものを知解するのみである。だがそれは、個別的な事物としてのわれわれのあり方をよりよく知ることに、つまりわれわれの存在論的な構造によりよく気づくことに、資するのである。これをのぞいて、個別的な事物をよりよく知るということは他にはない。したがって、理性知こそが実践の手がかりになることは強調されねばならない。われわれは個別的な事物としての身体の観念として、さまざまな事物がひしめきあうこの世界のなかに実在しており、そしてこのせめぎあいのなかで、共通概念を形成することによって、そしてお互いに力を合わせることによって、理性を獲得していくことができるのであり、それなしには直観知へといたる道はあたえられていないのである。

三　自己への気付き

直観知の位置

桂寿一は、『エチカ』においては、理性知が詳しく検討された結果として、直観知がむしろ理性知に接近するようになった点に注意をうながしている[24]。この指摘はきわめて重要であるが、残念なことにその内実は、つまり接近するようになったことの意味は、これまでの解釈においては、ほとんど明らかにされてこなかったように思われる。直観知と理性知とはその認識構造をまったく異にしているのであるから、もし両者が接近しているとするとすれば、両者になんらかのつながりが見出されるということになろう。すでに述べてきたように、たしかに直観知は理性知を離れては理解されも実現されもしない。だがこのことはスピノザの叙述のなかに明確に示されているわけではない。このことが解釈の困難を生んできた。

理性知と直観知との関係は、スピノザが認識の諸様式の具体例で示すために挙げる比例数の例に基づいて解釈されることが多い。比例関係を習慣によって見抜くのが想像知であり、数学的に認識するのが理性知であり、直観的に理解するのが直観知である、というこの例は、さまざまな解釈をよんできた（E2P40S2）[25]。しかし、数学的な意味においてスピノザが直観知を問題にしていたというのは、きわめて疑わしいことでしかない。少なくとも、この例にしたがうならば、理性知と直観知とのあいだには、たんなる程度の差しかないことになろう[26]。つまり、比例数の例はたんなるアナロジーに過ぎず、解釈の鍵にはなりそうもないのだ。

ここでもまた、何よりも重要なことは、これまで考察してきたように、スピノザ哲学はあくまでも「観念」説の深化による「概念」説の構築であるという視点である。『エチカ』は明らかに「概念」の立場において書かれており、スピノザ哲学は理性知に立脚することで成立している。この視点から容易に見て取ることができるのは、たしかにスピノザは直観知について一般的に示すことはできるのだが、それをそれとして論証して示すことは、理性知の立場に立脚する限りにおいてはできないということである。論証するのはあくまでも理性知においてであるからだ。

では、なぜスピノザはながらく延期してきた直観知についての論述を、第五部の後半になってから始めるのか。この点に関して、ドゥルーズはつぎのようなきわめて重要な解釈を示している。

『エチカ』の大部分は共通概念の観点から書かれている。…第三種の認識が出現するのは、第五部においてのみである。そこにはリズムと運動の違いが現われる。それははっきりとは、第五部の定理二一から出現するのである27。

つまりかれは、『エチカ』第五部の後半が、もはや理性知によってではなく、直観知によって書かれている、と言うのだ。このような見方が、どの程度まで保持可能なのかを検証する必要がある。

ところが、『エチカ』第五部の後半に目を向けるならば、そこでスピノザはわざわざ「これまでそうしてきたとおりに」精神を考察すると断っている。スピノザは読者に対して、こう述べている。

事物を永遠の相のもとで思念する限り、精神が永遠であるということについて、われわれは確かである。とはい

> え、示したいことをより容易に説明するために、そしてよりよく知解されるために、あたかもいま存在し始めたかのように、そして今事物を永遠の相のもとにいま認識し始めたかのように、精神を考察するであろう、これまでそうしてきたとおりに(E5P31S)。

ここでスピノザが、あくまでも「これまでしてきたとおりに」とのべているのは、以降もスピノザが理性知において語ろうとしていることを示していると解釈するのが自然である。たしかに理性知は、永遠の相のもとに事物を理解するのであり、それによってわれわれは永遠性に与り、それを獲得し、そのかぎりでわれわれは永遠であるとしても、それを説明することは、そのような永遠性から一挙に示すのではなく、あくまでも理性知によって示されねばならない(E5 P20S)。

したがって、『エチカ』第五部の後半が直観知によって書かれているというドゥルーズの意見をそのまま受け入れることはできないのである。

たしかにスピノザは論証のなかでではなく、論証の外にあるところの備考において、理性知ではないしかたで語るということ、つまり直観知において語るということがいかなることであるかを語っている。われわれ自身の個別的なる精神にふれながら、スピノザはこう述べる。

> 第一部において、すべてのものが(したがってまた人間精神が)本質においても実在においても神にかかっている pendere ということを一般的に示したとはいえ、たとえその証明がいかに正当でありかつ疑いの余地もないにせよ、以下の場合ほどわれわれの精神を動かさないのである non afficit。それは、神にかかっていると述べるこ

のおのおのの個別的な事物の本質そのものから結論づける場合である(E5P36S)。

このおのおのの個別的な事物 res quaecumque singularis が、われわれがこれまで論じてきたように、われわれがそれであるところのもの、つまり身体の観念としての精神および身体のこの結合体だとすると、そのおのおのとは、つまりは『エチカ』を読むわれわれ自身に他ならない。スピノザは理性知と直観知の両方で、われわれが神に依存していることを示していると述べているように見える。スピノザはあたかもこれら二つの認識のしかたにおいて、同一のことを示しうるかのように語っている。

しかし、スピノザはこのことを、論証のなかにおいてではなく備考においてのみ述べていることに注意しなければならない。『エチカ』の論述を見るかぎり、スピノザはそのようなことをしていない。ここでスピノザは個々の本質そのものから結論付けると述べているが、スピノザはやはり概念的に、一般的な観点からしか、それを行なってはいない。少なくともそれは、個々の(つまりこの人間やあの人間といった)われわれの本質について語ってはいない。論証において、われわれ自身について直接何事かを示すことはできないのだ。これまでも繰り返し述べてきたように、個別的なものについて、理性知はあくまでも一般的に示すことしかできない。スピノザが個々の人間について語っているように見える場合でも、実際にはそれはあくまでも個々の人間一般について語っているにすぎないのだ。上野修もまた、人間精神の本質についての定理二三について、こう述べている。

> 言うまでもないが、これはしかじかの身体本質の現前へと立ち至らせる個別的な演繹ではまったくない。そんなことは無限知性のみに可能な業であって、神だけが個々の本質のひとつひとつを永遠なる思惟様態において考え

ることができるのである。なるほど論証は、われわれの身体本質を思惟する神のそうした「永遠なる思惟様態」をわれわれの精神の本質に帰属させてはいるが、われわれの思惟に帰属させているわけでは決してない。いいかえるなら、そうした本質を、われわれは神が考えるのと同じように考えるわけではないのである[28]。

この意味で、ゲルーが述べたように、スピノザの論述においては、徹頭徹尾、類種的な本質についてしか述べられていないとも言えるが、それはあくまでも論証についてのことだ。それに対して、スピノザが上記の備考に書き付けている言葉は、たしかに直観知において、われわれ自身がおのおの神に途切れることなく依存していること、そこから生起していることが、われわれ自身の本質そのものから理解されえることを宣言している。

このことは、直観知によって何が知られるのかという問題と結びついている。さらに、そもそもスピノザがなぜこれらふたつの認識のあいだを行き来しなければならなかったのかということとも関係している。

『エチカ』のなかには、たしかにわれわれが書き込まれている。これについて知るということは、自分自身について知るということである。上野は上に引用した箇所の少し後に、こう続けている。

そこで言われている精神とは、われわれ自身の精神でないとしたらいったい何であろう。身体の本質の観念が必然的に存在すると結論し、そうやって「身体の本質」を——たとえ空洞のようにしてであれ——「考える」にいたったのは、まさに論証によって見ているこのわたしの精神なのだから。それゆえくだんの論証において言及されている精神とは任意の精神などではなく、論証に実際に捉え込まれているところのわれわれ自身の精神のことでなければなるまい。それはどういうことか。すなわち、〈他者〉の語ることの中にわれわれ自身がピンで留められ、書込まれているということ、これである。人間精神一般の一特殊例としてではない。われわれの精神が現在進行中の論証を聞き取り理解しているというそのことのゆえに書き込まれているのだ29。

『エチカ』に書き込まれてもいる事象的存在者は、それを読んでいる他ならぬこの「わたし」である。そしてこの「わたし」の本質が、神に依存していることが、ここで注視されている。このように、スピノザが直観知について何かを述べようとするとき、それはあくまでも理性知による論述において示されているにもかかわらず、その意図としては、個々のわれわれについての、個別的な認識について示そうとしているのである。

したがって読者が『エチカ』のなかに自己が書き込まれているさまを見出すとき、読者は自身のあり方に、論証によっていわば強いられたかたちで、気付いている。それは共通概念において示された事物あるいは人間についてしか述べていないにも拘わらず、読者は理性知によってある直観へと必然的に導かれ（すくなくともその論証をわれわれがそうしてきたように正当に理解するならば、ということであるが）、そして自己への気付きにおいてまさに『エチカ』のなかに自己が書き込まれていることを知る。まさに「自己」をめぐってこそ、スピノザは直観知に、そして理性知と直観知との区別に言及する。論証と、論証ならざるものとの区別が、ここに示されている。ここにわれわれは、スピノザによる「概念」説が、個別性へと肉迫するその現場を目撃することになるのだ。

神・自己・事物

スピノザは、直観知においてよりすぐれているにしたがって、それだけよく「神と自己について気付いている conscius」と述べている（E5P31S）。それと同時にスピノザはまた、「神と自己と事物について気付いている」とも述べている(E5P39S;42S)。つまり、この「気付く」あるいは意識するものの対象が、神と自己であると言われる場合と、神と自己に加えて事物もまた付け加えられる場合がある。

精神が「神と自己と」についてよりよく気づくということは、たとえばライプニッツもまた述べている。『形而上学叙説』においてライプニッツは、個体的実体についてこう言っている。

> ……それ(実体)におとずれるすべては、その観念あるいは存在の帰結であり、神以外の何もそれを決定しないのである。そのため、高尚な精神をもちまたその神聖さが尊敬されている或る人が、魂はあたかも神と自分しか世界の中にはいないというふうに常に考えねばならぬ、といつも言っていたのである。

後期の『新説』でもライプニッツは「あたかも神と自分しか世界の中にはいないというふうに」と述べている[30]。この点は、スピノザが述べるところのものと微妙に異なっている。スピノザは、「神と自己と」にとどまらず、「神と自己と事物と」に気づくと述べているのである。これは、容易に見逃されやすい違いであるが、スピノザ哲学を理解するうえでは決定的に重要な点である。

神と自己であると言われる場合と、神と自己に加えて事物もまた言われる場合との微妙な表現の揺れは、いったいなにを意味するのだろうか。なぜ神と自己とではなく、そこに事物が加えられねばならないのか。われわれはすでに、「精神は身体の観念である」という命題について論じたときに、さらに本章において直観知について論じるさいにも、この身体こそがまずもって個別的な事物として考えられていることを述べた。直観知は神の認識から個別的な事物の認識に進むのであり、この個別的な事物とはまずもってわれわれ自身という事物なのである。つまり直観知は、われわれ自身以外の何か事物を対象として認識するわけではない。ではここで事物といわれているものは何なのであろうか。それはなぜ加えられねばならないのか。

そもそもまず、ここで付け加えられている「事物」は、直観知がとらえるような個別的な事物のことなのか、それともそうではないのか。この点をめぐっては、つぎのスピノザのテキストが考察されねばならない。『エチカ』第五部において、個別的な事物についてスピノザはこう論じている。

個別的な諸事物をより良く知解すればするほど、それだけ良く神を知解する。

証明　第一部定理二五の系から明らかである(E5P24)。

これは、一見すると、直観知が多くの個別的な事物を理解することであるかのような外見を呈している。だが、注意すべきことは二点ある。

第一に、「より良く magis」という語が使われていること。これは、これらの諸事物を、外延的に多く知解するということではなく、いわば内包量的に、よりよく、より深く、より強く知解するということなのである。焦点となっているのは強度なのである。

第二に、この命題をスピノザは、第一部定理二五の系、つまり「特殊的な事物」が様態であるという命題にもとづくことで導き出しているということである。われわれがすでに明らかにしたように、この定理はまだ個別的な事物について述べているわけではないのだから、したがってここでは、けっして特に個別的な事物に限定して語っているわけではなく、様態一般について当てはまることを、個別的な事物の文脈において述べているだけであるということになる。

　これら二つの理由から、この定理は以下のように解されねばならない。この命題は、広く特殊的な事物つまり様態一般について述べられており、けっしてわれわれが個別的な事物を多く理解することによって神を知解するということではない。この命題で述べられているのは、その数に関係なく、事物をよく理解するということはそれだけで神をよく知解することに結びついているというきわめて一般的なことがらなのである。したがって、この命題をもって、スピノザが「神と自己と事物と」と述べている事物を個別的な事物として解することはできないのである。

　とすると、スピノザが神と自己と事物とをよりよく認識するあるいはむしろ気づく(意識する)と言うとき、直観知の直接の対象とはなっていない、この「事物」とは何を指しているのか。気付いているということ・意識しているということ conscius esse と、認識するということとの区別は、つねに守られているわけではないにしても、やはり大きな意味をもっているように思われる[31]。そもそも、理性知に置いて自己を認識するということはできない。なぜなら、自己を十全に知るとは、神のなかにある観念をもつということであるが、それは周囲のものから分かちがたい存在であるわれわれにとっては、不可能のことである。というのも、そのためには自己に訪れるすべてを知らなければならないからである。それはいわば神のみに可能なことであると言えよう。われわれは、自己を認識しようにも、身体の変状によってしかそれに近づくことはできないのであり、身体におとずれるものによって自己に気づくしかないのだ(E2P23; E3P9D)。このようなしかたでは、この個別的な事物としてのわれわれ自身は、けっして十全に認識されることはない。

　それに対して、直観知において自己に気づくことができるとすれば、それは別の新たなしかたにおいてである。この気付きは、われわれがそのなかにおかれた、神と自己と事物という世界の構造全体への気づきである。われわれ自身の本質は、このような神・自己・事物の連関のなかにあり、したがってこのような気づきこそは、本質が思念されるということ、あるいはむしろ本質が表現されるということである。『エチカ』において用いられている概念で言えば、実体の様態であるところのおのおのの事物は、実体によって思念されるということになろうが、そのような事物のなかのひとつとして、個別的な事物として、われわれ自身が与えられており、しかもわれわれは、他の事物との必然的な連関のなかで実在している。このような、『エチカ』のなかに書き込まれているわれわれ自身がもっている存在論的な構造、これに深く気づいていくことが、直観知なのだ。

ところで、われわれをとりまく諸事物を、われわれはけっして個別性においてとらえることはできない。想像知においてなら、たしかにそれらは個別的なもののようにして想定されている、この机やこの人といったふうに。われわれは諸事物を、想像知と理性知において、感覚的および概念的に、知得することができる。だがわれわれは、周りをとりまく個別的な諸事物の本質を認識することなどできない、というのが『エチカ』が明らかにしたことであった。それどころかわれわれは、自己の本質でさえ、それを無限知性のようにして把握することはできない。

では、われわれを取り巻く諸事物は、なぜ直観知において気づかれられねばならないのか。直観知とは、まずもって神と自己とを認識することであるはずなのに。たしかにスピノザは『エチカ』第二部における知識論的な場面においては、直観知を個別的な事物の本質の認識であると述べてはいる。そして、もしわれわれの自己を措いて個別的なものを見出すことができないとするならば、直観知は自己のみを把握するような「自己知」であるということになる。それは直観知の認識領域を、狭いこの自己というものへと閉じ込めてしまうことに他ならない。そのとき、ライプニッツが述べたように、世界にはあたかも神と自己しかないということになるだろう。スピノザがそこに、諸事物を差し込んでいるにもかかわらず、もし直観知がとらえるのが個別的本質であるとすると、そのような解釈に近接するしかないようにも思われる[32]。だがこのような解釈を回避するために、ふたたび普遍的・種的本質をとらえる直観知というゲルーの解釈に戻るわけにはいかない。直観知がとらえるのはやはり個別的本質であるとわれわれは結論しなければならなかった。そしてこの個別的本質とは、結局は自己の本質ということになるだろう。

しかし、すでに述べたように、直観知は理性知から離れてあるわけではない。直観知を考えるときに、それが理性知と表裏一体であることを忘れることはできない。そして理性知はわれわれをとりまく諸事物において、われわれ自身と「共通なもの」の理解であった。そのため、神と自己だけでなく、そこに事物が、たとえその個別性における事物ではないとしても、やはり意識されねばならないことは当然である。われわれはけっして、神と向き合うだけで個別的なるものの認識に到達できるわけではない。われわれはあくまでも理性知によって直観知を深めていかねばならないのだ。

ところで、共通なものの把握は、個別的なものの把握を少なくとも最終的には前提とせざるをえない。共通性はすでに個別性を前提としており、個別的な事物そのものの把握が皆無ならば、共通なものもまたその根拠を失うことになるからだ。このような観点から見るに、やはり理性的認識は、その最終の根拠を直観知のなかにもたなければならない、ということになろう。言い換えれば、直観知はすべての理性的認識に対して、それが成立するための必要条件となっている。

さらに言えば、すべての事物の認識は自己への気づきに、最終的には依存していることになる。たしかに、普遍的な概念を理解することは、とりあえずはみずからの本質の把握とは無関係に行うこともできるであろう。しかしそれは最終的にはやはり、みずからの本質に立脚する他はない。このような観点からすれば、すべてのものは最終的にはこの「わたし」に、われわれの自己にかかっていると言っても決して過言ではない。

かように重要なこの「わたし」あるいは「自己」だが、それはすでに実体的な存在者ではないということが確認されている。あえてそれを存在者と言うならば、それは実体の属性の様態として、存在することの構造を開示するような存在者である。しかしこのような「自己」とは、もはや読者としてのわれわれが日常的に思い描くような普通の意味での自己意識ではないだろう。

では、われわれはここで、この新たに見出された「自己」の姿を、どのように描き出せばいいのだろうか。少なくとも言えるのは、つぎのことであろう。気づかれる自己は、さまざまな個別的な事物のひしめきあう世界の中に置かれている。これは片方では、わたしが受動性のなかにおかれているということである。だが他方では、自分の身において現に他の個別的な事物とのあいだに成立している共通性にもとづいて、普遍的な概念を形成していくことができるということでもある。これらの二つの面は、どちらも「わたし」という個別的な事物が、他の事物に対して、そして世界に対して開かれているからこそ可能になるのである。この「自己」とはすでに世界に開かれた自己である。個別的な事物としてのわれわれが、他の無数の個別的な事物とのせめぎあいのなかにおいてあるということには、積極的な意味がある。

したがって、スピノザが直観知をあるときは自己と神とを知ることとして、あるときには自己と神と事物とを知ることとして示しているとしても、実際にはこの二つの言い方は同じことを指していることになる。いかなる事物であれ、その理解は最終的には自己と神とを知ることにかかっているし、また逆に、自己と神とを知ることは、またすべての他の事物にも同時に気づいていくということだからである。さらに言えることは、直観知はたんなる自己知であるのではなく、むしろ一切のものについてのある種の認識であるということだ。ただしそれは量的な意味で一切を知ることではなくて、一切の智慧を質的な意味において深めることなのである。それはわれわれ自身の個別的な本質の把握であるのだが、この「自己」とはすでに世界に開かれたわれわれ自身のあり方であり、世界におけるわれわれの存在なのである。

概念と観念

このように「神と自己と事物と」に気づくということが直観知である。アルキエはスピノザ哲学について、それが如何なる人間的な経験に対応するのかわからないと繰返し述べている[33]。しかしスピノザの関心はあくまでも人間的な経験を把握することにあり、決して神秘的なことを語ろうとしているわけではない。直観知ということでスピノザが述べているのは、神・自己・事物というこの世界の存在構造に気付くという認識のしかたについてであり、それは理性知によって同時にもたらされる認識なのである。これを観念や概念という語によって説明するならば、われわれがそれ自身であるところの観念に概念を通して気付くということなのだ。

すでに述べたように、直観知がとらえるといわれる個別的な事物が、たんにわれわれの「自己」に他ならないと言いきって済ませてしまうならば、それは直観知の内実を歪めてしまうことになる。

神と自己とのほかに、諸事物に気づくということは、スピノザ哲学においてきわめて重要なことである。なぜなら直観知はあくまでも理性知によってもたらされるからだ。直観知は、理性知をはなれてはまったくありえないのである。

直観知がいかにして可能かをめぐってドゥルーズは、神の認識を通して、理性知が直観知へと転換すると述べているが、理性知と直観知はけっしてそのように「転換」するのではない。それらは認識の位相が異なっているのである。直観知の直観知たるゆえんとしてのこの個別的な事物の本質は、われわれ自身の存在の構造を示しているが、この「わたし」は開かれた存在者である。そしてこの開かれているということが個別的であるということなのである。逆説的ではあるが、共通概念によってこそ、このような個別的なるものの理解が、われわれがみずからの身において体験するような存在することの意識の強まりとして、獲得される。理性知によってこそ、「神にかかっていると述べるこのおのおのの個別的な事物の本質そのものから結論づける場合」とスピノザが述べている直観知がもたらされ、それによってわれわれは神と自己と諸事物というこの存在の構造をより意識し、より気付き、より目覚めていく。この目覚めは、たしかに理性知による理解の拡大とは異なった種類の認識である。しかもそれは、われわれおのおのが、各自の身において経験することとしてのみ可能となる。読者としてのわれわれは、みずからの身において、理性の拡充において、同時にこのような気づきの深化を直観知として経験していく。

このようにして到達される、個別的な事物の個別的なる本質は、個別的であるがゆえにまさに他に開かれた本質である。それはわれわれ自身のあり方に、つまりこのわたしのあり方に光をあてている。それは、〈知性から事物へ〉というデカルト的な方向性において「観念」説を徹底化することで到達されたのであった。観念が個別的な事物の観念であるとすれば、われわれみずからがこの観念であるのであり、それを述べているのが「精神は身体の観念である」という、『エチカ』の中心的なテーゼであった。しかしこれは、そのような観念をわれわれがもつということではなく、われわれがまさにそれであるということを、われわれは概念的に理解するのみである。その観念自体は、われわれがそれであるところのものとして、われわれ自身がそれを表現しているほかに、われわれはそのことに自ら気付いていくことができる。

たとえスピノザが直観知を個別的な事物の本質の認識と述べていたとしても、その意味を「本質主義的」なものとして済ますわけにはいかない。ジルソンは一貫して、スピノザ哲学を本質主義的であるとして批判しており、「実在の本質」についてばかり考え「本質の実在」を考えなかったと述べている[34]。そのような批判は、『エチカ』における普遍的本質と個別的本質との区別を無視したところにしか成立しないだろう。

とはいえ、本質をめぐっては、ジルソンとは正反対のドゥルーズの解釈にもまた問題がある。かれは、スピノザ哲学においては本質それ自体が固有の実在をもつという解釈を行った[35]。この解釈は個別的本質を強調せんがためになされている点では理解ができるが、そこには解釈上の困難がある。なぜならそれは、定理二四系におけるsua existentiaという表現の解釈を典拠として主張されているからだ。この字句は、通常の解釈においては「事物」の実在であると取られる。だがドゥルーズは文の主語であるところの「本質」の実在と解釈せねばならないと主張する。しかしこの定理二四系の意味は、まさにゲルーが言うように、実在し始めた後にも実在を続けるためには神に依存しなければならないという主張に他ならない[36]。したがって、意味的に言うならば、ここはあきらかに「事物」の実在であるととらなければならない。そのため、ドゥルーズの解釈は、少なくともテキスト解釈の観点からは、支持されない。

それにまた、たとえドゥルーズが指摘する文法上の解釈にしたがったとしても、あいかわらず意味的には従来の解釈に従うということも可能である。ジルソンが「実在の本質」と「本質の実在」との対比を述べたように、「本質の実在」というのは本質そのものの実在ということではなく、単に「実在」に強調をおいた表現に過ぎず、「本質の実在」は「事物の実在」と同義なのである。同様に考えれば、sua existantiaを事物の実在ととっても本質の実在ととっても、意味上に違いはないことになるのだ。

重要なことは、このような字句の解釈によって基礎付けることではなく、スピノザの個別的な本質をめぐる思考の特徴を指摘することであろう。

スピノザのこの個別的な本質のとらえ方の最大の特徴は何か。個別的な事物の本質は、われわれの自己がまさしくそうであるように、開かれている。本質は、神と自己と事物という、この存在の構造において見出される。このような本質を認識することが、「自己」の置かれた世界の構造に気づくということに他ならない。スピノザは次のように言う。

> われわれの精神は、知解するかぎりにおいて永遠なる思惟の様態であり、別の永遠なる思惟の様態によって決定されており、後者もまた同様であり、このように無限に及ぶ。このようにして、これらすべてが神の永遠で無限なる知性を構成するのである(E5P40S)。

たしかに神と自己とについて語るならば、それは本質主義的にもなろう。だが開かれた自己について示すことが本質主義と言われえるだろうか。本質といっても、それは認識されるのではなく、表現されると述べているのは、まさにそのために他ならない。本質とは、このような世界の永遠なる構造のことである。したがってそれは他と切り離して理解されるものではなく、一挙に理解されるほかない。しかもその理解は一度に与えられるものではなく、あくまでも徐々に深め強められていくほかはない。

スピノザは直観知について述べることで、われわれが実際に、われわれ自身の身において経験することに触れようとしている。それはもはや論証というより、その先にあるところのわれわれの成立という事態を見とどけようとすることであると言わねばならない[37]。『エチカ』のなかに書き込まれたものとしての読者の自己は、たんに論証において示されているのではなく、開かれた自己の実践が問われているのである。田辺はこのような自己を、「夫々の立場に於て全体を実現する行為者」と述べている[38]。

個体の本質は神の知性の内に予定せられて現実存在に先だち先在するという如きものでなく、存在の歴史的現実の含む動性に於て超越的全体の合目的論的秩序が実現せられんとするその統制のもとに、各瞬間毎に創生せられるものである。〔略〕個体は存在の全体を媒介にして其弁証法的発展の動的先端となり、夫々の立場に於て全体を実現する行為者となるのでなければならぬ。

デカルト的な「観念」説の徹底化としてのスピノザ哲学は、いかにして個別的なものをとらえるかという問いにこたえようとする。『エチカ』においてそれは、概念による論証によって、個別性がいかに獲得されうるかという探求となるが、その答えは、一つには、それは実践的に把握され実現されるというものである。個別性が実践において動的に獲得されるということ、そしてそこに至高の幸福があるということ、これがスピノザ哲学の帰結である。スピノザ哲学が目指してきた真の意味での個別的なものの認識は、直観知において達成されるが、それは本研究の最初で述べたように、われわれが『エチカ』のなかに自己のすがたが描きこまれていることを見出すことと、いわば一直線につながっている。

個別的なる認識がどのようにして可能かという問いに対する二つめの答えは、それはあくまでも理性知を積み重ねることによって達成されるというものである。理性知は外延的なものであり、積み重ねることができる。共通概念は、どれだけその共通性の幅をもつかという意味で外延的であるだけでなく、それによってどれだけ多くのことを知るかという点において外延的である。それに対して直観知はあくまでも内包的に考えられる。理性知をより多く積めばつむほど、直観知はより良くわれわれの存在構造へと気づいていく。

このふたつの答えは方向性を異にしているが、まとめるならば、概念的な理性知によって、われわれは個別的なるもの本質の知解へと向かう、ということになる。このような、理性知と直観知とのこの分かちがたさとそのわれわれ自身の身における実践的な実現の可能性の解明に、個別的なものの認識がいかにして可能かという問いに対するスピノザの回答がある。理性知は、身体の本質を表現するところの観念にもとづいているが、それはわれわれ自身がそのなかにあるところの、そしてわれわれが存在することによって開示されるところの存在の構造への気づきをもたらし、以って個別的なものの認識を直観知において実現するのである。そしてそこにこそ至上の喜びがあるのだ。

総括：スピノザの「哲学」

終始一貫して一般性が支配するように見える『エチカ』において、個別性が入り込む余地はないのか。あるいは、個別的なものについて論証することがはたして有効なのかどうか。これは、スピノザが哲学と言うものを、至上の喜びを、至高の幸福を手に入れようとする企てであると理解するかぎりで、ますます避けがたい問いであるように思われるが、このことに直接関係するのは、個別的なものの本質をとらえると言われる直観知の理論である。

直観知の理論には従来からいくつか異なった解釈が提出されてきており、われわれはそれらを検討することを手がかりとして考察を進めた。すなわち、この直観知をめぐって、それがとらえる本質が個別的な本質であるのか、それとも個別的な事物が共有するところの種的な本質であるのかをめぐる解釈上の対立を検討し、つぎのことを確認した。まず、ゲルーが述べているように、『エチカ』における「本質」概念の多くは種的なものであるにすぎない。しかしこれは、この書が共通概念において書かれているということによって引き起こされている、叙述上の結果であると考えられねばならない。たしかに共通なものは特質であるといわれ、それは本質をもたないかのように理解されている。

だが共通なものもまた本質をもつのであり、したがって共通概念の対象もまた本質をもつのであって、そのような種的な本質を無視することはできないのである。

他方でスピノザが、個別的な事物の本質が直観知において理解されることを述べていることはたしかである。それはやはり個別的な本質でなければならない。ところで、個別的な事物として『エチカ』の論述のなかで想定されているのは、われわれ自身である。つまり、わたしたちの身体が個別的な事物であり、さらにその観念であるところのわたしたちの精神もまた、神のうちにある個別的なる事物である。

言い換えれば、わたしたちが自己を振り返るときにしか、個別的なものの理解は生まれないのである。

だが問題は、個別的な事物の本質がどのように理解されうるのか、ということである。このことを明らかにするためには、先に理性知が成立するときにどのようなことが起こっているのかを明らかにしなければならなかった。理性は永遠なるものを理解する。理性知においてわれわれは永遠の相にたつ。では、理性知が永遠性の観点をもたらすなら、そのときわれわれの身体には何が起こっているのか。身体の観念としての精神が永遠の相にたつというのは、精神が実在する事物としての身体の観念であるのではなく、身体の本質を表現する観念つまり実在しない事物の観念であることだ。それは、神の観念のなかに内包されるというふうにして身体の本質を理解する、あるいはむしろ表現することである。

このように、個別的なる事物としてのわれわれの身体の個別的なる本質が深く気付かれることによって、さらには個別的なものの理解が同時にもたらされる。個別的なものの理解は、神・自己・事物というこの存在することへの意識ないし気づきとして成立する。これが直観知と呼ばれる認識である。スピノザ哲学が目指してきた真の意味での個別的なものの認識が、直観知において達成されるのは、まさに表現的なるものとしてのわれわれ自身の存在に、存在論的な視線を向けることによってである。それは理性知と異なり、可能なる唯一の、個別的な事物の理解であるが、それにもかかわらず両者は分かちがたく結びついており、つまりは、理性知によって直観知はもたらされるのである。

いかにして個別的なものをとらえるかという問題は『エチカ』において以上のように解決される。その答えとはすなわち、個別的なものはまさにわれわれが自己に気付くことのなかにその理解の故郷があり、しかもそれは理性知と手を携えて進行する直観知において獲得されるということである。そしてこの神・自己・事物の同時的な気付きの深まりにこそ、他ならぬ最高の喜びがあるということ、これこそが、スピノザがわれわれに示してくれていることである。認識によって個別的なものの認識を深めることを措いて他に幸福はなく、しかもその認識は永遠なる何かである。スピノザの思考は、そこへ向かって――至高の幸福へ向かって――やむことがない。形而上学的諸思想の批判によってなされ、『エチカ』という書名の著作において幾何学的な叙述形式において示されるその思想を、いったい「哲学(フィロソフィア)」と呼ばずして、なんと呼ぶことができるだろうか[39]。

注

1 なお、これらの他に、個別的・普遍的の区別が直観知・理性知の区別において重要な点ではないという論もあるが、本論の立場からは支持できない(Carr 1978)。
2 Gueroult, *Spinoza II*, 459-463. なおここでは、普遍的本質と種的本質のあいだに特に区別は設けられておらず、ともに個別的本質に対するものとして扱われる。
3 アリストテレス『形而上学』3[B]-6, 1003a5-17.
4 Gueroult, *Ibid.*, 460-461.
5 「観念・精神・身体・個体・人間・人間身体・人間精神の本質は現実に実在する個物の普遍的本質以外のなにものでもない」。Gueroult, *Ibid.*, 459.

6 Gueroult, *Ibid*., 462.

7 Gueroult, *Ibid*., 463. なおこのような立場は、たんなる解釈上のものというよりは、そもそも個別的な本質というものじたいが存在しないという思想を背景にしていると考えられる。稲垣はトマスにおいて本質が認識されるのは「きわめて稀な場合にかぎられている」とし、「その顕著な例外が、自己認識という仕方で遂行される人間の本質あるいは実体の認識にほかならない」と述べているが、その場合においても、やはり人間の本質は個別的な本質ではないのである。稲垣良典、「個体における存在と本質」、哲学会編『哲学雑誌』七六七号(一九八〇年)、一八頁。

8 これにかんしては第二部定理四四系二の証明の後半部分を参照。概念は個物の本質にかかわらないからこそある種の永遠性をもつということが、そこで述べられている。

9 この点にかんしてはすでに第一章において論じた。スピノザと同様に、デカルト的な「観念」説の帰結を追及しようとしたライプニッツにおいてもまた、idées と区別された notions＝conceptus という規定が見られる(『形而上学叙説』二七節)。

10 Gueroult, *Ibid*., 342-343. ただしゲルーは、「共通な特質」と「種的本質」との同一性を認めるものの、さらにそれがここで言う「共通なものの本質」でもあるという点にまで踏み込んでいるわけではない。

11 *Ibid*.

12 Cf. Gueroult, *Ibid*., 455-456.

13 Deleuze, *Philosophie pratique*, 99-100.

14 「複合的なものどもがあるのだから、単純な実体がなければならない。というのも、複合的なものは単純なものどもの集まり、あるいは集合体 aggregatum だからだ」(『モナドロジー』第二節)。

15 この species という語は、相とも種とも訳されうる。ただ、スピノザには明確に「ある種の永遠性」という考えかたが見られるのであり、日本語で人口に膾炙した「永遠の相」というもの「ある種の永遠性のもとに」ということに他ならないのであるから、相と種とをことさらに分けて考える必要はない。

16 Gueroult, *Ibid*., 407-409; Appendix 17.

17 このような実体としての「量」の観点は、質と対比させられるような概念ではないことに注意しなければならない。これに対してたとえばラモンは、量と質とを対比させて、このまったくスピノザ的ではないカテゴリー対においてスピノザを解釈しようとしている。Charles Ramond, *Qualité et Quantité dans la philosophie de Spinoza* (Paris: PUF, 1995).

18 表現についてはデカルト的「観念」説からの帰結として、第一章ですでに論じ、また第二章ではそれが存在論的な理解を生む点について論じた。ライプニッツにおける、観念から表現への移行については次を参照。松田毅、『ライプニッツの認識論』（創文社、二〇〇三年）、二九—四七頁。

19 ベンシュは三つのことなる存在様式がスピノザ哲学において区別されることについて述べている。それは永遠存在 Ewigkeit-Existenz 持続存在 Dauer-Existenz 包容存在 Einbegriffenheits- Existenz であり、これらはそれぞれ神の、個別的な事物の、そして事物の本質のあり方を示しているという。そしてスピノザが actu, actualis (wirklich) の語を用いるとき、おもには持続存在をさすが、あるときは包容存在に(E2P45)またあるときは包容存在と持続存在の両方に使用している(E5P29)という。Otto Baensch, "Ewigkeit und Dauer bei Spinoza," *Kantstudien* 32 (1927) , 71. このように、本質や実在を存在の様相としてとらえることはスピノザ解釈において有効である。

20 Deleuze, *Philosophie pratique*, 158-159; Deleuze, *Spinoza et le problème de l'expression*, 278-279.

21 工藤喜作『スピノザ哲学研究』（東海大学出版会、一九七二年）、三—六頁。

22 Deleuze, *Spinoza et le problème de l'expression*, 276.

23 ライプニッツにおいて自我がなぜ「概念」であるかという点については次を参照。酒井潔、『世界と自我』（創文社、一九八七年）、特に第六章。

24 桂『スピノザの哲学』、二三五—二三八頁。

25 スピノザ自身が挙げている例はたしかにそれだけであるため、多くの論者がこの例を中心に考察を行ってきた。河井徳治はスピノザにおいて比の思想がもつ重要性を重視する代表的な論者である。かれによれば、事物の本質は「運動と静止の同じ比ratio」を保つ《比の保存力》を軸にして考えられて」おり、そのため直観知もまた「比の同等性の直観」あるいは「比の保存性の直観」である。河井徳治、『スピノザ哲学論考』、創文社（一九九四年）、三二一三五頁。これに対してヒュベリングは、従来の解釈における比の例の尊重に限界を見出し、論理的・数学的な意味における直観知と、人生において何か深い理解を得るような意味での直観知を区別せねばならないことを述べている。H.G. Hubbeling, "The third way of knowledge (intuition) in Spinoza," *Studia Spinozana*, 2 (1986).

26 つまり、理性知が直観知のいわば一種の「デグラデーションの形態」になる恐れがある。河井、同上、一二九一一三六頁。

27 Deleuze, *Philosophie pratique*, 159-160.

28 上野『デカルト、ホッブズ、スピノザ』、一六一—一六二頁。

29 上野、同上、一六三―一六四頁。

30 Leibniz, G: IV, 458; 484. なお、本研究の性格上、その詳細を検討する余裕はないが、スピノザ哲学に対峙することでいかにしてライプニッツ哲学が形成されたかについては、次の研究がもっとも豊富な材料を提供してくれる。Mogens Laerke, *Leibniz lecteur de Spinoza* (Paris: Honoré Champion, 2008).

31 たしかにスピノザは、「神と自己との認識をもつ」ことについても述べている(E5P39S; Ep23: 151)。それにもかかわらず、この場合に目立つ表現は、やはりこのconsciusということなのである。

32 この点に、筆者のかつての直観知の解釈に対する吉田の批判がある。朝倉「スピノザの第三種認識はいかなる意味で「認識」なのか」、東京大学哲学研究室『論集』二三号（二〇〇四年）、吉田量彦、「スピノザの倫理学における「直観知 scientia intuitiva」の問題」、慶応義塾大学『日吉紀要人文科学』二一号(二〇〇六年)。

33 Cf. Fernand Alquié, *Leçons sur Spinoza* (Paris: La Table Ronde, 2003), 206-207. これにたいしてルーセは、われわれがソクラテスについて考えるということを例にして永遠性を考察している。Bernard Rousset, "L'être du fini dans l'infini selon l'Éthique de Spinoza," *Revue philosophique de la France et de l'Étranger* (1986), 78-84. だが、そのような本質主義的な理解をわれわれはとらない。

34 Etienne Gilson, God and Philosophy (Yale University Press, 1941), 103. そのような批判は、『エチカ』における普遍的本質と個別的本質との区別を無視したところにしか成立しないと思う。

35 Deleuze, *Spinoza et le problème de l'expression*, 175-176.

36 Gueroult, *Spinoza I*, 329-331.

37 松永澄夫、「自分が書き込まれた地図を描く」、松永澄夫編『私というものの成立』所収(勁草書房、一九九四年)。

38 田辺元、「個別的本質の弁証論」、『田辺元全集』第四巻所収(一九六三年)、四一〇―四一三頁。

39 この点に関して次のものを参照にされたい。朝倉友海、「思想の伝統の中の哲学」、『哲学への誘いⅠ　哲学の立ち位置』（松永・鈴木編）所収(東信堂、二〇一〇年)。

結論　概念と個別性

スピノザ哲学における概念と個別性との関係を問うてきたわけだが、序論で立てた問いをここで改めて提示しよう。スピノザ哲学には、個別性に対する関心が色濃く見られる。直観知は個別的な事物の本質をとらえると言われ、また一般的な認識に対する批判をスピノザは繰り返している。この個別的なものがそもそも何を意味するのかを別としても、問題なのは、スピノザ哲学が一方で「概念」に重きをおくことで成立する哲学である点である。なぜなら概念的認識とは、個別的な認識ではないからだ。デカルト哲学における「観念」説からの発展として、このようなスピノザの「概念」論はなぜ必要であったのだろうか。そしてそれは、個別性に対する視点と、どのように関係しているのであろうか。つまり、個別性をとらえるという課題に、一般的な概念による哲学をもって応えるということは、何を意味しているのだろうか。これが、本書が答えようとしてきた問いである。

この問いに対して、スピノザが建設した堅牢な論述を掘り下げ、さらには掘り崩すことによって、その言わんとするところを四章にわたって論じてきたわけであるが、以下でそれを振り返って整理し、問いに対する答えを浮かび上がらせねばならない。

第一章「観念と概念」では、スピノザによる観念・概念・思念などの語の使用を中心として、スピノザの思想の基本的前提となる事項についての確認を進めた。スピノザは一見するとあまり厳密に用語を区別しないのであるが、やはり忠実にデカルトの「観念」説を受け取り、それをさらに徹底化させたと考えねばならない。デカルトにおいて「観念」の語が大きな役割を果たすのは、特に「思念」の語との区別においてであるが、スピノザはデカルト的な「観念」説を受け継ぐなかで、とくに形相的・対象的の区別に重点をおき、それを徹底化する。スピノザにとって、すべては観念内的な対象であるか、それともそれじたいが観念であるかのどちらかとなる。すべての思考は観念であり、すべての思考対象は観念のなかにある。

スピノザによる「観念」説の深化は、二階の観念つまり「観念の観念」というとらえかたと、観念相互のあいだの関係をめぐる考察とをもたらす。このような「観念」説は、そもそも観念ないし思念が、真なる観念であることを必要条件としている。すべてを観念内に考えるスピノザの立場は、このみずからの観念が真なる観念、つまり表現的な観念であることを必要とする。表現的な観念は観念の原因を表現しており、そのような観念は、観念の原因と同一の連結関係をもつ。したがってそのような観念は、われわれに必然的な認識を強いる、つまり知性の運動をもたらす。

そのような観念のみが真なる認識をもたらすわけだが、ここで新たな問題が浮上する。それは、そもそも「真なる観念」というものがつねにわれわれの手元にあるわけではないということだ。したがって、真なる観念を、他のもろもろの思念のなかからよりわけるという作業が、何よりも重要なものとなる。

観念のよりわけの作業において、形而上学的な諸概念や、多くの一般的概念が批判の俎上に上る。スピノザ哲学は、諸概念の批判によって進行する。われわれが形成する諸々の思念を、スピノザはとくに概念の語のもとに理解する。「概念」つまり多くの表象像をひとつの名称のもとにとりまとめる普遍的・一般的な諸概念こそは、まず批判の対象となるが、それはもっぱらそれらが一般性のもとに把握されているからである。スピノザが「形而上学的思想」に対して向ける批判の眼差しも、ここにその理由をもつ。

われわれが形成する観念ないし概念は、個別的な事物の観念であることはできない。ところが、われわれは一般的な概念によって思考せねばならない。思考や論証のためには、確固とした一般的概念が存在しなければならない。われわれの理性的な論証はそのような概念がたしかに存在していることをすでに示してくれている。そのような概念は、『エチカ』のような論証の書を支える概念であり、それは『エチカ』においては、「共通概念」としてその身分が示される。

だがここに、『エチカ』という書物がもつ形式と、それがどのような仕組みで成立しているかということとのあいだにある乖離が、われわれに一つの解釈を強いることになる。同書においてまさに冒頭から使用されている形而上学的な諸概念や、あるいは諸々の一般概念は、すべて後に確立されるような「共通概念」の資格において理解されねばならないのである。こうして、「概念」の立場が確定されることで、はじめて「観念」の語の位置づけもたしかなものとなる。われわれは、「思念・観念・概念」の三語のスピノザによる使用の区別を、その理論的配置のもとに確定したのだが、これは『エチカ』の幾何学的形式の限界を明らかにすることに他ならない。

以上の知見に基づいて、つづく第二章「身体の観念とは何か」では、「身体の観念としての精神」というテーゼを中心にして『エチカ』の基本構成の理論的な意味を明らかにした。このテーゼは、人間が実体ではなく実体の様態であることを示しており、また人間精神が事物の観念であることを示している。そしてこの観念の対象としての事物は、実在する個別的な事物としての人間身体である。この命題において「観念」という語は、神の無限なる知性において与えられているということを示している。さらにこのテーゼは、精神と身体との関係を示しているが、これはスピノザの「観念」説から直接に起因することであった。

だが「身体の観念としての精神」という『エチカ』のテーゼには、一方では異なる属性間の関係という問題が付随してくる。『知性改善論』とは異なり、延長属性と思惟属性の関係が問われなければならない。「並行論」と呼ばれる理論の困難は、「属性」概念の位置づけにある。形而上学的な概念としての「属性」概念は、スピノザ哲学においては、ある特別な位置をしめている。それは、「観念」説を実体・様態図式に載せるための媒介を果しているのだが、それによって『エチカ』第一部の実体論は、存在者としての実体とその様態を論じる形而上学ではなく、「観念」説の置かれた存在構造を明らかにする存在論的な解明として成立している。属性は「観念」説から存在の次元に、つまり実体へとわれわれを導く。属性の実体というスピノザの考え方は、けっして実体を存在者として眼前的なものとして前提とすることなく、あくまでも観念ないし概念から、この思われてあるということの存在構造を明らかにするための基盤として見出される。

チルンハウス的な図式化された並行論は、このようなスピノザ哲学の関心に反するものと言わねばならない。実体が存在者として前提されるのではないのと同じように、様態もまた、属性間を超えた統一性をもつものとしては考えられてはいない。様態はあくまでも属性の様態であり、属性の実体の様態である。実体・様態という形而上学的な概念は、事物について述べられるのではなく、あくまでも知性のあり方を存在論的に示すものである。このように、われわれはつねにスピノザの「観念」説に帰って考えねばならないのだ。

「身体の観念としての精神」というテーゼの基盤として、他方では個別的な事物のあり方が説明されねばならない。『エチカ』の実体論における様態の位置づけは、事物がいかにして特殊的な事物としての様態という身分と、他の事物とのせめぎあいのなかで見出される個別的な事物という身分とをもつかを示している。そして、前者の身分が明らかにされるためには、まずもって後者の状況のなかで努力がおこなわれることが必要であり、そこにのみその実現可能性がある。「身体の観念としての精神」というテーゼを中心として、個々の存在者がおかれている状況が明らかにされる。

『エチカ』の幾何学的な叙述形式の限界を乗り越えたうえで、われわれはさらに、スピノザによって切り開かれた幾何学的な理論的姿勢がもつ、基本的な枠組みを明らかにしなければならない。スピノザは、線や面や立体について探究するのと同じように人間の活動と衝動とを考察するとわれわれに約束する。人間の活動と衝動とを、「線や面や立体についてと同じように」考察するという約束は、関係性の一般理論のなかで果たされる。それがどのように成し遂げられたのかを、第三章「人間の幾何学」において論じた。

関係の一般理論のなかで扱われる人間は、われわれがもつ「人間」のイメージに似ているわけではないが、人間身体の優れた能力によって、人間がきわめて多くの「理性」の実現可能性をもっていることはたしかである。スピノザは理性の生理学的な解明を提示している。理性は異なった二つの側面において、知識論的な側面と実践論的な側面において解明されるが、これらがいかにして「理性」としての統一性をもっているのかは、関係の一般理論のなかで明らかとなる。理性は共通なものの概念によって知識論的に基礎付けられるだけでなく、さらには、コナトゥスの理論による対立と一致の力学によって力動論的にも説明される。コナトゥスの理論は、それ単独で見られた場合には情動の解明に役立つものとなっているが、さらには共通性をめぐる理論と連結することによって理性の理論ともなる。なぜなら、一致するということは、共通なものをもつということの力動的な発現であるからだ。

理性は、たんに可能であるだけでなくまた実現されるものでなければならない。理性の実現可能性は、理解するという力能が、それに徹することでさらに増大することに基づいて説明されうる。真の認識から生じる喜びは、精神の理解する力が増大することであり、本性の一致が善であると言われるのもまた、あくまでもそれが精神の力をより発揮せしめるがためである。情念の療法のポイントは、偶然によるよい出会いを組織するということではなく、できるだけ理解する力を増大させることにあるのであって、むしろ理解するということじたいが、同時によき出会いそのものであると解されねばならない。精神の力を増大させること、理解すること、これらはわが身においていつでも実現されうることなのである。

だがいったい、『エチカ』におけるこれらの理論は何を為しているのだろうかという疑問が残される。そもそもスピノザは、至上の喜びと至高の幸福を手に入れようとする企てとして「哲学」を理解している。ところが、「観念」説から「概念」説への深化という観点から以上のようにスピノザ哲学の筋道を見た場合、一般性が支配するように見える『エチカ』においてわたしたちの生を特徴付けるように思われる個別性は、論証のなかに入り込む余地があるようには思われない。少なくとも、観念と概念について述べたときから一貫して問題となっていた、個別的なものの認識に到達するということが、『エチカ』の論証のなかにどのように果たされているのかが、まだ理解できない問題として残るのだ。この残された問題を解決するのが、第四章「至上の喜びのありか」の主題であった。

個別的なものの本質をとらえると言われるのは直観知である。ところで、個別的な事物は実際には個別的どころか共通概念によって示されているにすぎない。しかし、具体例として『エチカ』の論述のなかで明らかに想定されているのは、やはりわれわれ自身なのである。つまり、わたしたちの身体が個別的な事物であり、さらにその観念であるところのわたしたちの精神もまた、神のうちにある個別的なる事物である。わたしたちが自己を振り返るときにしか、個別的なものの理解は生まれないのである。

では、本質の理解は、どのように到達されうるのか。この問いには、理性知が成立するときに何か起こっているのかを明らかにすることで答えることができる。理性知においてわれわれは永遠の相にたつが、理性知が永遠性の観点をもたらすのは、あるいは同じことであるが、身体の観念としての精神が永遠の相にたつのは、精神が実在する事物としての身体の観念であるのではなく、身体の本質を表現する観念つまり実在しない事物の観念であるということにおいてである。それは、神の観念のなかに内包されるというふうにして身体の本質を理解する——あるいはむしろ表現する——ことである。

ここにおいて、個別的なものの理解が成立している。なぜなら、ここにはじめて個別的なる事物としてのわれわれの身体の本質が、気付かれるからである。それは神・自己・事物というこの存在することへの気づきとして、自覚として成立するのである。そして、これこそが直観知と呼ばれる認識なのである。

したがって直観知は理性知と異なる理解ではあるが、両者は分かちがたいのであり、後者によって前者はもたらされるのである。そしてこれのみが、可能なる唯一の、個別的な事物の理解なのである。スピノザ哲学が目指してきた真の意味での個別的なものの認識が、直観知において達成されるのは、まさに表現的なるものとしてのわれわれ自身の存在に、存在論的な視線を向けることによってなのである。

スピノザの思想に、いかにして個別的なものをとらえるかという問題があるとすれば、それは『エチカ』において以上のようにして解決されている。その答えとはすなわち、個別的なものはまさにわれわれが自己に気付くことのなかにその理解の故郷があり、しかもそれは理性知と手を携えて進行する直観知によって獲得されており、またますます深く獲得されうるのだということである。そしてこの神・自己・事物の同時的な気付きの深まりにこそ、他ならぬ最高の喜びがあるということ、これこそが、スピノザがわれわれに示してくれていることである。

これまで明らかにしてきたことから、当初の問いに対して、つぎのような答えが浮かび上がってくる。われわれは任意の概念から出発して理性知を構成することができるが、それは身体の観念としての精神というわれわれのあり方において、実在する個別的な事物としての身体ではなく、神の無限なる知性のなかに把握されたものとしての身体の本質にもとづいて可能となる。理性知を獲得するということに、『エチカ』の論述の大部分が向けられているが理性知を獲得することは、われわれ自身のあり方をより強く意識するということをもたらす。そしてこれこそが個別的な事物を認識するということなのである。概念は直接には個別性には到達しないが、十全なる概念による認識によって、個別的なものとしてのわれわれの存在のしかたが意識されるのであり、これこそが、概念によって個別的な事物が把握されるということに他ならない。これはすなわち、われわれのあり方に存在論的な視線を向けるということであり、われわれの個別的なあり方をより強く経験するということでもある。これこそが直観知ということで言われている認識であり、このような認識こそが至福をもたらす。

ここでさらに、直観知の実現とは実際にはどのようなことなのか、という問いを投げかけることはできるであろうか。少なくともそのような問いに答えることは、本研究の範囲を大きく逸脱することになるだろう。あるいはこのような問いに、『エチカ』を書いたスピノザ自身の生き様が実例なのだ、と答えることは可能だろうか。もしそうだとすれば最後に、個別的なものの認識は結局のところ、哲学を極める者のみに許された何か秘教のようなものではないか、という論難が残るかもしれない。しかしこの最後の点に関しては、われわれは明確に否と答えねばならない。なぜなら直観知は、『エチカ』のなかにみずからのすがたが描かれていることを見出したわれわれおのおのが、みずからの身においてすでに実現し、すでに体験しているからだ。

参照文献一覧

凡例

一、スピノザのテキストへの参照は、広く用いられているStudia Spinozana誌の方式にしたがい、次のように表記する。『エチカ』第一部公理四ならE 1 Ax4、第二部定理一六系二ならE 2 P16 C27、等々。また『知性改善論』ならTIEにブルーダー節番号を、書簡ならEpに書簡番号を添える。原典としてゲプハルト版を用い、必要に応じてコロンの後に頁数を記す。例えばCM 2-7: 263は『形而上学的思想』第二部第七章、ゲプハルト版の該当巻(第一巻)の二六三頁を示す。

二、スピノザ以外の著者による一次資料への参照は、下記の原典に従い、デカルトならアダン＝タヌリ版の略号ATの後に巻数と頁数を、ライプニッツの場合、ゲルハルト版なら略号Gの後に巻数と頁数を、等々の略号を用いる。

1　原典

A　スピノザ著作集

Spinoza Opera, 4 vol., Carl Gebhardt, Heidelberg: Carl Winters, 1925.

邦訳、畠中尚志訳、全九巻、岩波書店、一九三一―一九五九年。

仏訳、Roland Caillois et al., Paris: Gallimard, 1954.

仏訳、Charles Appuhn, Paris: GF Flammarion, 1964-66.

英訳、*The Collected Works of Spinoza*, Vol.1, Edwin Curley, Princeton: Princeton University Press, 1985.

独訳、Wolfgang Bartuschat et al., Hamburg: Felix Meiner.

仏訳、Pierre-François Moreau et al., Paris: Presses Universitaires de France, 1999ff.

B　スピノザの著作の個別訳

『哲学体系』小尾範治訳、岩波文庫、一九二七年。
『エティカ』中山昌樹訳、春秋社、一九二九年。
『倫理学』賀麟訳、北京：商務印書館、一九五八年。
『エティカ』工藤・斎藤訳、中央公論新社、一九六九年。
『エチカ　抄』佐藤一郎訳、みすず書房、二〇〇七年。
Guérinot, Armand Albert. *Ethique*, Paris: Édouard Pelletan, 1930 (ed. Ivrea, 1993).
Stern, Jacob / Rauthe-Welsch, Irmgard. *Die Ethik*, Stuttgart: Reclam, 1977 (1888).
Giancotti, Emilia. *Etica*, Roma: Editori Reuniti, 1988.
Pautrat, Bernard. *Ethique*, Paris: Seuil, 1988.
Misrahi, Robert. *Ethique*, Paris: PUF, 1990.
Minigni, Fillipo. *Breve Tratatto*, Roma: Japadre Editore, 1986.
Koyré, Alexandre. *Traité de la réforme de l'entendement*, Paris: Vrin, 1937 /1994.
Scala, André. *Traité de la réforme de l'entendement*, Paris: Presses Pocket, 1990.
Rousset, Bernard. *Traité de la réforme de l'entendement*, Paris: Vrin, 1992.
De Dejn, Herman. *The Way to Wisdom*, Indiana: Purdue University Press, 1996.
Pautrat, Bernard. *Traité de l'amendement de l'intellect*, Paris: Ed. Allia, 1999.
Dini, Alessandro. *Trattato Teologico-Politico*, Roma: Bompaiani, 2001.

C　スピノザ以外の一次資料

Euclidis opera omnia. I. L. Heiberg et H. Menge Lipsiae (eds.), 8 vol. Leipzig, 1883-1916.（Vol. 1-4『ユークリッド原論』中村・寺坂・伊東・池田訳、共立出版、一九七一年）

Oeuvres de Descartes. Charles Adams et Paul Tannery (eds.) 13 vol. Paris: Vrin, 1897-1913: 1973-1982.

所雄章、『デカルト『省察』訳解』、岩波書店、二〇〇四年。

Die Philosophischen Schriften von G. W. Leibniz. C. J.Gerhardt (ed.) 7 vol. Berlin, 1875-1890 (reprint. Hildesheim. 1965).

Leibniz: Sämtliche Schriften und Briefe. Die Akademie der Wissenschaften zu Berlin (ed.), 1926ff.

Réfutation inedited de Spinoza par Leibniz. Foucher de Careil (ed.), Paris 1854.（フシェ・ド・カレイユ編『ライプニッツによるスピノザ反駁』、桜井直文訳・解題、いすみあ第三号（明治大学大学院教養デザイン研究科紀要）、二〇一一年）

Kant, I., *Werke*, Berlin: Akademie Textausgabe, 1968.

2　研究文献

A　欧文

Alquié, Fernand. *Le rationalisme de Spinoza*, Paris: PUF, 1981.

———*Leçons sur Spinoza*, Paris: La Table Ronde, 2003.

Ansaldi, Saverio. *Spinoza et le baroque Infini, Désir, Multitude*, Paris: Kime, 2001.

———*Nature et puissance Giordano Bruno et Spinoza*, Paris: Kime, 2006.

Audié, Fabrice. *Spinoza et les mathématiques*, Paris: PUPS, 2007.

Aquila, Richard. "The identity of Thought and Object in Spinoza," *Journal of the history of Philosophy*, 14, 1978.

———"States of Affairs and Identity of Attributes in Spinoza," *Midwest Studies in Philosophy*, 8, 1983.

Asakura, Tomomi. "The Status of Idea rei singularis: The Foundation for Spinoza's Account of Death and Life," *Bulletin of Death and Life Studies*, Vol.7, pp.119-137, 2011.

Baensch, Otto. "Ewigkeit und Dauer bei Spinoza," *Kantstudien* 32, 1927.

——— "Die Entwicklung des Seelenbegriffs bei Spinoza als Grundlage für das Verständnis seiner Lehre vom Parallelismus der Attribute," *Archiv für Geschichte der Philosophie*, 20, 1907.

Bartuschat, Wolfgang. "Metaphysik als Ethik," *Zeitschrift für Philosophische Forschung*, 28, 1974.

———"Selbstsein und Absolutes," *Neue Hefte für Philosophie*, 12, 1977.

———*Spinozas Theorie des Menschen*, Hamburg: Felix Meiner, 1992.

———*Baruch de Spinoza*, München: Beck, 1996.

Bayssade, Jean-Marie. "Sur le mode infini médiat dans l'attribut de la pensée," *Revue philosophique de la France et de l'étranger*, 119, 1994.

———"VIX (Ethique IV Appendice chapitre 7)" *Revue de Métaphysique et de Moral*, 99, 1994.

——— "Can an Affect in Spinoza be˙ of the body'?" in *Desire and Affect, Spinoza as Psychologist*, edited by Yovel, New York: Fordham University Press, 1999.

Becco, Anne. Du simple selon G. W. Leibniz: *Discourse de métaphysique et monadologie*, Paris: Vrin, 1975.

Bennet, Jonathan. *A Study of Spinoza's Ethics*, Indianapolis: Hackett, 1984.

———"Teleology and Spinoza's Conatus," *Midwest Studies in Philosophy*, 8, 1983.

———"Spinoza's Metaphysics," in *Cambridge Companion to Spinoza*, Cambridge: Cambridge University Press, 1996.

Ben-Schlomo, Yosef. "Substance and Attributes in the *Short Treatise* and in the *Ethics*: an Attempt at an Existentialist Interpretation," in *God and Nature in Spinoza's Metaphysics*, edited by Yovel, Leiden: Brill, 1991.

Bertrand, Michèle. *Spinoza et l'imaginaire*, Paris: PUF, 1983.

Boehm, Rudolf. "Spinoza und die Metaphysik der Subjektivität," *Zeitschrift für Philosophische Forschung*, 22, 1968.

Bouveresse, Renée. "Remarques sur l'idee d'animisme universel chez Spinoza et Liebniz," in *Spinoza Science et Religion*: Actes du Colloque du centre culturael Internationel de Cerisy-la-Salle, Paris: Vrin, 1988.

Bove, Laurent. *La Stratégie du Conatus*, Paris: Vrin, 1996.

Boulnois, Olivier. "Introduction. La destruction de l'analogie det l'instauration de la métaphysique," in *Duns Scot Sur la connaissance de Dieu dt l'univocité de l'étant*, Paris: PUF, 1988.

Brochard, Victor. "L'éternité des âmes dans la philosophie de Spinoza," *Revue de Métaphysique et de Moral*, 9, 1901.

Brunschvicg, Léon. "La Révolution Cartésienne et la Notion Spinoziste de la Substance," *Revue de Métaphysique et de Moral*, 12, 1904.

———*Spinoza et ses contemporains*, 5th ed., Paris: PUF, 1971 (1923)

Caporali, Riccardo. *La fabbrica dell'imperium*, Napoli: Liguori, 2000.

Carr, Spencer. "Spinoza's distinction between rational and intuitive knowledge," *The philosophical review*, 87, 1978 (reprinted in Segel and Yovel

2002, 241-252).

Carraud, Vincent. *Causa sive Ratio, Paris*: PUF, 2002.

———"Connaître comme Dieu connaît. Omniscience et principe de raison suffisante, Les avatars métaphysiques de l'attribut summe intelligens au XVIIe siècle," in O. Boulnois J. Schmutz et J.-L.Solère (ed.), *Le contemplateur et les idées*, Paris: Vrin, 2002.

Carriero, John P. "On the relationship between mode and substance," *Journal of the Hisotry of Philosophy*, 33, 1995.

Courtine, Jean-François. Suarez et le système de la métaphysique, Paris: PUF, 1990.

——— "La doctorine cartésienne de l'idée et ses sources scolastiques," in *Lire Descartes aujourd'hui*, editedby Depré and Lories, Louvain: Peeters Publishers, 1997.

Cramer, Konrad . "Über die Voraussetzungen von Spinozas Beweis für die Einzigkeit der Sbubstanz," *Neue Hefte für Philosophie*, 12, 1977.

——— "Spinoza's Refutation of Interactionism: Remarks on Proposition 2 of Part III of Spinoza's *Ethics," in Desire and Affect, Spinoza* as *Psychologist*, edited by Yovel, New York, 1999

Cramer, Wolfgang. *Spinozas Philosophie des Absoluten*, Frankfurt am Mein: Klostermann, 1966.

Cristfolini, Paulo. *Chemin dans l'Ethique*, Gaspar et Vinciguerra (tr.), Paris: PUF, 1996.

Curley, Edwin. *Spinoza's Metaphysics: An Essay in Interpretation*, Cambridge Mass: Harvard University Press, 1969.

———"Spinoza as an Expositor of Descartes," in *Speculum Spinozanum*, edited by Hessing, London: Routledge, 1977.

———"Spinoza's geometric method," *Studia Spinozana*, 2, 1986.

———*Behind the geometrical method*, Princeton: Princeton University Press, 1988.（エドウィン・カーリー、『スピノザ『エチカ』を読む』福田・関訳、文化書房博文社、一九九三年）

Damasio, Antonio. *Looking for Spinoza*, New York: Harcourt, 2005.（アントニオ・ダマシオ、『感じる脳　情動と感情の脳科学　よみがえるスピノザ』、ダイヤモンド社、二〇〇五年）

Deleuze, Gilles. *Spinoza et le problème de l'expression*, Paris: Minuit, 1968.（ジル・ドゥルーズ、『スピノザと表現の問題』工藤・小柴・小谷訳、法政大学出版局、一九九一年）

———"Spinoza et la méthod de Gueroult," *Revue de Métaphysique et de Moral*, 1969.

———*Spinoza, Philosophie pratique*, Paris: Minuit, 1981 (1970).（ジル・ドゥルーズ、『スピノザ　実践の哲学』、鈴木雅大訳、一九九四年）

De Dijn, Herman. "The Possibility of an ethic in a deterministic system like Spinoza's," in *Spinoza's philosophy of man*, edited by Wetlesen, Oslo: Universitetsforlaget, 1978.

———"Spinoza's Logic or Art of Perfect Thinking," *Studia Spinozana*, 2, 1986.

———*The Way to Wisdom*, Indiana: Purdue University Press, 1996.

Delbos, Victor. Le Spinozisme, Paris: Vrin, 1972 (1926).

———*Le problème moral dans la philosophie de Spinoza et dans l'histoire du Spinozisme*, Hildesheim: Georg Olms, 1988 (1893).

Della Rocca, Michael. "Spinoza's Argument for the Identity Theory," *Philosophical Review*, 102, 1993.

——— "Spinoza's metaphysical psychology," in *Cambridge Companion to Spinoza*, edited by Garrett, Cambridge: Cambridge University Press, 1996.

———*Representation and the mind-body problem in Spinoza*, New York: Oxford University Press, 1996.

Duschesneau, François. "Modèle cartésien et modèle spinoziste de l'être vivant," *Cahiers Spinoza*, 2, 1978.

Fernandez, Eugenio. "Potentia et Potestas dans les premiers écrits de B. Spinoza," *Studia Spinozana*, 4, 1988.

Fichant, Michel. "Introduction. L'invention metaphysique," in *Discours de métaphysique Monadologie*, Paris: Gallimard, 2004.

Floistad, Guttorm. "Some remarks on Spinoza's concept of a Lifeworld," *Studia Spinozana*, 2, 1986.

Fraisse, J.-C. *L'Oeuvre de Spinoza*, Paris: Vrin, 1978.

Frémont, Christiane. "Complication et singularité," *Revue de Métaphysique et de Morale*, 96, 1991.

Freudenthal, Jacob. *Spinoza: sein Leben und seine Lehre, Band I: Das Leben Spinozas*, Stuttgart: Frommmann, 1904. (フロイデンタール、『スピノザの生涯』工藤喜作訳、哲書房、一九八二年)

Friedman, Joel I. "Spinoza's problem of "other minds," *Synthèse*, 57, 1983.

Galichet, François. "Le problème de l'illusion chez Spinoza," *Revue de Métaphysique et de Morale*, 77, 1972.

Garrett, Don., ed. *The Cambridge Companion to Spinoza*, Cambridge, Cambridge University Press. 1996.

Gebhardt, Carl. "Die Religion Spinozas," *Archiv für Geschichte der Philosophie*, 41, 1932.

Giancotti, Emilia. *Lexicon Spinozanum*, Den Hague: M. Nijhoff, 1970.

———Etica, Roma: Editori Reuniti, 1988.

———" The theory of the Affects in the Strategy of Spinoza's Ethics," in *Desire and Affect, Spinoza as Psychologist*, edited by Yovel, New York: Little Room Press, 1999.

Gilead, Amihud. "Spinoza's Principium Individuationis and Personal Identity," *International Studies in Philosophy*, 15, 1983.

Gilson, Etienne. "Spinoza interprète de Descartes," in *Chronicum Spinozanum*, 3, 1923.

———*God and Philosophy*, Yale University Press, 1941.

———*Jean Duns Scot*, Paris: Vrin, 1952.

———*Études sur le rôle de la pensée médiévale dans la formation du système cartésien*, 3rd ed., Paris: Vrin, 1967.

———*L'etre et l'essence*, 3e éd., Paris: Vrin, 1994.

Glauser, Richard. "Spinoza et le problème de la distinction des substances dans l'Ethique (E1P5)," *Studia Spinozana*, 14 (1998), 2003.

Gueroult, Martial. "Le Cogito et l'Ordre des Axiomes metaphysiques, dans les Principia Philosophiae Cartesianae de Spinoza," in *Etudes sur Descartes, Spinoza*, Malebranche et Leibniz, Hildesheim: Olms, 1970 (1960)

———*Spinoza I: Dieu*, Paris: Aubier, 1968.

———*Spinoza II: L'Ame*, Paris: Aubier, 1974.

———"Le Spinoza' de Martial Gueroult (Spinoza t.3)," *Revue Philosophique de la France et de l'Etranger*, 1977.

Hammacher, Klaus. "Spinozas Gedanke der Identität und die Begrundung im menschlichen Verhalten," *Zeitschrift für Philosophische Forschung*, 23, 1969.

Hampshire, Stuart. *Spinoza*, New York: Penguin, 1951.（ハンプシャー、『スピノザ』、中尾隆司訳、行路社、一九七九年）

Harris, Errol E. "Infinity of Attributes and Idea Ideae," *Neue Hefte für Philosophie*, 12, 1977.

Heimsoeth, Heinz. *Studien zur Philosophie Immanuel Kants I, Bonn*: Bouvier, 1971.

Hessing, Siegfried., ed. *Speculum Spinozanum 1677-1977*, London: Routledge, 1977.

Hubbeling, H.G. "The development of Spinoza's axiomatic (geometric) method," *Revue internationale de phlosophie*, 31, 1977.

———"The third way of knowledge (intuition) in Spinoza," *Studia Spinozana*, 2, 1986.

Israel, Jonathan. *Radical Enlightenment*, Oxford: Oxford University Press, 2001.

Jaquet, Chantal. *L'unité du corps et de l'esprit Affects, actions et passions chez Spinoza*, Paris: PUF, 2004.

Chantal Jaquet, Pascal Sévérac, Ariel Suhamy, ed. *Fortitude et Servitude: Lectures de l'Éthique IV de Spinoza*, Paris: Kimé, 2003.

Jonas, Hans. "Spinoza and the Theory of Organism," *Journal of the History of Philosophy*, 3, 1965.

Kisser, Thomas. "Vermittlungsprobleme? Zwei Interpretationen der Ethica Spinozas," *Philosophische Rundschau*, 1995.

———*Selbstbewußtsein und Interaktion*, Würzburg: Königshausen & Neumann, 1998.

Klajnman, Adrien. *Méthode et Art de Pensée chez Spinoza*, Paris: Kimé, 2006.

Klever, Wim. "Axioms in Spinoza's science and philosophy of science," *Studia Spinozana*, 2, 1986.

———"Moles in Motu Principles of Spinoza's Physics," *Spinoza Spinozana*, 4, 1988.

Kline, George. "On the infinity of Spinoza's Attributes," in *Speculum Spinozanum*, edited by Hessing, London: Routledge, 1977.

Koyré, Alexandre. "Le chien, constellation céleste, et le chien, animal abeyant," *Revue de Métaphysique et de Moral*, 1950.

Lachièze-Rey, Pierre. *Les Origines Cartesiennes du Dieu de Spinoza*, Paris 1932.

Laerke, Mogens. *Leibniz lecteur de Spinoza*, Paris: Honoré Champion, 2008.

Lagée, Jacqueline. "Les passions religieuses chez Spinoza," in *Spinoza et les affects,* Paris: Presses de l'Université de Paris-Sorbonne, 1998.

Laux, Henri. *Imagination et religion chez Spinoza*, Paris: Vrin, 1993.

Lécrivain, André. "Spinoza et physique cartésienne," *Cahiers Spinoza*, 1, 1977.

Macherey, Pierre. "From Action to Production of Effects. Observations on the Ethical Significance of Ethics I" in *God and Nature in Spinoza's Metaphysics*, edited by Yovel, Leiden: Brill, 1991.

———*Avec Spinoza*, Paris: PUF, 1992.

———*Introduction à l'Ethique de Spinoza: La cinquième partie*, Paris: PUF, 1994.

———*Introduction à l'Ethique de Spinoza: La troisième partie*, Paris: PUF, 1995.

———*Introduction à l'Ethique de Spinoza: La deuxième partie*, Paris: PUF, 1997.

———*Introduction à l'Ethique de Spinoza: La quatrième partie*, Paris: PUF, 1997.

———*Introduction à l'Ethique de Spinoza: La première partie*, Paris: PUF, 1998.

Maier, Anneliese. *Das Problem der intensiven Grösse in der Scholastik*, Leipzig: Verlag Heinrich Keller, 1939.

Malinowski-Charles, Syliane. "The Circle of Adequate Knowledge: Notes on Reason andIntuition in Spinoza," in *Oxford Studies in Early Modern*

Philosophy vol.1 (Oxford) 2003.

Manzini, Frédéric. *Spinoza: une lecture d'Aristote*, Paris: PUF, 2009.

Marion, Jean-Luc. "Le Fondement de la Cogitatio selon le De Intellectus Emendatione," *Les Etudes Philosophiques*, 1972.

——— "The coherence of Spinoza's definitions of God in Ethics I, Proposition 11," in *God and Nature in Spinoza's Metaphysics*, edited by Yovel, Leiden: Brill, 1991.

———"Aporias and the Origins of Spinoza's Theory of Adequate Ideas," in *Spinoza on Knowledge and the Human Mind*, edited by Yovel, Leiden: Brill, 1994.

Mason, Richard. "Spinoza on modality," *The Philosophical Quarterly*, 36, 1986.

Matheron, Alexandre. *Individu et Communauté chez Spinoza*, Paris: Minuit, 1988 (1969).

———"Remarques sur L'immortalité de l'âme chez Spinoza," *Les Etudes Philosophiques*, 1972.

———*Le Christ et le salut des ignorants chez Spinoza*, Paris: Aubier, 1971.

———"Pourquoi le Tractatus de Intellectus Emendatione est-il resté inachevé?," *Revue de science philosophique et théologique*, 71, 1987.

———"La vie éternelle et le corps selon Spinoza," *Revue philosophique de la France et de l'Etranger*, 184, 1994.（アレクサンドル・マトゥロン、「スピノザにおける永遠の生と身体」、桜井直文訳、『現代思想』二四、一九九六年）

——— "Ideas of Ideas and Certainty in the Tractatus de Intellectus Emendatione and in the Ethics," in *Spinoza on Knowledge and the Human Mind*, edited by Yovel, Leiden: Brill, 1994.

———"Les fondements d'une éthique de la similitude," *Revue de Métaphysique et de Moral*, 99, 1994.

Merleau-Ponty, Maurice. *L'union de l'âme et du corps chez Malebranche*, Paris: Vrin, 1968.

Mignini, Filippo. *Introduzione a Spinoza,* Roma: *Laterza*, 1983.

———"Spinoza's Theory on the Active and Passive Nature of Knowledge," *Studia Spinozana*, 2, 1986.

———"The Potency of Reason and the Power of Furtune," in *Spinoza on Knowledge and the Human Mind*, edited by Yovel, Leiden: Brill, 1994.

Moreau, Pierre-François. Spinoza, *l'éxperience et l'éternite*, Paris: PUF, 1994.

——— "The Metaphysics of Substance and the Metaphysics of Forms," in *Spinoza on Knowledge and the Human Mind*, edited by Yovel, Leiden: Brill, 1994.

Naess, Arne. Freedom, Emotion, and Self-Subsistence: *The Structure of a Central Part of Spinoza's Ethics*, Oslo:Universitetsvorlaget, 1975.

Negri, Antonio. *Spinoza*, Roma: DeriveApprodi, 1998.（アントニオ・ネグリ、『野生のアノマリー』杉村・信友訳、作品社、二〇〇八年）

Ofman, Salomon. *Pensée et rationnel: Spinoza*, Paris: L'Harmattan, 2003.

Pousseur, Jean-Marie. "La première Metaphysique Spinoziste de la Connaissance," *Cahiers Spinoza*, 2, 1978.

Prelorontzos, Yannis. Temps, *Durée et Éternité dans les Principes de la philosophie de Descartes de Spinoza*, Paris: Presses de l'Universite de Paris Sorbonne, 1996.

Ramond, Charles. *Qualité et Quantité dans la philosophie de Spinoza*, Paris: PUF, 1995.

———*Spinoza et la pensée moderne: Constitutions de l'objectivité*, Paris: L'Harmattan, 1998.

Rivaud, Albert. "La Nature des Modes selon Spinoza," *Revue de Métaphysique et de Moral*, 40, 1933.

———"La physique de Spinoza," *Chronicon Spinozanum*, 4, 1926.

Robinet, André. "Modèle geometrique et critique informatique dans le discourse spinozaien," *Studia leibniziana*, 12, 1980.

Robinson, Lewis. "L'immortalité spinoziste," *Revue de Métaphysique et de Moral*, 39, 1932.

Rodis-Lewis, Geneviève. "L'arrière-plan platonicien du débat sur les idée: de Descartes à Leibniz," in *Permanence de la philosophie : mélanges offerts à Joseph Moreau, Neuchâtel* : A la Baconnière, 1977.

———"Le dualisme platonisant au debut du XVIIe siècle et la revolution cartesienne," *Rivista di storia della filosofia*, 4, 1988.

Röd, Wolfgang. "Spinozas Idee der scientia intuitiva und die Spinozistische Wissenschaftskonzeption," *Zeitschrift für Philosophische Forschung*, 31, 1977.

———*Benedictus de Spinoza Eine Einführung, Stuttgart*: Philipp Reclam, 2002.

Rousset, Bernard. *La Perspective Finale de L'Éthique et le Problème de la Cohérence du Spinozisme*, Paris: Vrin, 1968.

———"L'être du fini dans l'infini selon l'Éthique de Spinoza," *Revue philosophique de la France et de l'Etranger*, 1986.

———*SPINOZA Lecteur des Objections faites aux Méditations de Descartes et de ses Réponses*, Paris: Kimé, 1996.

Sacksteder, William. "Spinoza's Attributes, Again: A Hobbesian Source," *Studia Spinozana*, 3, 1987.

Schmitt, Elisabeth. "Zur Problematik der unendlichen Modi," *Chronicon spinozanum*, 2, 1922.

Schrijvers, Michael. *Spinoza's Affektenlehre*, Bern: P. Haupt, 1989.

——— "The Conatus and the Mutual Relationship between Active and Passive Affects in Spinoza," in *Desire and Affect, Spinoza as Psychologist*, edited by Yovel, New York, 1999.

Segel, Gideon. (ed., with Yovel), *SPINOZA: The international library of critical essays in the history of philosophy*, Dartmouth: Ashgate, 2002.

Sévérac, Pascal. "Passivité et désir d'activité chez Spinoza," in *Spinoza et les affects*, Paris: Presse de l'Université de Paris-Sorbonne, 1998.

Sondag, Gérard. Introduction, *Duns Scot Le Principe d'individuation*, Paris: Vrin, 2005.

Spaemann, Robert. "Das Sum in Cogito Sum," *Zeitschrift für Philosophische Forschung*, 41, 1987.

Stewart, Matthew. *The Courtier and the Heretic*, New York: Norton, 2006.（マシュー・スチュアート，『宮廷人と異端者　ライプニッツとスピノザ，そして近代における神』桜井・朝倉訳，書肆心水，二〇一一年）

Suhamy, Ariel. "Comment parler de l'éternité ?," *Les Études Philosophiques*, 1997.

———"Comment définir l'homme?," *Fortitude et Servitude*, Paris: Kimé, 2003.

Temkine, Pierre. "Le modèle de l'homme libre," *Revue de Métaphysique et de Moral*, 99, 1994.

Torlot, Fernand. "La question de l'essence chez Spinoza," in *Spinoza Science et Religion*. Actes du Colloque du centre culturael Internationel de Cerisy-la-Salle, Vrin, Paris, 1988.

Totaro, Giuseppina. "Acquiescentia dans la cinquième Partie de l'Éthique de Spinoza," *Revue philosophique de la France et de l'étranger*, 119, 1994.

———(with Canone) "Index locorum du *Tractatus de intellectus emendatione*," in Akkerman and Steenbakkers (ed.), Spinoza to the Letter, Leiden: Brill, 2005.

Walther, Manfred. *Metaphysik als Anti-Theologie*, Hamburg: Felix Meiner, 1971.

———"Spinoza als Kritiker der Neizeit?," *Philosophische Rundschau*, 28, 1981.

Wetlesen, Jon. (ed.), *Spinoza's philosophy of man*, Oslo: Universitetsforlaget, 1978.

Wilson, Margaret. "Infinite Understanding, Scientia Intuitiva, and *Ethics I 16,*" *Midwest Studies in Philosophy 8*, 1983 (reprinted in SPINOZA: *The international library of critical essays in the history of philosophy*, edited by Segel and Yovel, Dartmouth: Ashgate, 2002).

———"Spinoza's Causal Axiom (Ethics I, Axiom 4)," in Yovel (ed.) *God and Nature in Spinoza's Metaphysics*,. 1991.

———"Spinoza's Theory of Knowledge," in *Cambridge Companion to Spinoza*, edited by Garrett, Cambridge: Cambridge University Press, 1996.

Wolfson, H.A. The *Philosophy of Spinoza*, Cambridge, Mass: Harvard University Press. 1934.

Yakira, Elhanan. “Ideas of Nonexistent Modes: Ethics II Proposition 8, its Corollary and Scholium,” in *Spinoza on Knowledge and the Human Mind* (Ethica II), edited by Yovel, (Leiden: Brill, 1994), 159-169.

Yoshida, Kazuhiko. *Vernunft und Affektivität: Untersuchungen zu Spinozas Theorie der Politik*, Würzburg: Königshausen & Neumann, 2004.

Yovel, Yirmiyahu., ed. *God and Nature in Spinoza's Metaphysics*, Leiden: Brill, 1991.

———ed. *Spinoza on Knowledge and the Human Mind (Ethica II)*, Leiden: Brill, 1994.

———ed. *Desire and Affect - Spinoza as Psychologist (Ethica III)*, New York: Little Room Press, 1999.

———ed. *Spinoza on reason and the “free man” (Ethica IV)*, New York: Little Room Press, 2004.

Yovel, Yirmiyahu, and Gideon Segel., ed. *SPINOZA: The international library of critical essays in the history of philosophy*, Dartmouth: Ashgate, 2002.

Zac, Sylvain. *L'idée de vie dans la philosophie de Spinoza*, Paris: Vrin, 1963.

———*Philosophie, theologie, politique dans l'oeuvre de Spinoza*, Paris: Vrin, 1979.

B　和文

朝倉友海、「スピノザ『エチカ』における理性について」、東京大学哲学研究室『論集』二二号、二〇〇三年。

———「スピノザの第三種認識はいかなる意味で「認識」なのか」、東京大学哲学研究室『論集』二三号、二〇〇四年。

———「一度も使われない公理は何を意味するか？—『エチカ』第1部公理２についての考察」、『スピノザーナ』六号、二〇〇五年。

———「スピノザ『エチカ』における個別的本質と自己の問題」、哲学会編『哲学雑誌』七九三号、二〇〇六年。

———「スピノザ『エチカ』の「概念」論」『フランス哲学・思想研究』、二〇〇七年。

———「思想の伝統の中の哲学」、『哲学への誘いＩ　哲学の立ち位置』（松永・鈴木編）所収、東信堂、二〇一〇年。

———「ドゥルーズと「人間の死」」、『流砂』四号、二〇一一年。

稲垣良典、「個体における存在と本質」、哲学会編『哲学雑誌』七六七号、一九八〇年。

上野修、「身体の観念」、『カルテジアーナ』三号、一九八一年。

———「必然、永遠、そして現実性」、『スピノザーナ』六号、二〇〇五年。

――『スピノザの世界：神あるいは自然』、講談社、二〇〇五年。

――『デカルト、ホッブズ、スピノザ』、講談社、二〇一一年。

石沢要、『スピノザ研究』創文社、一九七七年。

大西克智、スピノザ『エティカ』における感情の治癒(一)」、東京大学哲学研究室『論集』二三号、二〇〇四年。

――「スピノザ『エティカ』における感情の療法(二)」、哲学会編『哲学雑誌』七九五号、二〇〇五年。

桂寿一、「無限様態と無限知性」、哲学会編『哲学雑誌』七一六号、一九五二年。

――「近世における実体と主体」、哲学会編『哲学雑誌』七二五号、一九五六年。

――『スピノザの哲学』、東京大学出版会、一九五六年。

――『デカルト哲学とその発展』、東京大学出版会、一九六六年。

柏葉武秀、「スピノザの実体論」、日本哲学会編『哲學』四八号、一九九七年。

――「スピノザ哲学における「自己」と「意識」」、『倫理学年報』四七号、一九九八年。

――「スピノザの実体一元論―M.Gueroult「発生的定義」批判を手がかりに」、『北海道大学文学研究科紀要』一〇四、二〇〇一年。

――「スピノザの実体一元論―M.Gueroult「発生的定義」批判を手がかりに」、『北海道大学文学研究科紀要』一〇六、二〇〇二年。

河井徳治、『スピノザ哲学論考』、創文社、一九九四年。

――「コナトゥス概念の原理的諸相」、『スピノザーナ』七号、二〇〇六年。

工藤喜作、『スピノザ哲学研究』、東海大学出版会、一九七二年。

國分功一郎、「総合的方法の諸問題―ドゥルーズとスピノザ」、『思想』九五〇号、二〇〇三年。

小林道夫、『デカルト哲学の体系　自然学・形而上学・道徳論』、勁草書房、一九九五年。

酒井潔、『世界と自我』、創文社、一九八七年。

斉藤博、『スピノチスムスの研究』、創文社、一九七四年。

木島泰三、「スピノザにおける人間精神の認知的働きと動機的働きの統一」、『法政大学文学部紀要』第四七号、二〇〇二年。

――「スピノザの人間論における目的概念の適正な定位」、『スピノザーナ』四号、二〇〇三年。

――書評(八七―九二頁)、『スピノザーナ』六号、二〇〇五年。

桜井直文、「スピノザのマテリアリスム」、『現代思想』二四号、一九九六年。

――「身体がなければ精神もない―ダマシオとスピノザ」、『現代思想』三三号、二〇〇五年。

佐藤一郎、「『短論文』のいくつかの問題から―歴史的問題を中心に」、『スピノザ協会会報』第三三号、二〇〇〇年。

――『個と無限』、風行社、二〇〇四年。

――「内と外へのまなざし―スピノザの哲学への一つの近づき」、日本哲学会編『哲學』五七号、二〇〇六年。

鈴木泉、「スピノザ哲学と『形而上学的思想』」、『スピノザーナ』五号、二〇〇四年。

――「スピノザと中世スコラ哲学―(自己)原因概念を中心に」、『中世思想研究』四七号、二〇〇五年。

――「私たちは自らが永遠であることを感得し、経験する」、東洋大学・哲学講座四『哲学を享受する』所収、知泉書院、二〇〇六年。

――「力能と「事象性の度合い」」、東京大学哲学研究室『論集』二六号、二〇〇七年。

竹内良知、『スピノザの方法について』、第三文明社、一九七九年。

田中敏彦、「個体論I　――スピノザの個体様態観について」、『神戸外大論叢』四〇号、一九八九年。

田辺元、「個別的本質の弁証論」(一九三二年)、『田辺元全集』第四巻所収、一九六三年。

所雄章、「デカルトの実体の構造」、哲学会編『哲学雑誌』七二九号、一九五五年。

――『デカルトII』、勁草書房、一九七一年。

中畑正志、『魂の変容　心的基礎概念の歴史的構成』、岩波書店、二〇一一年。

波多野精一、『スピノザ研究』、警醒社、一九一〇年。

堀江剛、「スピノザの「属性」概念」、『スピノザーナ』五号、二〇〇四年。

平井靖史、「スピノザにおける二つの平行論と観念の観念」、『スピノザーナ』三号、二〇〇二年。

松田克進、「スピノザ解釈史における「属性」論争」、『人間環境学研究』四号、二〇〇五年。

――『スピノザ形而上学の基本構造』、広島修道大学総合研究所、二〇〇六年。

松田毅、『ライプニッツの認識論』、創文社、二〇〇三年。

松永澄夫、「自分が書き込まれた地図を描く」、松永澄夫編『私というものの成立』所収、勁草書房、一九九四年。

村上勝三、『デカルト形而上学の成立』、勁草書房、一九九〇年。

――『観念と存在　デカルト研究1』、知泉書館、二〇〇四年。

――『数学あるいは存在の重み　デカルト研究2』、知泉書館、二〇〇五年。

――『感覚する人とその物理学 デカルト研究3』、知泉書館、二〇〇五年。

山田晶、『トマス・アクィナスにおける〈レス〉研究』、創文社、一九八六年。

山本信、『ライプニッツ哲学研究』、東京大学出版会、一九五三年。

吉田量彦、「スピノザの倫理学における「直観知scientia intuitiva」の問題」、慶応義塾大学『日吉紀要人文科学』二一号、二〇〇六年。

四日谷敬子、『個体性の解釈学.ライプニッツから現代まで』、晃洋書房、一九九四年。

渡辺博之、「マルブランシュのスピノザ批判」、『フランス哲学思想研究』六号、二〇〇一年。

な

は

ま

ら

や

索引

著者紹介

朝倉友海（あさくら　ともみ）

1975 年生まれ。東京大学大学院人文社会系研究科博士課程修了、博士（文学）。
現在、東京大学大学院人文社会系研究科助教。専攻は哲学。
主な論文に、「生命と他者」（『哲学への誘い IV』）、
「西田哲学と牟宗三の仏教的存在論」（『『善の研究』の百年』）、
"On Buddhistic Ontology: A Comparative Study of Mou Zongsan and Kyoto School Philosophy"（Philosophy East and West, 61）など。
訳書に M・スチュアート『宮廷人と異端者』（共訳）。

Notion and Singularity : A Study of Spinoza's Philosophy

概念と個別性――スピノザ哲学研究　＊定価はカバーに表示してあります。

2012 年 3 月 10 日　初　版第 1 刷発行　〔検印省略〕

著者 © 朝倉友海／発行者 下田勝司　印刷・製本／中央精版印刷

東京都文京区向丘 1–20–6　郵便振替 00110-6-37828
〒113-0023　TEL (03)3818-5521　FAX (03)3818-5514
発行所 株式会社 東信堂

Published by TOSHINDO PUBLISHING CO., LTD
1-20-6 Mukougaoka, Bunkyo-ku, Tokyo, 113-0023, Japan
E-mail：tk203444@fsinet.or.jp　http://www.toshindo-pub.com

ISBN978-4-7989-0110-7 C3010

東信堂

〔世界美術双書〕

バルビゾン派	井出洋一郎	二〇〇〇円
キリスト教シンボル図典	中森義宗	二三〇〇円
パルテノンとギリシア陶器	関隆志	二三〇〇円
中国の版画—唐代から清代まで	小林宏光	二三〇〇円
象徴主義—モダニズムへの警鐘	中村隆夫	二三〇〇円
中国の仏教美術—後漢代から元代まで	久野美樹	二三〇〇円
セザンヌとその時代	浅野春男	二三〇〇円
日本の南画	武田光一	二三〇〇円
画家とふるさと	小林忠	二三〇〇円
ドイツの国民記念碑—一八一三年—一九一三年	大原まゆみ	二三〇〇円
日本・アジア美術探索	永井信一	二三〇〇円
インド、チョーラ朝の美術	袋井由布子	二三〇〇円
古代ギリシアのブロンズ彫刻	羽田康一	二三〇〇円

〔芸術学叢書〕

芸術理論の現在—モダニズムから	藤枝晃雄・谷川渥 編著	三八〇〇円
絵画論を超えて	尾崎信一郎	四六〇〇円

美術史の辞典	P・デューロ他 中森義宗・清水忠訳	三六〇〇円
バロックの魅力	小穴晶子編	二六〇〇円
新版 ジャクソン・ポロック	藤枝晃雄	二六〇〇円
美学と現代美術の距離—アメリカにおけるその乖離と接近をめぐって	金悠美	三八〇〇円
ロジャー・フライの批評理論—知性と感受性の間で	要真理子	四二〇〇円
レオノール・フィニ—境界を侵犯する新しい種	尾形希和子	二八〇〇円
いま蘇るブリア＝サヴァランの美味学	川端晶子	三八〇〇円
ネットワーク美学の誕生—「下からの綜合」の世界へ向けて	川野洋	三六〇〇円
イタリア・ルネサンス事典	J・R・ヘイル編 中森義宗監訳	七八〇〇円

福永武彦論—「純粋記憶」の生成とボードレール	西岡亜紀	三二〇〇円
『ユリシーズ』の詩学	金井嘉彦	三二〇〇円

〒113-0023　東京都文京区向丘 1-20-6　TEL 03-3818-5521　FAX03-3818-5514　振替 00110-6-37828
Email tk203444@fsinet.or.jp　URL:http://www.toshindo-pub.com/

※定価：表示価格（本体）＋税

東信堂

子ども・若者の自己形成空間―教育人間学の視線から　高橋勝編著　二七〇〇円

教育文化人間論―知の逍遥／論の越境　小西正雄　二四〇〇円

グローバルな学びへ―協同と刷新の教育　田中智志編著　二〇〇〇円

教育の共生体へ―ボディエデュケーショナルの思想圏　田中智志編　三五〇〇円

人格形成概念の誕生―近代アメリカの教育概念史　田中智志　三六〇〇円

社会性概念の構築―アメリカ進歩主義教育の概念史　田中智志　三八〇〇円

教育の自治・分権と学校法制　結城忠　四六〇〇円

教育による社会的正義の実現―アメリカの挑戦（1945-1980）　D・ラヴィッチ著　末藤美津子訳　五六〇〇円

学校改革抗争の100年―20世紀アメリカ教育史　D・ラヴィッチ著　末藤・宮本・佐藤訳　六四〇〇円

国際社会への日本教育の新次元―今、知らねばならないこと　関根秀和編　一二〇〇円

ヨーロッパ近代教育の葛藤―地球社会の求める教育システムへ　関啓子・太田美幸編　三二〇〇円

ミッション・スクールと戦争―立教学院のディレンマ　老川慶喜・前田一男編　五八〇〇円

多元的宗教教育の成立過程―アメリカ教育と成瀬仁蔵の「帰一」の教育　大森秀子　三六〇〇円

協同と表現のワークショップ―学びのための環境のデザイン　編集代表　茂木一司　二四〇〇円

演劇教育の理論と実践の研究―自由ヴァルドルフ学校の演劇教育　広瀬綾子　三八〇〇円

教育の平等と正義　K・ハウ著　大桃敏行・中村雅子・後藤武俊訳　三二〇〇円

オフィシャル・ノレッジ批判―保守復権の時代における民主主義教育　M・W・アップル著　野崎・井口・小暮・池田監訳　三八〇〇円

〈シリーズ　日本の教育を問いなおす〉

拡大する社会格差に挑む教育　西村和雄・大森不二雄・倉元直樹・木村拓也編　二四〇〇円

混迷する評価の時代―教育評価を根底から問う　西村和雄・大森不二雄・倉元直樹・木村拓也編　二四〇〇円

教育における評価とモラル　西村和雄・戸瀬信之編　二四〇〇円

地上の迷宮と心の楽園〔コメニウス セレクション〕　J・コメニウス　藤田輝夫訳　三六〇〇円

〈現代日本の教育社会構造〉（全4巻）

〈第1巻〉教育社会史―日本とイタリアと　小林甫　七八〇〇円

〒113-0023　東京都文京区向丘 1-20-6　TEL 03-3818-5521　FAX03-3818-5514　振替 00110-6-37828
Email tk203444@fsinet.or.jp　URL:http://www.toshindo-pub.com/

※定価：表示価格（本体）＋税

東信堂

〔シリーズ　社会学のアクチュアリティ：批判と創造　全12巻＋2〕

クリティークとしての社会学—現代を批判的に見る眼	西原和久・宇都宮京子 編	一八〇〇円
都市社会とリスク—豊かな生活をもとめて	藤田弘夫・浦野正樹 編	二〇〇〇円
言説分析の可能性—社会学的方法の迷宮から	佐藤俊樹・友枝敏雄 編	二〇〇〇円
グローバル化とアジア社会—ポストコロニアルの地平	新津晃一・吉原直樹 編	二三〇〇円
公共政策の社会学—社会的現実との格闘	武川正吾・三重野卓 編	二〇〇〇円
社会学のアリーナへ—21世紀社会を読み解く	友枝敏雄・厚東洋輔 編	二三〇〇円
モダニティと空間の物語—社会学のフロンティア	吉原直樹・斉藤日出治 編	二六〇〇円

〔地域社会学講座　全3巻〕

地域社会学の視座と方法	似田貝香門 監修	二五〇〇円
グローバリゼーション／ポスト・モダンと地域社会	古城利明 監修	二五〇〇円
地域社会の政策とガバナンス	岩崎信彦・矢澤澄子 監修	二七〇〇円

〔シリーズ世界の社会学・日本の社会学〕

タルコット・パーソンズ—最後の近代主義者	中野秀一郎	一八〇〇円
ゲオルグ・ジンメル—現代分化社会における個人と社会	居安正	一八〇〇円
ジョージ・H・ミード—社会的自我論の展開	船津衛	一八〇〇円
アラン・トゥーレーヌ—現代社会のゆくえと新しい社会運動	杉山光信	一八〇〇円
アルフレッド・シュッツ—主観的時間と社会的空間	森元孝	一八〇〇円
エミール・デュルケム—社会の道徳的再建と社会学	中島道男	一八〇〇円
レイモン・アロン—危機の時代の透徹した警世家	岩城完之	一八〇〇円
フェルディナンド・テンニエス—ゲマインシャフトとゲゼルシャフト	吉田浩	一八〇〇円
カール・マンハイム—時代を診断する亡命者	澤井敦	一八〇〇円
ロバート・リンド—アメリカ文化の内省的批判者	園部雅久	一八〇〇円
アントニオ・グラムシ—『獄中ノート』と批判社会学の生成	鈴木富久	一八〇〇円
費孝通—民族自省の社会学	佐々木衞	一八〇〇円
奥井復太郎—都市社会学と生活論の創始者	藤田弘夫	一八〇〇円
新明正道—綜合社会学の探究	山本鎭雄	一八〇〇円
米田庄太郎—新総合社会学の先駆者	中久郎	一八〇〇円
高田保馬—理論と政策の無媒介的統一	北島滋	一八〇〇円
戸田貞三—家族研究・実証社会学の軌跡	川合隆男	一八〇〇円
福武直—民主化と社会学の現実化を推進	蓮見音彦	一八〇〇円

〒113-0023　東京都文京区向丘 1-20-6　　TEL 03-3818-5521　FAX03-3818-5514　振替 00110-6-37828
Email tk203444@fsinet.or.jp　URL:http://www.toshindo-pub.com/

※定価：表示価格（本体）＋税

東信堂

〈未来を拓く人文・社会科学シリーズ〈全17冊・別巻2〉

科学技術ガバナンス	城山英明編	一八〇〇円
ボトムアップな人間関係—心理・教育・福祉・環境・社会の12の現場から	サトウタツヤ編	一六〇〇円
高齢社会を生きる—老いる人／看取るシステム	清水哲郎編	一八〇〇円
家族のデザイン	小長谷有紀編	一八〇〇円
水をめぐるガバナンス—日本、アジア、中東、ヨーロッパの現場から	蔵治光一郎編	一八〇〇円
生活者がつくる市場社会	久米郁夫編	一八〇〇円
グローバル・ガバナンスの最前線—現在と過去のあいだ	遠藤乾編	二二〇〇円
資源を見る眼—現場からの分配論	佐藤仁編	二〇〇〇円
これからの教養教育—「カタ」の効用	葛西康徳・鈴木佳秀編	二〇〇〇円
「対テロ戦争」の時代の平和構築—過去からの視点、未来への展望	黒木英充編	一八〇〇円
企業の錯誤／教育の迷走—人材育成の「失われた一〇年」	青島矢一編	一八〇〇円
日本文化の空間学	桑子敏雄編	二二〇〇円
千年持続学の構築	木村武史編	一八〇〇円
多元的共生を求めて—〈市民の社会〉をつくる	宇田川妙子編	一八〇〇円
芸術は何を超えていくのか？	沼野充義編	一八〇〇円
芸術の生まれる場	木下直之編	二〇〇〇円
文学・芸術は何のためにあるのか？	吉岡洋・岡田暁生編	二〇〇〇円
紛争現場からの平和構築—国際刑事司法の役割と課題	城山英明・石田勇治・遠藤乾編	二八〇〇円
〈境界〉の今を生きる	荒川歩・川喜田敦子・谷川竜一・内藤順子・柴田晃芳編	一八〇〇円
日本の未来社会—エネルギー・環境と技術・政策	城山英明・鈴木達治郎・角和昌浩編	二二〇〇円

〒113-0023　東京都文京区向丘 1-20-6　TEL 03-3818-5521　FAX03-3818-5514　振替 00110-6-37828
Email tk203444@fsinet.or.jp　URL:http://www.toshindo-pub.com/

※定価：表示価格（本体）＋税